O pensamento católico no Brasil

Antonio Carlos Villaça

O pensamento católico no Brasil

CIVILIZAÇÃO BRASILEIRA

Rio de Janeiro
2006

COPYRIGHT © Antonio Carlos Villaça, 1975
COPYRIGHT © Editora Record, 2006

CAPA
Evelyn Grumach

PROJETO GRÁFICO
Evelyn Grumach e João de Souza Leite

FOTO DE CAPA
São José, séc. XVII/XVIII, madeira policromada
Museu Vicente Pallotti, Santa Maria, RS

CIP-BRASIL. CATALOGAÇÃO-NA-FONTE
SINDICATO NACIONAL DOS EDITORES DE LIVROS, RJ

V765p   Villaça, Antonio Carlos, 1928-2005
          O pensamento católico no Brasil / Antonio Carlos Villaça. – Rio de Janeiro: Civilização Brasileira, 2006.

          Inclui bibliografia
          ISBN 85-200-0724-4

          1. Catolicismo – Brasil. I. Título.
05-3602
                      CDD – 306.60981
                      CDU – 316.47:2(81)

Todos os direitos reservados. Proibida a reprodução, armazenamento ou transmissão de partes deste livro, através de quaisquer meios, sem prévia autorização por escrito.

Direitos desta edição adquiridos pela
EDITORA CIVILIZAÇÃO BRASILEIRA
Um selo da
DISTRIBUIDORA RECORD DE SERVIÇOS DE IMPRENSA S.A.
Rua Argentina, 171 – 20921-380 – Rio de Janeiro, RJ – Tel.: 2585-2000

PEDIDOS PELO REEMBOLSO POSTAL
Caixa Postal 23.052 – Rio de Janeiro, RJ – 20922-970

Impresso no Brasil
2006

"A história de um povo é o produto da combinação entre três elementos — finalidade, virtualidade e liberdade."

> (TRISTÃO DE ATAÍDE, "Diretrizes do pensamento brasileiro", conferência de agosto de 1939, no Itamarati, publicada em *A Ordem*, de outubro de 1939.)

Sumário

INTRODUÇÃO 9

O período colonial, nominalista e barroco 21

O liberalismo 39

O individualismo 57

Tomistas no Império 69

A querela de Dom Vital ou o antiliberalismo 83

A ortodoxia laetiana. Os primeiros convertidos 97

Júlio Maria: a igreja e o povo 111

A pastoral de 1916 127

A refutação a Ferri 143

A doutrina da ordem 159

Tristão de Ataíde 175

O pensamento polêmico 201

Penido, um europeu exilado 219

Dez livros em trinta anos 235

A biotipologia medieval e Freud 249

Tomistas de hoje e de ontem 265

O *logos* heraclítico 281

Ontologia e história 295

Memento dos vivos 309

A dialética da ciência e da fé 317

BIBLIOGRAFIA 327

Introdução

O pensamento católico no Brasil

Vejo duas grandes fases na história espiritual do Brasil: a escolástica ou portuguesa e a francesa. A fase portuguesa vai da chegada dos jesuítas no meio do século XVI até a sua expulsão em meados do século XVIII. Poderíamos chamar a essa fase — a de colonialismo clerical. Um livro domina os dois primeiros séculos da nossa vida espiritual. Quero referir-me ao *Ratio Studiorum*, o método pedagógico dos jesuítas, isto é, as humanidades clássicas. O Brasil nasceu sob o signo do humanismo clássico.

Com a expulsão dos jesuítas, rompeu-se a unidade espiritual, que mais ou menos existira durante dois séculos. Podemos dizer que a partida dos padres da Companhia representou uma espécie de fim da Idade Média no Brasil. Interrompeu-se o domínio absoluto da escolástica. À unidade sucedia a multiplicidade ou pluralidade ideológica. Daí em diante, o Brasil viveria sob o signo do pluralismo ideológico.

A reforma pombalina introduziu o espírito novo na Universidade de Coimbra, e essa universidade reformada, esse laicismo, teria um papel decisivo na história espiritual do Brasil. A primeira influência, o primeiro impacto pós-escolástico sofrido pela nossa cultura incipiente, foi o enciclopedismo.

Por ele, começava a fase francesa da nossa vida ideológica. Se eu tivesse de resumir, didaticamente, a complexa história da influência francesa sobre a vida espiritual do Brasil, diria que tivemos três períodos, a saber: (1) o de indefinição da espiritualidade, que corresponde ao romantismo, tem no franciscano Monte Alverne a sua figura representativa e é o período de influência de Victor Cousin e Malebranche que Monte Alverne opunha ao sensualismo de Condillac; (2) o de dissolução da espiritualidade, com duas expressões típicas, Nabuco e Sílvio Romero, isto é, a influência do cepticismo renaniano e a influência do evolucionismo (já alemão e inglês); (3) o de restauração da espiritualidade, que corresponde a um fenômeno cultural realmente *novo* na História do Brasil e a que podemos chamar a reação católica.

Com efeito, não tivemos pensamento católico no Brasil, nem ao longo dos dois séculos de influência escolástica, nem muito menos ao longo do século XIX, de presença quase exclusivamente francesa até a publicação dos *Estudos alemães*, em 1882, com que Tobias Barreto abre o período de influência germânica na cultura brasileira. Contemporaneamente às agitações da Escola do Recife, quer dizer, na década de 1870-80, processa-se o começo do que Jackson de Figueiredo chamou de a "reação católica". Se quiséssemos escolher uma data e uma figura, escolheríamos a figura de Dom Vital e a data de 1873, isto é, a Questão Religiosa. É a primeira afirmação antipombalina — católica — da história espiritual do Brasil. Nunca antes o catolicismo reivindicara um lugar ao sol, uma situação definida na paisagem brasileira. Nesse sentido, Dom Vital é o anti-Monte Alverne, é o primeiro esforço para uma volta àquela unidade ideológica anterior à ruptura pombalina. Dom Vital encarna a negação do ecletismo, do espírito de indefinição.

INTRODUÇÃO

Mas Dom Vital não foi um pensador: foi um bispo. O seu plano não era a Filosofia, nem mesmo a especulação teológica: era a ação pastoral. Ele não formulou ideologicamente, ele agiu. Chegamos ao século XX sem cultura católica aqui no Brasil. Até escritores, não os tínhamos católicos, exceção de um Laet, de um Eduardo Prado, que representaram o tradicionalismo ou um certo reacionarismo católico. Nabuco, é bem verdade, converteu-se. Mas foi uma conversão sem obra, sem repercussões propriamente culturais. A reação começara com os bispos, mas apenas no plano da ação prática. Quem primeiro representa no Brasil a renovação católica é Júlio Maria. Dos três convertidos do fim do século XIX, que foram os três primeiros convertidos da nossa história cultural — Júlio Maria, em 1880, Nabuco, em 1892, e Felício dos Santos, em 1897, foi Júlio Maria o único que teve uma atitude simultaneamente de militança e de abertura. Por temperamento, foi um generoso. Um quase liberal. Embora tenha sido um vigorosíssimo antipositivista e um apologeta.

Mas Júlio Maria a bem dizer foi mais um pregador — um homem do púlpito — do que um pensador ou um homem da cultura. Por isso mesmo sua influência atingiu mais as camadas populares e nenhum dos seus livros propriamente ficou. Apenas um pouco a memória histórica que escreveu para o *Livro do centenário* e se reeditou em 1950, no centenário do nascimento de Júlio Maria de Morais Carneiro: "O catolicismo no Brasil". Teve, porém, Júlio Maria uma intuição fundamental que faltou a Prado, a Laet e a Nabuco, tão ligados à ordem monárquica: a intuição da importância do povo, a intuição da necessidade de uma união efetiva entre a Igreja e o povo. Foi ele o primeiro católico a desligar decididamente o Altar do Trono — depois dos incidentes da Questão Religiosa. E a pregar, digamos assim, a popularização da Igreja. Júlio Maria morreu em 1916. Nabuco estava morto desde 1910. Eduardo Prado, desde 1901. Laet ficava, pois, sozinho como o único escritor e quase pensador católico no Brasil. E foi então que surgiu a figura controvertida, poderosa, estranhíssima, de Jackson de Figueiredo. Um meteoro. Um agitador de idéias. Um rapaz que morre aos 37 anos e, no entanto, deixou um sulco impressionante em muitas almas, e almas as mais diversas. Esse homem foi amigo de um Tristão de Ataíde e de um Lourival Fontes, de um Sobral Pinto e de um Hamilton Nogueira, de um Durval de Morais e de um Francisco Karam, de um Barreto Filho e de um Augusto Frederico Schmidt, de um Afonso Pena Júnior e de um Leonel Franca. E a verdade é que a sua personalidade nos escapa.

Foi complexa. E complexa foi a sua ação político-social. Muito fácil dizer dele, simplesmente, que não passava de um reacionário. Mas não era só isso, eis a dificuldade. Era múltiplo. De fato, o que avulta na sua atuação é a tendência ao reacionarismo, ao autoritarismo, ao antiliberalismo. Mas faço logo esta ressalva: o homem era mais do que isto, e aí estão as suas cartas (*Correspondência*, Agir, 3ª ed., 1946) para provar que havia nele um homem aberto, generoso, compreensivo.

O escritor, porém, o jornalista político, o panfletário, o homem público foi reacionário. E ele próprio usava esta palavra para caracterizar a sua posição. Jackson servia-se do termo reacionário com prazer, com volúpia. Considerava-se um defensor da reação do bom-senso. E chamou assim a um de seus livros mais típicos — uma coletânea de artigos exaltados: *A reação do bom-senso*. Como chamaria a outro livro *Literatura reacionária*.

INTRODUÇÃO

Que entendia ele por reacionário? Contra que reagia? Em que consistia a sua reação do bom-senso? Reacionário era, para Jackson, o antiliberal. O que detestava, o que pretendia combater era a democracia liberal, vinda de Rousseau e da Revolução Francesa. O que amava era a ordem, a autoridade, a estabilidade. E — curioso — pessoalmente, sempre viveu como um boêmio, um ser noctívago, um conversador, um desorganizado, um instável.

Mas politicamente, socialmente, opunha-se às quarteladas, ao tenentismo, ao espírito revolucionário. Era pela ordem. A sua reação pode resumir-se numa palavra: a reação da ordem contra o revolucionarismo latente. Essa dualidade explica a existência de dois Jacksons no juízo dos seus contemporâneos. Os mais íntimos viam o Jackson amigo fraternal, o homem do diálogo, comunicativo, arejado, curioso, liberal. Os outros só viam o agitador social, o líder católico — o discípulo de Joseph de Maistre, isto é, o reacionário. E me parece que ambos tinham razão, os íntimos e os outros. Pois havia de fato duas vocações — pelo menos — em Jackson de Figueiredo: o confidente, que está nas cartas, e o panfletário, que está nos livros polêmicos.

Jackson representou no Brasil o pensamento de Joseph de Maistre. Quer dizer, a doutrina da ordem. E quando, em 1921, se fundou a primeira revista de intelectuais católicos no Brasil, Jackson escolheu para título a palavra ordem. Daí até à sua morte prematura e trágica, em 1928, a vida do fundador se confunde com a da sua revista *A Ordem* e com o Centro Dom Vital, fundado por ele em 1922, contemporaneamente à fundação do Partido Comunista do Brasil. A visão jacksoniana era prevalentemente política. Muito mais do que uma revista cultural, ele queria fazer de *A Ordem* uma revista de orientação política.

Terá sido ele um precursor do integralismo? Os integralistas o reivindicam para si. Tristão de Ataíde, Fernando Carneiro e outros negam qualquer vinculação do pensamento de Jackson ao fascismo. Creio que não há nem ruptura, nem ligação estreita. Há certas afinidades, uma tendência comum, que torna a vocação de Jackson, na vida política do Brasil, uma espécie de repetição da de Antônio Sardinha, em Portugal. A insistência em alguns valores como o nacionalismo, a ordem, o espírito antiliberal, o tradicionalismo católico por certo aproxima a pregação de Jackson do espírito integralista. Mas havia o outro Jackson, boêmio, irreverente, agitado. E esse dificilmente aceitaria o fascismo...

Ele quis fazer escola, fazer discípulos, marcar a sua geração. Mas não conseguiu propriamente fazer escola. Marcou as almas individualmente, muito mais no sentido espiritual, místico, do que no sentido político. O Jackson que ficou foi o outro, o da correspondência, o das conversas de café, o das confidências humanas, não o agitador de doutrinas sociais. Quase todos os seus discípulos evolveram no sentido de um certo liberalismo. Hamilton Nogueira, que foi o seu primeiro convertido (de 1919) e escreveu um livro bastante reacionário em 1924, na linha de Maistre, tornou-se um democrata, integrou-se no udenismo e praticamente renegou a sua doutrina da ordem, como a formulara vinte anos antes de ser eleito senador da República. (A grande aspiração política de Jackson era ser senador por Sergipe e, aliás, sofreu muito por isso...)

Nesse trabalho de conversão dos jacksonianos ao espírito democrático, nessa lenta evolução ou maturação política, teve

INTRODUÇÃO

um papel decisivo Tristão de Ataíde, sem dúvida o maior dos convertidos e dos discípulos de Jackson. Se Jackson era um homem da vertente da autoridade em política, Alceu Amoroso Lima era da vertente da liberdade. Visceralmente um liberal. Converteu-se ao catolicismo em 1928, dois meses e meio antes da morte de Jackson numa pescaria. E depois de anos de constante correspondência íntima com o autor de *Literatura reacionária*. Mas se Jackson marcou fundamente a alma de Alceu, não lhe mudou a tendência liberal, que permaneceu intacta. E logo ao suceder-lhe, em novembro de 1928, na direção do Centro Dom Vital e da revista, Tristão de Ataíde fez aparecer uma epígrafe altamente significativa na primeira página de *A Ordem: "L'ordre c'est la loi du monde naturel et du monde surnaturel."* Era a presença do elemento filosófico, do elemento cultural, a atenuar a presença política, ou a conotação política da palavra ordem.

A mudança foi profunda. Ao político sucedia o universitário. Ao nacionalista, o universalista. Ao reacionário, o liberal. Ao líder impressivo, áspero, violento, sucedia o esteta, o pacifista, o antipolêmico. Começava a fase cultural do movimento católico no Brasil. Jackson fora a fase política ou de preocupações absorventemente políticas. O bernardismo. A oposição sistemática às revoluções precursoras da Revolução de 1930. A pregação da ordem contra a desordem, ou o espírito de sedição. Alceu ia ser, antes de mais nada, espírito universitário. Foi ele quem deu base cultural ao catolicismo no Brasil. E foi ele quem inaugurou no Brasil essa mentalidade católica disposta ao diálogo, à abertura. Prado, Laet, Cairu, Cândido Mendes, mesmo Nabuco, tinham sido muito mais homens do passado contra o presente e o futuro. Homens da tradição, da estabilidade. Laet representara mesmo enfaticamente uma tríplice causa: a da tradição política — a monarquia; a da tradição lingüística — a vernaculidade, o purismo literário; a da tradição espiritual — a ortodoxia. Jackson fora a reação antiliberal.

Alceu vinha criar, entre nós, o espírito católico aberto. Como Júlio Maria fora um pouco em seu tempo e Jônatas Serrano, seu biógrafo, também chegara a ser timidamente. A partir de 1935, Alceu coloca-se nitidamente sob a orientação de um filósofo, que naquela época significava ousadia, vanguardismo, o que tínhamos de mais avançado no mundo católico: Jacques Maritain. Tristão de Ataíde trouxe para o Brasil o pensamento de Maritain, as posições político-sociais maritainianas — do *"humanismo integral"*. Esse livro de 1936, obra-prima da Filosofia social de Maritain, publicado em plena Revolução espanhola e escrito originariamente para o curso de verão da universidade de Santander, na Espanha, em 1935, esse livro-pioneiro teve enorme repercussão no pensamento católico do Brasil. Foi um impacto. Foi um divisor de águas. Separou fundamente. Suscitou divergências terríveis. A partir daí, o pensamento católico brasileiro se diversifica: os maritainianos e os antimaritainianos. Os reacionários e os liberais. Os abertos e os fechados. Os da direita e os da esquerda. O passado e o presente.

Jackson queria catolicizar o Brasil — a expressão era de Júlio Maria — mas para isso queria congelar o Brasil. O censor bernardista desejava o sacrifício da liberdade à ordem, à autoridade. Serviu a Bernardes, como Raul Pompéia servira a Floriano. Serviu a Washington Luís, como certamente se teria oposto à Revolução de 30 e teria aderido à Ação Integralista Brasileira, pelo menos na fase inaugural de 1932-33. Alceu, não. Foi sempre pela liberdade contra o autoritarismo. E creio

INTRODUÇÃO

que foi contra a Revolução de 30 mais por fidelidade à memória do amigo morto... Uma fidelidade, aliás, discutível, pois Sobral Pinto — íntimo amigo e discípulo de Jackson — foi a favor da Revolução. É certo que Alceu namorou o integralismo, por volta de 1934-35... Como está em seu livro *Indicações políticas*, de 1936, coletânea de artigos de jornal. Há, nesse livro, um artigo sobre "Integralismo e Catolicismo", que me parece muito expressivo, exatamente dessa lucidez e dessa independência de Alceu. É visível que há um namoro, mas discreto, discretíssimo. Não chega a ser noivado... E Alceu estabelece uma série de restrições ao integralismo, como, por exemplo, o seu hegelianismo latente. Isso, em 1936, era muito.

A ação de Jackson foi política. A ação de Alceu foi cultural, e apenas acidentalmente política. A epígrafe de Ernest Hello, que ele colocara em *A Ordem* no limiar de 1929, significava um rumo novo, uma opção profunda. O movimento católico tornou-se um movimento de cultura, ou quis tornar-se. Em 1932, fundou-se o Instituto Católico de Estudos Superiores aqui no Rio, germe da Universidade Católica que se criaria em 1941. Alceu foi um dos fundadores de ambos. Nesse Instituto Católico houve o primeiro núcleo de uma vida universitária católica no Brasil. E a influência de Maritain e de revistas como *Esprit, La Vie Intelectuelle, Revue Thomiste* foi enorme. O tomismo chegava através de Maritain. E através de um conferencista brilhante, Leonel Franca, mestre e confessor de Alceu por vinte anos.

Jackson era mais um intuitivo. Sua conversão, em 1918, foi uma passagem de Nietzsche a Pascal. E ele sempre se conservou um pascaliano. Seu maior livro, depois do volume da correspondência, por certo foi *Pascal e a inquietação moder-*

na, de 1922. Na fase final da vida, aproximou-se mais do tomismo, via Rousselot. Dizia-se tomista e citava a *Suma teológica*, mas não era um especulativo. Era um homem de ação. Nem teve tempo de estudar muito. De penetrar a doutrina tomista na sua complexidade. Alceu, porém, não chegou por uma outra razão a formular a obra de pensamento que se poderia esperar dele. Se teve mais tempo do que Jackson, também não foi um especulativo. Sua vocação é absorventemente estética. Ele sacrificou o crítico literário ao crítico de idéias. Mas não chegou a elaborar um pensamento filosófico. Apenas comentou.

O tomismo chegou-lhe através de Maritain e outros ensaístas modernos. Poderia citar um Sertillanges, ou um Garrigou, um Fulton Sheen, o de *God and Intelligence*, ou um Chesterton. Um Gilson ou um Guardini. Mas o que, sobretudo, ele significou, na história do pensamento católico brasileiro, foi essa atitude nova de abertura, de comunicação com o mundo moderno, de simpatia, no forte sentido grego, de sofrer com, de participação no drama. Há uma palavra constante na obra de Alceu Amoroso Lima. Essa palavra é moderno. Como estas expressões aparecem na obra do crítico do "modernismo": mundo moderno, homem moderno! Um de seus livros se chama *Meditação sobre o mundo moderno* (1942).

Em 1939, o terceiro mestre católico nosso convertia-se à Igreja: Gustavo Corção. Jackson convertera-se em 1918-19. Alceu, em 1928. Corção, em 1939, no limiar da Segunda Guerra Mundial. E, sob certo aspecto, Corção era uma volta ao espírito de Jackson, no que tinha esse espírito de menos fascinante ou de mais truculento. O espírito reacionário. O polemismo. A agressividade. A negação do pluralismo. Ora,

INTRODUÇÃO

o pluralismo ideológico é a marca por excelência de nosso mundo. Nesse sentido, Corção é o antimoderno, o reacionário típico, o monolítico, o antidiálogo.

Corção e Alceu sintetizam as duas correntes do catolicismo brasileiro: a que vem de Veuillot e de Maistre, a que vem de Newman e de Maritain. A reacionária e a revolucionária. A que está presa a fórmulas do passado e a que está aberta ao futuro com seus apelos de renovação. O Centro Dom Vital já não tem hoje a atuação que teve na década de 1930-40, a década de Alceu. Por quê? Por várias razões. Em primeiro lugar, o próprio Alceu não se renovou bastante, não acompanhou bastante o ritmo novo, posterior à Segunda Guerra. Em segundo lugar, a relativa diversidade interna. Em terceiro lugar, a morte do cardeal Leme em 1942, esse cardeal Leme que foi o grande animador da obra de Tristão como líder católico e pensador social.

Tudo isso pertence ao passado. Não vejo, nesta hora, nenhum movimento católico brasileiro que esteja à altura da circunstância histórica. A grande fase — de repercussão — foi entre 1930 e 1940: o movimento universitário no Instituto Católico da Praça XV, o movimento litúrgico (com as primeiras missas dialogadas, as primeiras missas *versus populum*), o movimento maritainiano, os Círculos Operários, as Equipes Sociais trazidas ao Brasil por Garric, o movimento de vocações monásticas saídas da vida universitária, a fundação da Ação Católica em 1935. Tudo nasceu afinal dessa intimidade entre Dom Leme e Tristão de Ataíde. A ruptura causada pela morte do cardeal e a crescente reacionarização de Gustavo Corção Braga criaram para a cultura católica no Brasil uma situação embaraçosa. Os que estavam na vanguarda das reivindicações sociais, os que pareciam perigosamente avançados em 1940, acusados de criptocomunistas, vendidos a Moscou e seus agentes, hoje são tidos e havidos como a fina flor do reacionarismo. Parece-me que o fenômeno Corção explica em parte essa crise.

Podemos dividir a história do pensamento católico no Brasil em antes e depois de Tristão de Ataíde. Foi Alceu Amoroso Lima quem disse que a história da Igreja no Brasil se dividia em antes e depois de Dom Vital ("De Dom Vital a São Vital?", conferência publicada em *A Ordem*, dezembro de 1944).

O pensamento católico no Brasil tem na figura singular Amoroso Lima, mais presença do que obra, o seu instante decisivo.

O período colonial, nominalista e barroco

em memória de padre Gonçalo Leite, S. J., português e primeiro professor de Filosofia no Brasil

Gonçalo Leite, jesuíta português, 1546-1603, foi o primeiro professor de filosofia no Brasil. O pensamento brasileiro ou mesmo a teologia brasileira começa com sua contestação, a tese que defendeu: "Nenhum escravo da África ou do Brasil é justamente cativo (cativo segundo a justiça)."
Em 1586, convidaram-no a voltar ao Reino, por inquieto. O Visitador assim o qualificava. A 20 de junho de 1588, escreve o padre Gonçalo Leite, de Lisboa, ao Geral da Companhia de Jesus: "Contra os homicidas e roubadores da liberdade dos índios do Brasil" — "Bem se podem persuadir os que vão ao Brasil que não vão a salvar almas, mas a condenar as suas. Sabe Deus com quanta dor de coração isto escrevo, porque vejo os nossos padres confessar homicidas e roubadores da liberdade, fazenda e suor alheio, sem restituição do passado, nem remédio dos males futuros, que da mesma sorte cada dia se cometem." (Serafim Leite, *História da Companhia de Jesus no Brasil*, II, 227.)

Período de predomínio da escolástica portuguesa, até exclusividade. Em 1578, Pedro da Fonseca publica os seus grandes comentários conimbricenses *In Libros Metaphysicorum Aristotelis*, tomo I, e é conhecida, reconhecida a contribuição do Colégio dos Jesuítas de Coimbra à história da Metafísica. Há, como já notou Joaquim de Carvalho (*Introdução às Opera Philosophica, de Francisco Sanches*, Coimbra, 1955), duas vertentes que se completam, na cultura portuguesa: uma prende-se à metafísica do ser, aristotélico-tomista, e tem nos conimbricenses a sua decorosa expressão; outra reduz a Filosofia à ciência, é uma tendência empírico-positiva, voltada para o método e a *praxis*. Esta segunda corrente, pragmática, exprime-a Francisco Sanches em 1581, no seu *Quod Nihil Scitur*. "Nestas duas obras, das mais notáveis que a consciência reflexiva dos portugueses tem cogitado, opunham-se duas concepções da filosofia", comenta Joaquim de Carvalho.

O primeiro professor de teologia (Salvador, entre 1576-1582) foi o padre Miguel Garcia, S.J. (1550-1618), que juntou sua voz à do padre Gonçalo Leite contra a escravidão. Em carta ao Geral Acquaviva, de 26 de janeiro de 1583, "Sobre a liberdade dos índios, de que era defensor", diz ele: "A multidão de escravos que tem a Companhia nesta província, particularmente neste colégio, é coisa que de maneira nenhuma posso tragar"... (Serafim Leite, II, 228-229.)

Devolveram o padre Garcia a Portugal. Com tal linha solidarizam-se outros padres da Companhia, Luís da Grã, por exemplo, que se opõe à comercialização dos escravos. (Serafim Leite, I, 77.) Combatiam eles a sacramentalização em massa. Do que nos dá notícia o padre Heliodoro Pires, no estudo sobre *Professores de teologia no Brasil Colonial*, REB, 1959, 303-313.

O padre Gabriel Malagrida, S. J., será queimado vivo a 20 de setembro de 1761, pois se erguera em defesa dos índios. Como escreveu João Lúcio de Azevedo, "inacessível ao temor que já traz a nação subjugada, ousa erguer a voz, quando o silêncio é lei". (*Os jesuítas no Grão-Pará*, Coimbra, 1930, 348.)

A figura central da história da cultura no Brasil colônia é, por certo, a de Vieira. A sua visão é messiânica. O seu pensamento gira derredor de uma idéia, que lhe é fundamental: o reino de Deus através dos portugueses. Eis o sentido último da sua cosmovisão. Essa idéia, que está no centro da sua interpretação do Brasil, empolga-o. Vieira representa, encarna o messianismo guerreiro de Portugal. Mas essa voz poderosa soube levantar-se contra os erros da colonização. Vieira conheceu o cárcere: "Os inquisidores vivem da Fé e os jesuítas morrem por ela." (Eduardo Hoornaert, *Formação do catolicismo guerreiro no Brasil*, REB, dezembro de 1973.)

Vieira não é filósofo, nem propriamente um pensador, mas um pregador. Sua obra, seu pensamento são os *Sermões* e as *Cartas*, e nestas mais do que naqueles se lhe revela o fino pensamento político. Trata-se mais de um grande moralista. O ponto alto do seu destino é quando defende a liberdade dos índios no Maranhão.

Vieira é, sobretudo, um artista. Como disse Antônio Sérgio, Vieira é a grande expressão do barroco. Espírito contraditório, espírito barroco. O sonho do império universal do Dante, com toda casta de milenarismos gênero Joaquim de Fiore, tudo se acumulou em Vieira, observa João Camilo.

Vieira foi mais um moralista do que um teólogo. Um sermonista do que um pensador. Ivan Lins no admirável *Aspectos do padre Antônio Vieira*, 2ª ed., 1962, estuda o nosso pregador como filósofo. E conclui que Descartes exerceu influência em Vieira. Vieira teria conhecido e adotado a explicação cartesiana para o fenômeno do arco-íris.

Diz, na verdade, Joaquim de Carvalho que as concepções físicas de Descartes impressionaram mais os pensadores portugueses que a doutrina filosófica. Só no século XVIII, cartesianismo, empirismo e ecletismo teriam uma função crítica diante da escolástica portuguesa.

De Vieira diz Hernani Cidade — no prefácio ao tomo XII das obras escolhidas — que "é a obra mais variada e fundamente vivida que se produziu no século XVII". Foi Vieira "a mais completa expressão do seu tempo. Até porque lhe não faltam aqueles aspectos que começam a perturbar a homogeneidade da cultura e a denunciar a que lhe há de suceder, de mais livre e audaz curiosidade no pensamento, de mais humana e compreensiva tolerância nas oposições ideológicas, tanto como nas relações sociais".

Os jesuítas dominam a paisagem intelectual do Brasil durante dois séculos, desde a chegada no meio do século XVI até a expulsão, no meio do século XVIII, 1759, quatro anos antes da extinção da Companhia. Vieira é a suprema expressão da *Ratio Studiorum* no Brasil.

As fontes em que bebeu o insigne pregador são a Bíblia, os moralistas gregos e romanos, a patrística, em especial Agostinho, os místicos espanhóis, de Raimundo Lúlio a Paravicino. Mas há, anota Eugênio Gomes, "um Vieira que transcende os limites da Escolástica pelo gênio da língua e pelo espírito especulativo, que o induziu a assimilar as idéias filosóficas e científicas mais adiantadas do seu tempo, não raro indo além do que lhe era permitido".

A sutileza apaixonada, o estilo *coupé*, ágil e breve, o claro-escuro barroco (e a ausência de cores e de natureza, a natureza dele é do Antigo e Novo Testamento), a visão interior, pelo "olho do entendimento", a superabundância de descrição alegórica, tudo faz de Vieira um caso realmente singular na parenética portuguesa. Todos os temas da oratória sacra setecentista lhe foram familiares e sobre todos discorreu com agudeza, intensidade. O tempo e a morte, eis os seus dois grandes temas.

Falando de Vieira, escrevia Antônio Sérgio: "Ao passo que um pregador do seiscentismo ibérico não empreende trabalhar com genuínas idéias — como aqueles franceses (Bossuet, Bourdaloue, Massillon) —, mas sempre só com o imagético, e se atribuímos às imagens uma significação simbólica, ver-nos-emos confrontados com a estrutura básica do pensamento teórico de um Antônio Vieira, pensamento barroco, onde não há uma cadeia de claras relações inteligíveis, de boas inferências lógicas (como num Bossuet, num Massillon), mas um estonteante agregado de meras transposições alegóricas."

"A maneira vieiriana de demonstrar as teses consiste numa operação de correspondência simbólica: a correspondência entre os elementos, as circunstâncias várias, da idéia ou do acontecimento que nos interessa agora, e os vários elementos, as circunstâncias várias de um sucesso relatado no Antigo Testamento, sucesso que se escolheu para constituir figura, ou sinal, ou retrato, ou mistério ou símbolo do pensamento ou do fato, que o autor do sermão quer focar."

O padre Luís Gonzaga Cabral resumiu bem — *Vieira pregador*, no título de seu livro clássico.

Não são nem numerosas nem propriamente filosóficas as obras que nos chegaram do período colonial.

Alcides Bezerra, na conferência clássica, de 1930, sobre "A Filosofia na Fase Colonial" (*Achegas à história da Filosofia*,

1936), faz o levantamento do trabalho filosófico no Brasil dos três primeiros séculos. Depois de Vieira, que considera filósofo, cita Diogo Gomes Carneiro (1618-1676), frei Manuel do Desterro (1652-1700), frei Mateus da Encarnação Pina (1687), Nuno Marques Pereira (1652-1728), Matias Aires (1705-1763), frei Gaspar da Madre de Deus (1715-1800), o padre Francisco Luís dos Santos Leal (1740-1818).

Miguel Reale criticou a Cruz Costa o tom de certo menosprezo diante dessa produção colonial, não ainda estudada suficientemente. (Miguel Reale, *Filosofia em São Paulo*, p. 16.) Cruz Costa se mostrara severo: "Todos estes autores não apresentam grande interesse, pois são eclesiásticos que se limitam a reproduzir a filosofia escolástica." (Cruz Costa, *Contribuição à história das idéias no Brasil*, 1956, p. 57.)

O que há mesmo de especificamente filosófico se reduz apenas a uma filosofia escolástica, do franciscano Manuel do Desterro, a uma filosofia racional, de Matias Aires, ambas de paradeiro desconhecido, e a uma teologia dogmática e escolástica, de frei Mateus da Encarnação Pina, beneditino. Livro, esse, de teologia e não propriamente de filosofia. Há, ainda, a filosofia platônica de frei Gaspar da Madre de Deus, de 1748, de que só se publicaram o proêmio e o índice. Os manuscritos felizmente foram encontrados no Mosteiro de São Bento, de São Paulo, por Dom Wolfgang Krez, mas até hoje não se publicaram.

Acrescente-se a isto o nome de Sousa Nunes, Feliciano Joaquim de Sousa Nunes, com os *Discursos político-morais*, de 1758, e o volume das *Reflexões sobre a vaidade dos homens*, de Matias Aires, 1752.

Devemos fazer uma breve referência ao padre Manuel da Nóbrega (1517-1570), autor de uma dissertação sobre a liberdade dos índios, que Antonio Gomes Robledo considera o primeiro tratado de ética especial escrito no Brasil. (*Diálogo sobre a conversão do gentio*, ed. crítica de Serafim Leite, Lisboa, 1954.)

Essa dissertação, de 1568, revela bem o caráter altamente prático da reflexão filosófica dos portugueses (ver Antonio Gomes Robledo, *La filosofía en el Brasil*, 1945, p. 19). Problemática realista, de objeto preciso, limitado e concreto, um terrestre amor das realidades humanas, nota Cruz Costa.

Gomes Carneiro nasceu no Rio em 1618, foi cronista-geral do Brasil e morreu em Lisboa. Dele se salvou uma *Oração apodíxica aos cismáticos da pátria*, Lisboa, 1641. Inocêncio, Barbosa Machado e Joaquim Manuel de Macedo nos falam dele. Laudelino Freire o cita nos *Clássicos brasileiros*, de 1923, e o reedita em 1924 na sua *Estante clássica*. Artur Mota dedicou todo um capítulo da *História da literatura brasileira* a Gomes Carneiro. Considera-o um moralista.

Baltasar da Silva Lisboa se engana ao atribuir-lhe o nascimento ao ano de 1628, pois a *Oração apodíxica* é de 1641 e consta da licença o autor ser já doutor.

A *Oração apodíxica* é uma exortação de ordem ética aos portugueses cismáticos, uma espécie de conclamação patriótica. Ou convocação. Ou apelo. Obra de um moralista político. Logo depois da Restauração e do episódio de Amador Bueno, em São Paulo.

Quanto a frei Manuel do Desterro, frei Pedro Sinzing informou a Alcides Bezerra que os manuscritos dele, ao contrário do que dizia Diogo Barbosa Machado, na Biblioteca Lusitana, 1752, tomo III, p. 245, não se encontram já na Biblioteca do Convento de Santo Antônio. Perderam-se. Barbosa Machado, Manuel de Macedo e Sacramento Blake falam sucintamente de nosso frade. Artur Mota também se refere a esse autor de uma filosofia escolástica, que não nos chegou. Era frade muito douto e foi Custódio da Província. Deixou esses tomos filosóficos e manuscritos de vários sermões. Frei Mateus da Encarnação Pina foi teólogo carioca e pertenceu ao Mosteiro de São Bento do Rio. Foi abade. Está em Sacramento Blake (*Dicionário biobibliográfico*, vol. 6, p. 255), como está em Macedo (*Ano biográfico*, vol. 2, p. 501). Sua Teologia dogmática e escolástica está inédita. Frei Mateus teve dificuldades em sua Ordem. Acusado por abuso, lá se foi para Lisboa a defender-se. Provou a inocência e pregou na capela real na Quaresma de 1729. Regressou ao Brasil na primeira frota depois da Quaresma.

Nuno Marques Pereira publica em 1728 o *Peregrino da América, compêndio narrativo do peregrino da América*, que teve cinco edições sucessivas, entre 1728 e 1756. Menos de trinta anos. A que atribuir tamanho êxito? A obra é de fundo pessimista e moralista e quer denunciar pecados e vícios. Não foi padre. Varnhagen o redescobriu.

O *Peregrino* foi o livro mais lido no Brasil ao longo do século XVIII. Prosa moralista, desejosa de incutir uma visão teológica do mundo. Peregrinação pelo Brasil, "em que se tratam vários discursos espirituais e morais com várias advertências e documentos contra os abusos que se acham introduzidos pela malícia diabólica no Estado do Brasil".

Frei Gaspar da Madre de Deus Teixeira de Azevedo deixou, além de trabalhos históricos, assim como as *Memórias para a história da capitania de São Vicente*, hoje de São Paulo, do Estado do Brasil, 1797, publicadas pela Real Academia de Ciências de Lisboa, de que saíram Segunda edição, graças a Varnhagen, em 1847, e terceira, em 1920, com estudo e notas de Afonso Taunay (nos *Escritores coloniais*, Taunay reeditou aquele estudo), um tratado de Filosofia, que foi identificado no arquivo do Mosteiro de São Bento, de São Paulo. Dois volumes manuscritos, em latim. Resumo das aulas no Mosteiro de São Bento, do Rio, em 1748. Devemos essa descoberta ou identificação a Dom Wolfgang Kretz e também a Dom Bonifácio Jansen. O tratado filosófico se chama *Philosophia platonica seu Cursus Philosophicus rationalem, naturalem et transnaturalem philosophiam, sive logicam, physicam et metaphysicam completens, per F. Gaspar a Madre Dei in hoc benedictino monasterio Fluvii Januariensis, die 7 Martii Anno Domini 1748*.

Como se vê, o frade amava Platão. Publicaram-se apenas o título, o proêmio e o índice.

Carlos Lopes de Matos, que publicou fragmentos desse Curso na *Revista Brasileira de Filosofia* (nº 85, janeiro de 1972), esclarece vários aspectos da vida e da obra de frei Gaspar, no nº 78, de abril de 1970, da mesma revista.

"Pelos trechos que deciframos, verifica-se logo que o curso do monge está vazado nos moldes clássicos da escolástica no seu tempo, numa análise hoje em dia pedante e irritante." Palavras de Carlos Lopes de Matos. Pedro Taques fala em filosofia moderna a respeito de frei Gaspar. "O primeiro que na sua província ditou filosofia moderna." (*Nobiliarquia paulistana*, 2ª ed., 1940, vol. II, p. 427.)

O ensino dele é o escolástico. Frei Gaspar cita nomes da escolástica espanhola e também autores contemporâneos, como Eusébio Amort e Mayr. Frei Gaspar declara-se algumas vezes platônico e chama ao seu sistema platonismo, como está no título da obra: *Philosophia Platonica*. Há uma tradição beneditina de platonismo, que vem de seu mestre frei

Mateus Pina. O autor mais considerado, observa Matos, é o cisterciense espanhol João Caramuel. Escolástico que adotara a física cartesiana (Joseph Maréchal, *Précis d'histoire de la philosophie moderne*, t. I, p. 279). E é um precursor da lógica do predicado e da filosofia da linguagem. Discípulo de frei Pina, abade do Rio, que seguia a orientação platonizante, frei Gaspar se opunha em certos pontos aos aristotélicos. Aos nominalistas, aos tomistas, aos escotistas, à escola carmelita de João de Bacon, mas não se mostrava tão contrário aos lulistas de Majorca.

Carlos Lopes de Matos acrescenta, com malícia: "Não seria de admirar que também influísse inconscientemente nessa posição filosófica a aversão aos jesuítas, os maiores sustentáculos do peripatetismo naquele tempo"... Diga-se ainda que frei Antônio de São Bernardo, de formação oratoriana, foi mestre de frei Gaspar.

O escotismo, vislumbrado por Taunay, não passa de precipitação interpretativa.

Pelo índice, vemos que o professor brasileiro muito se prende a Aristóteles, mais que a Platão, sobretudo no tomo II, em que estuda a matéria e as causas.

Diz com acerto Miguel Reale que "começa a filosofia entre nós no recesso dos Seminários. Tal origem determinou desde logo quatro características fundamentais: quanto ao objeto, predominaram os problemas éticos ou os ontológicos, nem sempre distintos dos de ordem teológica; quanto ao método, prevaleceu desmedida confiança na razão entregue a si mesma, no processo abstrato das inferências formais; quanto ao sentido das pesquisas, nada apresentaram de peculiar, desenvolvendo-se como simples prolongamento ou reflexo de um sistema tradicional de idéias, considerado de validade universal e perene; quanto à atitude dos filósofos, o que predominava era a tranqüila confiança em verdades que, tidas como indiscutíveis, suscitaram natural inclinação para a intolerância e o espírito de catequese".

Pedagogo e pensador, o padre Francisco Luís Leal deixou uns *Contos filosóficos*, Lisboa, 1773, e uma *História dos filósofos antigos e modernos*, Lisboa, 2 tomos, 1788. Nasceu no Rio e viveu e morreu em Lisboa. José Veríssimo não o cita. Mas Sílvio Romero e João Ribeiro falam dele, no *Compêndio de história da literatura brasileira* (1909, p. 97).

Presbítero secular do hábito de São Pedro, bacharel em cânones pela Universidade de Coimbra, professor por longos anos da cadeira de filosofia racional e moral, em Lisboa. Influenciado por Saverien, cuja *História dos filósofos modernos* conheceu, escreve o primeiro livro no gênero em língua portuguesa.

Dos *Discursos político-morais*, de Feliciano Sousa Nunes, saiu nova edição, em 1931, na Biblioteca de Cultura Nacional, da Academia Brasileira, com prefácio de Alberto de Oliveira. A primeira foi supressa em 1758. Feliciano nasceu no Rio em 1734 e aqui morreu em 1808. Foi o autor intelectual da Academia dos Seletos. Excertos desses *Discursos* apareceram na *Minerva Brasiliense* e na *Revista Brasileira* e, segundo Sacramento Blake, houve uma segunda edição, de 1851, inteiramente esgotada. Conclui Alberto de Oliveira o seu prefácio: "Parece, porém, que o fluminense, que escreveu os *Discursos político-morais*, bem como seu contemporâneo Matias Aires, têm ambos direito de figurar na história de nossa literatura, não em simples referência, mas em capítulo, que lhe falta, sobre moralistas e filósofos da primeira metade do século XVIII."

Sousa Nunes é tipicamente um moralista de fundo cristão. Reflexões, máximas sobre a riqueza, o estado conjugal, a educação, a cultura, a amizade. Inferior, sem dúvida, a Matias Aires. (Ver "Sousa Nunes e a Autonomia Intelectual", em *Formação da literatura brasileira*, de Antônio Cândido, p. 77.)

Matias Aires é um autor importante. Mas será um brasileiro? Nasceu aqui e foi cedo para Portugal. Lá, viveu e morreu. Brasileiro, não há dúvida. Mas tão português...

O erudito Solidônio Leite retirou-o do esquecimento em 1914, ao publicar-lhe a biografia e excertos nos *Clássicos esquecidos*. Nestor Vítor, em artigos, depois publicados na *Revista Americana*, 1915, colocava-o ao lado de La Rochefoucauld. Em 1820, Fidelino de Figueiredo, na *História da literatura clássica* (2ª época, 1580-1756), dizia com muita verdade: "Em cerca de dois séculos de literatura, não encontramos escritor tão ricamente dotado do poder de intuspecção e do de expressão, como este esquecido paulista, que é decerto uma das mais valiosas contribuições do Brasil colonial para o cabedal literário da metrópole."

Matias Aires nasceu em São Paulo em 1705. Em 1716, foi para Lisboa. Curso de humanidades no Colégio de Santo Antão, dos jesuítas, e o de mestre em artes na Universidade de Coimbra. É irmão de Teresa Margarida da Silva Horta, considerada a primeira romancista brasileira, nascida em 1710. Ou será Firmina dos Reis, com *Úrsula*?...

O pai é José Ramos da Silva, homem riquíssimo, provedor das Casas de Fundição. De 1723 em diante, Matias Aires Ramos da Silva de Eça viaja pela Europa. Estuda direito civil e canônico em Bayonne. Estuda hebraico, ciências físicas e matemática. Torna-se um sábio. Só em 1733 volta a Portugal, aos vinte e oito anos. Em 1743, morre-lhe o pai. Em 1752, aos 47 anos, edita as *Reflexões sobre a vaidade dos homens*, de que saíram quatro edições — 1752, 1761, 1778, 1786. Em 1924, aparece uma edição fac-similada. Em 1842, a Editora Martins, de São Paulo, lança nova edição, com longo prefácio crítico de Alceu Amoroso Lima. Em 1953, a José Olympio publica outra edição, a que se segue uma segunda da Martins, em 1966.

O livro é oferecido a Dom José I. "Pessimista, misantropo, sombrio", chama-lhe Manuel Cavalcanti Proença. Alceu o aproxima de La Rochefoucauld, no pessimismo sobre a condição humana. Seu pessimismo é filosófico, não religioso.

Vida de misantropo e de meditativo, diz Alceu Amoroso Lima. Solitário incomunicável e intratável. De 1728 a 1733, andou pela Sorbonne. Foi um providencialista, um empirista e um estóico. Bossuet o influencia. O jansenismo do século XVII está nele. Há três termos na sua filosofia — a corrupção da natureza humana, a vaidade da vida e a Providência e sua manifestação, a Natureza. O homem, a Providência e a Natureza são os três termos da sua obra. Mais estóico do que cristão, sem dúvida. Sua concepção e o pessimismo integral calvinista. Sombrio como La Rochefoucauld, Pascal, La Bruyère, Massillon, Bossuet. O seu fundo pessimismo, ao contrário do de Pascal, é mais de natureza filosófica do que de natureza religiosa. Trata-se de um radical cepticismo filosófico.

Seu providencialismo irônico, distante, frio, está longe do cristianismo patético de um Pascal. Como observou muito bem Alceu Amoroso Lima, teve ele o cepticismo filosófico, o experimentalismo científico, a paixão da física e da matemática, a preocupação do homem, sua grandeza e miséria, o rigorismo jansenista, o senso das contradições.

Foi um espírito do século XVII e do século XVIII. O forte de Matias Aires é a análise das paixões, diz Alcides Bezerra, o que equivale a notar que o psicólogo e o moralista nele predominam. Como psicólogo e moralista, é um autor do século XVII. Do século XVII francês.

Outro mestre dele, como lembra Alcides Bezerra, é o Erasmo do *Elogio da loucura*. A inspiração geral é a palavra bíblica *"Vanitas vanitatum et omnia vanitas"* (*Ecl.*, cap. I, vers. 2). Todas as ações humanas têm origem na vaidade. A vaidade é um princípio metafísico, é uma potência informadora, como diz Antônio Paim (*História das idéias filosóficas no Brasil*, 1967, p. 46), não só da natureza humana, mas da própria sociedade. Robledo acha que as *Reflexões* e o *Tratado de direito natural*, de Tomás Antônio Gonzaga, são produtos do iluminismo.

Viveu Matias entre o providencialismo do século XVII e o empirismo do século XVIII. As *Reflexões* são o livro de um moralista, mais de um espiritual que de um cientificista. O outro livro, sobre O *problema da arquitetura civil*, provocado pelo terremoto de Lisboa em 1755, este, sim, é mais de um iluminista, voltado para a natureza exterior. Dois livros, um que se dedica às realidades morais, outro que se consagra às realidades físicas.

São dignas de menção as páginas que a esse respeito escreveu Luís Washington Vita, no *Panorama da filosofia no Brasil*, 1969, pp. 37 e seguintes.

Assim, a vaidade, na perspectiva de Matias Aires, toda ética, não é uma paixão entre as demais paixões, mas uma paixão sobre ou sob as outras, uma condição geral da natureza ferida. Matias Aires, tão estudado por Ernesto Ennes, aproxima-se em certo sentido do existencialismo, pois entende o homem como fluidez, mudança, inquietação, insaciabilidade.

Em 1746, o padre Luís Antônio Verney publica em Portugal um livro revolucionário, *O novo método de estudar*, em que se opunha, como oratoriano que era, à tradição escolástica.

Jacinto do Prado Coelho não duvida de declarar que Matias Aires e Verney devem ser colocados juntos, como lúcidos iluministas... O nosso moralista pessimista e desencantado, como lhe chama Cruz Costa, uma espécie de libertino ranzinza, ao lado do grande mestre oratoriano...

Que se lê no Brasil, ao fim do século XVIII?

Temos o livro de Eduardo Frieiro, curioso livro, *O diabo na livraria do cônego*, em que se faz o levantamento dos livros do grande cônego Luís Vieira da Silva, antigo professor de filosofia e inconfidente. Figura, por certo, mais importante, de um ponto de vista intelectual ou ideológico, da Inconfidência Mineira. A maior ilustração colonial. Pois no auto de seqüestro da biblioteca do padre, vemos obras de filosofia: a *Filosofia peripatética*, de Mayr; os *Elementos de metafísica*, do jesuíta Du Phanjas; a *Lógica*, de Verney; as *Disputas metafísicas*, do jesuíta Silvestre Aranha; *A metafísica e a lógica*, de Musschenbroeck; *Os elementos metafísicos*, de Brescia; o *Compêndio filosófico-teológico*, de Manuel Inácio Coutinho; os franceses, Voltaire, Bossuet, Montesquieu, Descartes, com a *Geometria*, a tradução francesa da *História dos Tours*, de Hume.

O cônego era um leitor do padre Mably, era, pois, um *abbé* enciclopedista e voltairiano. Lia Voltaire e lia o contendor dele, o jesuíta Nonotte, *Les Erreurs de Voltaire, erreurs historiques et erreurs dogmatiques*, dois tomos. Lia Montesquieu,

L'Esprit des Lois e *Grandeur et Décadence des Romains. La Science du Gouvernement*, de Réal, em oito volumes. A Enciclopédia, de Diderot e D'Alembert. As *Institutions Politiques*, de Bielfeld. Pertencia o cônego ao Cabido de Mariana, era orador sacro e amigo de Tiradentes. A maior erudição das Minas Gerais no seu tempo, como o chama João Camilo (*História das idéias religiosas no Brasil*).

O liberalismo

Em 1759, expulsos os padres da Companhia, autorizou-se uma cátedra de Filosofia, no convento dos franciscanos, aqui do Rio. Taunay quisera ver escotismo, no texto de frei Gaspar da Madre de Deus. (*Memórias para a história da capitania de São Vicente*, 3ª ed., 1920, p. 94.) Curioso equívoco: "À primeira vista, revela o exame do índice do tratado de frei Gaspar que se filiava ele ao escotismo; era, portanto, adversário da escolástica tomista"... O índice com efeito se refere à *distinctio scotica*, mas frei Gaspar não admitia a doutrina de Escoto. (Carlos Lopes de Matos, "Frei Gaspar da Madre de Deus", *in Revista Brasileira de Filosofia*, abril de 1970, vol. XX, fasc. 78, p. 223.)

Eram os professores tomistas, molinistas, escotistas, sem dúvida. Os escolásticos portugueses não eram um grupo monolítico, diz muito bem Antônio Paim (*História das idéias filosóficas no Brasil*, p. 38). Havia os realistas e os nominalistas. Mas a Filosofia, que se ensina no recesso dos seminários e colégios, é a da segunda escolástica portuguesa. O livro mais lido no Brasil, ao longo do século XVIII, é o *Peregrino da América*, de Nuno Marques Pereira, prosa moralista convencional.

A tendência era unir filosofia e teologia. Ou incutir a doutrina teológica.

O livro de Verney e a reforma pombalina da Universidade de Coimbra iniciam uma outra fase na história das idéias. A 9 de setembro de 1763, publica-se em Lisboa a notícia da supressão da Companhia. Era o triunfo de Pombal. Regalismo e laicismo davam-se as mãos. Ao tomismo restaurado pelos coimbrenses, sucedia o iluminismo, progressista e nacionalista.

Sempre houve um sentido pragmático na filosofia portuguesa. Um sentido positivo, do imediato, do útil, um senso prático. Concepção da cultura que deriva, como escreve Cruz Costa, de uma valorização pragmática da vida. "O caráter comercial, cosmopolita e burguês da vida portuguesa do século XV e do início do XVI contribuiu para acentuar no pensamento essa feição pragmática. Toda a atividade dos portugueses orienta-se para um sentido positivo. Para uma forma concreta de pensamento. É fácil verificar no pensamento português a constância de uma posição empírica, pragmática. No próprio movimento, que preparou os descobrimentos marítimos, em que é notável a contribuição dos franciscanos, encontramos esse pragmatismo, que tão profundamente marcou a cultura portuguesa." (Cruz Costa, *Contribuição à história das idéias no Brasil*, p. 33.) Um sentido realista.

Em 1773, adota-se como texto oficial o livro de Antônio Genovesi, Genuense, *Instituições de lógica*. Compêndio de um empirismo mitigado. Inspirando-se em Locke, rejeita, contudo, a solução empirista do problema da origem das idéias.

No fim do século XVIII, funda-se o famoso e controvertido Seminário de Olinda, obra de Azeredo Coutinho.

Estranha figura. José Joaquim da Cunha de Azeredo Coutinho pertencia a uma família de ricos proprietários, dedicados à lavoura canavieira. Estudou no Rio. E em 1775 está em Portugal, depois de renunciar ao morgadio de Mirapicu.

Cursa teologia em Coimbra, de que o tio, Francisco de Lemos de Faria Pereira Coutinho, era reitor (1770-1779). Nascido nos Campos dos Goitacás, capitania do Rio de Janeiro, em 1742, tinha já trinta e três anos, ao matricular-se. Era descendente de Amador Bueno e de Vasco Fernandes Coutinho, primeiro donatário do Espírito Santo. Pereira Coutinho foi bispo de Coimbra, de 1779 até 1822, quando morreu. Amigo de Pombal, e irmão de João Pereira Ramos, desembargador do Paço e procurador da Coroa, falecido em 1799.

Nosso Azeredo Coutinho foi contemporâneo na universidade, em que se forma em 1780, de Cairu, de Azevedo Pizarro, de Morais e Silva, de José Arouche de Toledo e de Antônio Pereira de Sousa Caldas. Deputado do Santo Ofício em Lisboa, arcediago da Catedral do Rio, em 1785, membro da Academia de Ciências, em 1792, autor de uma breve dissertação sobre o preço do açúcar, 1791, foi nomeado bispo de Olinda em 1794. Só pelo Natal de 1798 toma posse. E logo Azeredo Coutinho se torna a figura mais poderosa de Pernambuco, naquele fim do século XVIII e começo do século XIX, política, social e pedagogicamente. ("Azeredo Coutinho e o fermento intelectual de sua época", por Manoel Cardozo, *in Conflito e continuidade na sociedade brasileira*, p. 86.)

Foi governador de Pernambuco, a 29 de dezembro de 1798, sucedendo a Tomás José de Melo. Um tanto abruptamente, removem-no para Bragança, em fevereiro de 1802. Partiu de Pernambuco a 12 de julho de 1802. Esteve, pois, três anos em Olinda. Bispo de Elvas, passaria o resto da vida em Portugal, e foi o último Inquisidor do Reino. Morreu aos setenta e nove anos, em 1821, deputado do Rio à Assembléia Constituinte, em Lisboa, dois dias depois de abertos os trabalhos. Um ano antes de ser proclamada a Independência política.

Azeredo Coutinho foi um filho espiritual da Coimbra pombalina. Mas convém não exagerar o liberalismo do bispo proprietário, como lhe chamava Nelson Werneck Sodré (*A ideologia do colonialismo*). Nem a importância de sua missão no Brasil. Diz com acerto Manoel Cardozo que o Seminário de Olinda produziu padres que iriam fazer de Pernambuco um centro revolucionário, mas o próprio Azeredo Coutinho não tinha esse objetivo. O Seminário foi uma escola secundária razoável. Não há nada nos estatutos de 1798 que pudesse perturbar o *status*. Seria curioso comparar os estatutos de Azeredo Coutinho, 1798, com os de 1776, da Província Franciscana da Imaculada Conceição do Rio. E se concluirá pela superioridade dos estatutos franciscanos.

Os fins de Azeredo Coutinho foram modestamente pastorais e muito menos intelectuais ou revolucionários do que as épocas subseqüentes imaginaram (Manoel Cardozo, p. 103). O Inquisidor-mor estranharia por certo que o seu modesto Seminário de Olinda viesse de fato a ser aquilo que chegou a ser depois: o foco dos liberais de 17 e 24... Manoel Cardozo acrescenta: Azeredo Coutinho foi o homem de ação voltado para o concreto, nunca para o teórico. Um produto típico da nova Coimbra...

A opinião de Sérgio Buarque de Holanda me parece lúcida: "O bispo não pertencia certamente à família dos utopistas. Pleiteava medidas ou meias-medidas liberais, sempre que fossem viáveis e, aparentemente, de benefícios imediatos e seguros." (*Obras econômicas de J. J. da Cunha de Azeredo Coutinho*, 1966, pp. 13-53.)

As idéias de Azeredo Coutinho sobre o comércio livre terão servido de preparação mental à independência do Brasil? Bradford Burns — em "The Role of Azeredo Coutinho in the Enlightment", *in The Hispanic American Historical Review*, XLIV, 1964, p. 145 — acha que Azeredo Coutinho contribuiu para introduzir a Ilustração no Brasil, e indireta ou involuntariamente, mas significativamente, para a Independência.

Um progressista em muitos aspectos. Um arauto de novas eras, concluiria Sérgio Buarque de Holanda, na biografia sucinta para as *Obras econômicas*, 1966.

Burns vê uma ligação entre os estatutos pombalinos de 1772 e os do Seminário, de 1800. O repúdio do método pedagógico dos jesuítas, o repúdio da escolástica, o relevo dado às ciências, tudo pertence ao iluminismo. Azeredo Coutinho leu Ribeiro Sanches, como Sérgio Buarque o indica na curiosa Relação das Obras Citadas por Azeredo Coutinho. Ora, Antônio Nunes Ribeiro Sanches é uma das maiores inteligências da Ilustração portuguesa. Economista e reformador, contraditório, paradoxal, Azeredo Coutinho é, como quer Burns, um símbolo da ilustração luso-brasileira.

A contradição do seu destino é que, defensor de idéias novas e desejoso de concretizá-las, manteve sempre um quê do espírito conservador. As grandes rupturas se fazem aos poucos. Os fatos, que modificaram a sociedade portuguesa no século XVIII, foram o período inovador de Pombal, 1750-1777, o retorno de Catarina de Bragança a Portugal, o tratado de Methuen com a Inglaterra, 1703, e a fundação, em 1727, da primeira loja maçônica em Lisboa.

Nelson Werneck Sodré aponta como contradição de Azeredo Coutinho a tentativa, em que se aproxima de Hipólito da Costa, de conciliação entre os interesses da classe dominante da Colônia e os interesses da Coroa. O liberalismo de Azeredo, bebido em Adam Smith, estava perfeitamente integrado no quadro geral do desenvolvimento da Revolução Industrial. O seu esforço consiste em conciliar os interesses da Colônia com os da Coroa, num luso-brasileirismo que mereceria a mordacidade de um Cairu. Werneck Sodré o coloca à direita, enquanto José Bonifácio e a Inconfidência Mineira seriam a esquerda brasileira. Suas *Obras* tratam ou de assuntos econômicos, as principais, ou do Padroado, importantes para o estudo da propriedade da terra no Brasil, ou de sua autodefesa, com aspecto biográfico.

O Seminário de Olinda inaugurou-se a 22 de fevereiro de 1800, mas os estatutos se compuseram ainda em Portugal, em 1798. Ironicamente, o Seminário se instalou no antigo edifício do Colégio dos Jesuítas.

O testemunho de Fernando de Azevedo, no livro monumental *A cultura brasileira*, me parece muito significativo. Diz ele: "É de fato do Seminário de Olinda que mais fortemente se manifestaram no seu espírito e nos seus métodos os princípios que orientaram as reformas pombalinas, em grande parte inspiradas pelas idéias dos enciclopedistas" (p. 565).

O ensino já não é retórico ou prevalentemente literário. O melhor colégio de instrução secundária do Brasil, na palavra de mestre Oliveira Lima (*Pernambuco e seu desenvolvimento histórico*, 1895, p. 320). E, assim, Capistrano podia sintetizar — e bem: "Não surgiria a geração de 1817 sem Azeredo Coutinho."

Oliveira Lima chega a estabelecer vinculação entre o Seminário de Olinda e a Independência *tout court*. O Seminário de 1800 "começou a ensinar as ciências úteis que tornassem o rapaz apto a corresponder às necessidades do meio brasileiro, cuja transição do patriarcalismo rural para um tipo de vida mais urbana e industrial exigia orientadores, técnicos", diz Gilberto Freyre (*Sobrados e mocambos*, 1936, p. 105).

Costa Rego visita o convento do Carmo da Bahia e pensa, como no-lo confidencia em artigo no *Correio da Manhã*, de 15 de junho de 1940, que cumpre restaurar "o espírito do carmelita no Brasil". Porque "estamos esquecidos das profundas lições com que o carmelita nos ensinou a ser fortes e ao mesmo tempo brasileiros". O jornalista pensava por certo no maior dos discípulos do Seminário de Olinda, o carmelita frei Caneca.

Dom Duarte Leopoldo e Silva, arcebispo de São Paulo, no ensaio de 1923 sobre *O clero e a independência*, afirma que o Seminário de Olinda se tornou "um ninho de idéias liberais e subversivas, pois os seus padres professores, seculares e regulares, chamados à direção do Seminário, sobretudo os oratorianos, que sobre serem liberais adotavam as doutrinas cartesianas, haviam cursado a mesma universidade (de Coimbra)" (p. 79).

Caneca, nutrido em Arruda Câmara, abraça o liberalismo. É um antiabsolutista feroz. Viveu sua missão política de modo apaixonado e total. (Ver Antônio Cândido, *Formação da literatura brasileira*, p. 251.) O seu constitucionalismo é o de um admirador de Montesquieu. A intransigência moral e o estilo panfletário o caracterizam. Tumultuosa personalidade intelectual, publica os vinte e nove números do jornal

Tífis Pernambucana, de dezembro de 1823 a agosto de 1824. E as *Cartas de Pítia a Damão*, em 1823.

Trata-se de um publicista liberal, na linha do *Esprit des Lois*. O governo de Pernambuco mandou publicar-lhe as *Obras políticas e literárias*, em 1876. Era presidente da Província o desembargador Henrique Pereira de Lucena. A tarefa coube a Antônio Joaquim de Melo. O primeiro tomo saiu em 1875. O segundo, em 1876. A lei provincial nº 900, de 25 de junho de 1869, é que autorizara essa edição.

"Ao explicitar um ponto de vista radical, Caneca inicia o tipo de polarização que iria marcar o debate da idéia liberal no Brasil nesse período que se seguiu imediatamente à Independência e se prolongou até a década de quarenta", observa Antônio Paim.

Sua filosofia política é apenas antiabsolutista.

O combativo publicista não parte de princípios claramente estabelecidos, comenta Paim. Desejoso de independência política e de um governo constitucional, cujos contornos precisos nunca soube delinear, foi elaborando uma doutrina ao sabor dos acontecimentos e até da posição adversária, conclui Paim. (*Frei Caneca, o liberalismo como radicalismo*, PUC-RJ, 1973.)

Adotou ele uma visão unilateral do liberalismo político e se tornou o propagandista dessa versão radical. Alcides Bezerra lhe chama sociólogo. Assim como a Constituição do Império saiu, através de Martim Francisco, da *Politique Constitutionelle*, de Benjamin Constant, comenta Alcides Bezerra, a confederação do Equador vem do *Esprit des Lois*, de Montesquieu. Caneca não escreveu tratados de filosofia. Nem mesmo de filosofia política. Foi professor de filosofia, mas o compêndio dele não chegou até nós. Apostilas que se perderam, ao contrário dos compêndios de gramática e retórica. Homem de ação, panfletário enérgico, audaz, as suas idéias estão nas *Cartas a Damão* e no jornal *Tífis Pernambucana*. Entre 1779 e 1825, viveu uma vida agitada, de pensamento e combate, pela liberdade e por uma ordem constitucional.

E Cairu?

Figura complexa, a desse humanista. O seu protagonismo é mais longo. Santiago Dantas, Alceu Amoroso Lima, Sérgio Buarque de Holanda, Vale Cabral, Cândido Mendes e Hélio Viana longamente se debruçaram sobre essa vida e essa obra, que é a de um liberal, discípulo de Adam Smith, desde 1796.

Antônio Paim dedicou-lhe todo um livro, *Cairu e o liberalismo econômico*, 1968. A economia concebida como ético-normativa e a questão do trabalho como origem do valor, eis os dois capítulos em que mais densamente se estuda o significado da obra de José da Silva Lisboa.

Chegamos ao fim daquilo a que Caio Prado Júnior chama o apogeu da Colônia. Fazenda, Bandeira e Missão, as três entidades em torno das quais girou a vida colonial, os três elementos que representam, no dizer de Alceu Amoroso Lima (*A igreja e o novo mundo*, p. 10), as forças de penetração e integração do Brasil, trazem em si uma oposição entre a dinâmica da bandeira e a estática do engenho ou da fazenda. A Missão é simultaneamente estática e dinâmica. É o elo que vincula os elementos díspares e até antagônicos de nossa difícil formação nacional. A catequese dominou os dois primeiros séculos, de inspiração contra-reformista e tridentina. Com a expulsão dos jesuítas, passamos do predomínio do clero regular ao predomínio do clero secular. Sob o signo da catequese foram os dois primeiros séculos. Sob o signo da secularização e do regalismo será o período novo, que se estende do meio do século XVIII a meados do XIX. O Bandeirante, o Colono e o Padre, eis os três heróis da formação do Brasil. O novo período será de mundanidade crescente e sacramentalidade decrescente.

Se Anchieta, Nóbrega e Vieira sintetizam a primeira fase, Feijó e Monte Alverne representarão a segunda, anunciada pelo fervor liberal de Caneca e dos revolucionários pernambucanos de 1817 e 1824.

Ao espírito missionário sucede o espírito mundano ou secularizante.

Havia o hábito, o costume religioso. Não havia o problema religioso.

A fazenda, isto é, a propriedade rural, como notou Manuel Diégues Júnior, se constituiu o centro de vida em torno do qual se formou e se desenvolveu o Brasil. Era centro econômico, unidade social, núcleo demográfico, constituía o ponto de convergência das atividades, o ambiente em que o domínio familiar era todo o poder. ("Estrutura Social Brasileira", *in Revista Brasileira de Cultura*, 6, 1970.)

A ideologia liberal choca-se com o autarquismo rural.

Será Cairu uma figura do passado contra o futuro?

Assim o considera Sérgio Buarque de Holanda, em *Raízes do Brasil* (p. 52). "Pode dizer-se que, em 1819, já era um homem do passado, comprometido na tarefa de, a qualquer custo, frustrar a liquidação das concepções e formas de vida relacionadas de algum modo ao nosso passado rural"...

Um ponto de vista oposto ao do anacronismo de Cairu, marcado pelo paternalismo e por uma concepção doméstica da sociedade civil e política, é o de Amoroso Lima, defendido em conferência, 1º de novembro de 1944. Para provar a atualidade das idéias econômicas de Cairu, e mesmo a autonomia dele em face de Adam Smith, Amoroso Lima relembra um traço essencial da sua teoria da produção econômica. Os fisiocratas colocaram a terra como elemento capital da produção. Adam Smith acentuou o trabalho. O manchesterianismo sublinhou o capital como elemento básico. O nosso Cairu, no seu tratado de 1819 sobre o bem comum, dá preeminência a outro fator "que só modernamente, depois da luta entre o socialismo e o liberalismo de todo o século XIX, viria a ser salientado — a inteligência".

Cairu é um precursor de Taylor.

Sérgio Buarque insiste em que a inteligência assim entendida é um fator antimoderno. Um princípio essencialmente antimoderno. "Parece certo que o autor dos *Estudos do bem comum*, a despeito do seu trato com economistas britânicos, não contribuiu, salvo nas aparências e superficialmente, para a reforma de nossas idéias econômicas", eis a posição de Sérgio Buarque.

Inteligência vista como decorativa, ornamental, talento declamatório?

Cairu pertenceu a uma elite brasileira, de formação européia, especificamente coimbrã, mas posterior à reforma pombalina. Um competente economista, de ampla clarividência, consciente dos problemas de seu tempo. Qual foi a sua geração? A do Intendente Câmara, a de Lacerda e Almeida, o mineralogista, a de frei José Mariano da Conceição Veloso, o botânico, a de José Arouche de Toledo, o introdutor da cultura do chá no planalto paulista, a de Azeredo Coutinho, o bispo economista, a de Francisco de Melo Franco, nosso primeiro higienista, a de Carneiro de Campos e Vilela Barbosa...

A leitura do *Ensaio sobre a riqueza das nações,* de Adam Smith, cuja primeira tradução francesa é de 1792, e das obras filosóficas de Hume foi decisiva para Cairu. O mestre de filosofia e de grego em Salvador encontra no liberalismo econômico uma estrutura definitiva. (Ver San Thiago Dantas, *Figuras do direito,* p. 8.)

O helenista, o latinista se transforma em economista. Adam Smith foi revelado a Cairu por Morais e Silva em 1796. (Ver Rodolfo Garcia, *História geral do Brasil,* de Varnhagen, 3ª ed., p. 15.)

Em 1804, publica os *Princípios de economia política.* Era uma defesa crítica das idéias de Adam Smith. O primeiro a apresentar em sistema o direito comercial, o fundador dos estudos de economia no Brasil. O que existia de mais moderno na ciência econômica da época, ele o trouxe para o seu país. Sua participação na abertura dos portos é conhecida. A 23 de fevereiro de 1808, o príncipe regente cria para Cairu a primeira cátedra de economia política no Brasil.

Jornalista político, senador, sua vida se mistura, então, à própria vida do Brasil nascente. O humanista se transmudara em doutrinador econômico e social. Homem entre o século XVIII e o século XIX, entre a Colônia e o Império, o sistema colonial e o sistema liberal. Ou entre o sentimento americano e a formação européia. O seu tempo de silenciosa preparação em Salvador, até 1797, é o período da Revolução Francesa, da Revolução Industrial Inglesa, da morte de Pombal, da Inconfidência Mineira...

Os seus *Princípios de direito mercantil* servirão, no dizer de Cândido Mendes, nada menos do que de Código Comercial, obra única no gênero, em língua vernácula.

Anglomania, chamavam os adversários ao seu espírito britânico. Leu Smith, Hume, Burke, Bentham. A ciência nova, a Economia Política, lhe mereceu atenção especial. Foi, pois, um filósofo da economia. Teve extraordinária familiaridade com as idéias da economia clássica. Sua obra é uma divulgação sistemática do liberalismo econômico. Literalmente, um neoclássico. Politicamente, um conservador.

Na ordem concreta, defendeu a liberdade de comércio.

José da Silva Lisboa é bem esse momento de transição da elite luso-brasileira, de uma visão estática para o pensamento moderno. Que é a nova ordem de valores? É a construção de uma civilização material, a primazia do saber de índole operativa, a valorização do trabalho, a exaltação da pessoa e sua racionalidade, a reavaliação do poder e sua legitimação.

Escreve Joaquim de Carvalho: "A luta contra a escolástica, nos meados do século XVIII, não foi propriamente uma luta de sistemas, mas a luta da atitude anti-sistemática contra o espírito de sistema, da metodologia experimental contra a especulação apriorística e dedutiva." (*Subsídios para a história da filosofia e da ciência em Portugal*, vol. VII, 1950, p. 16.)

O empenho de Verney é substituir o aristotelismo pelo empirismo lockiano. Verney se inspira no *Ensaio sobre o entendimento humano*, de Locke.

A concepção da economia política em Cairu é normativa. Os princípios da economia política são, para ele, ético-normativos. Na economia, vê a chave de uma vida social eminentemente moral. Adam Smith assim o entendia. Para Locke, na base, está a sensação. Para Cairu, na base, está o trabalho, numa perspectiva econômica. Conservador e reformista, viveu inteiramente e intensamente a contradição do seu momento, entre a sociedade colonial e a sociedade liberal.

Cairu não chegou a explicitar suficientemente o problema da adaptação indispensável de Adam Smith à realidade social do Brasil escravocrata. A exaltação do trabalho é um tanto substituída pela exaltação da inteligência. Como exaltar o trabalho num meio que lhe era hostil? A obra de Adam Smith nasceu num contexto de ética protestante. Muito diversas eram as condições do Brasil. Convém, no entanto, não esquecer que o princípio máximo do puritanismo protestante, de que o ócio é o principal pecado, a que se referia Max Weber, ao analisar as relações entre a ética protestante e a formação do capitalismo, nas suas diferentes etapas, é princípio patrístico e monástico, e baste consultar a esse respeito a *Regula Monachorum*, do século VI.

O que fica da sua figura de reformador social e vulgarizador de doutrinas econômicas é a importância da liberdade e do trabalho, como notava Alceu Amoroso Lima, na bela conferência de 23 de outubro de 1936, publicada em *A Ordem*, de setembro de 1936, e no *Jornal do Comércio*, de 1º de novembro de 1944.

Seu sistema econômico se funda no trabalho e na liberdade. Mas dirigidos pela inteligência e pela justiça.

Ambos, Cairu e Caneca, foram intelectuais engajados, jornalistas doutrinários, jornalistas pensadores. Ambos lecionaram filosofia e vieram do plano filosófico para as lutas da cidade temporal.

Não se deixe de fazer uma referência a Mariano José Pereira da Fonseca, marquês de maricá, 1773-1848. Maricá publica pela imprensa máximas, reflexões de ordem moral, depois reunidas em volume. Entre 1813 e 1848, foi deixando cair esses fragmentos de meditação. Sousa da Silveira reeditaria em 1958 esse volume de *Máximas* e até, a nosso ver, levaria o moralista a sério por demais. Sousa da Silveira quis ver nele um pensamento de inspiração cristã. Chega a citar a respeito de Maricá um Garrigou-Lagrange. Maricá é o óbvio, o lugar-comum, diluídas moralidades estafantes.

Vejo sete personalidades em torno de cujos nomes se delineia a *ambiance* filosófica da Independência política: Cairu, José Bonifácio, Silvestre Pinheiro Ferreira, frei Joaquim do Amor Divino Caneca, frei Sampaio, Monte Alverne e Feijó. (Ver Fred Sturm, *Time Philosophical Ambiance of Brazilian Independence*, p. 2.)

Frei Caneca é o pensador político-social. Frei Sampaio é o autor do anteprojeto da Constituição do Império, além de autor do texto do Manifesto, de que resultou o *Fico*. A influência ideológica de frei Francisco de Sampaio no processo político da Independência é decisiva. D. Pedro e José Bonifácio iam ao Convento de Santo Antônio para discutirem com o frade, que era, sem dúvida, a maior cultura brasileira do seu tempo. Pode-se dizer que a Independência, como processo ideológico, nasceu no Convento de Santo Antônio. Nas redações, lojas maçônicas, púlpitos e claustros, se fez a Independência.

O livro clássico sobre as relações entre Igreja e Independência é o de Dom Duarte Leopoldo e Silva, de 1923, *O clero e a Independência*, 206 páginas, edição do Centro Dom Vital. As três figuras religiosas da luta pelas liberdades constitucionais no Brasil de 1822 — são os três Franciscos, franciscanos, Sampaio, Monte Alverne, São Carlos, o poeta da *Assunção*. Sampaio é um leitor de Benjamin Constant, o franco-suíço, que, mais do que Gaetano Filangieri, foi fundamental na estruturação política do império. Constant veio a ser a fonte política e doutrinária da Constituição, um meio-termo entre De Maistre e os liberais, ou seja, o Chateaubriand do direito público.

O individualismo

Monte Alverne é um orador romântico. Trata-se de uma personalidade tipicamente romântica, influenciada por Chateaubriand. A religião como experiência individual. Como estado de alma, como emoção ou modo de sentir. Professor e pregador. Pré-romântico e neoclássico.

Como orador sacro, nos parece hoje fragílimo. Não podemos suportar-lhe a prolixa e eloqüente superficialidade. O próprio frei Roberto Lopes, poeta e seu biógrafo, é quem o observa: "Não se poderá naturalmente levar a sério o valor de Monte Alverne como filósofo"... (*Monte Alverne, pregador imperial*, 1958). Foi um simples expositor da doutrina eclética de Cousin, resume o biógrafo.

Ênfase romântica, grandiloqüência. Não pensava: declamava. Foi um ator. Reinava então Condillac, representado por um beneditino, o frei José Policarpo de Santa Gertrudes. A escola sensualista de Condillac tinha muitos adeptos entre nós. Monte Alverne combateu-a. Diz bem frei Roberto Lopes: "A eloqüência com que expunha a matéria compensava a fraqueza de idéias e escondia a pouca solidez do alicerce"...

Domingos José Gonçalves de Magalhães foi seu aluno-ouvinte em 1832. A influência do franciscano sobre a juventude foi enorme. Oliveira Lima o inclui entre os maiores sacerdotes do Brasil imperial: "Alguns monges salientavamse naturalmente pela sua devoção e moralidade. Outros pela sua operosidade e saber. Podemos citar oradores sacros como Sampaio e Monte Alverne, botânicos como Conceição Veloso, Leandro do Sacramento, eruditos como Custódio Alves Serrão e Camilo de Monserrate", este último curiosa figura de monge beneditino e diretor da Biblioteca Nacional, a merecer estudo que o interpretasse na sua complexa, contraditória personalidade, nos seus dramas de homem de fronteira, a fronteira entre a fé e a incredulidade.

Nos *Opúsculos históricos e literários*, de Domingos José Gonçalves de Magalhães, 2ª ed., 1865, p. 320, há um importante depoimento: "Tanto por esse dom de falar bem como pela doutrina que ensinava não tinha ele rival como professor de Filosofia; que muito inferiores lhe eram o beneditino Policarpo e o cônego Januário Barbosa, seus contemporâneos. O primeiro, grave de aspecto e costumes, não passava do sensualismo de Condillac, com alguns comentários de Cabanis e De Tracy, seus oráculos em filosofia."

O único livro de filosofia de Monte Alverne é o *Compêndio*. Composto em 1833, só se publica em 1859, como obra póstuma. Não foi revisto nem corrigido pelo seu autor. O *Compêndio* de Morais e Vale é de 1851. O de Moraes Torres, de 1852. *As investigações de psicologia*, de Ferreira França, de 1854. *Os fatos do espírito humano*, de Gonçalves de Magalhães, de 1859.

Ao iniciar-se o magistério de Monte Alverne, a doutrina corrente era o sensualismo. Nosso pensador-pregador reuniu elementos de Condillac, Locke, Descartes, Leibniz. Depois, descobriu o ecletismo de Victor Cousin.

Comenta o padre Leonel Franca (*Noções de história da filosofia*, 21ª ed., p. 266): "Mais tarde, quando lhe vieram às mãos as primeiras obras do ecletismo francês, que se ufanava de restaurar a verdadeira filosofia espiritualista, sobre as ruínas do materialismo, Monte Alverne exultou. Orador e retórico, remirou-se com prazer nas frases sonoras e períodos grandíloquos de Cousin. O que era música de palavras e harmonia de eloqüência pareceu-lhe solidez e profundidade de pensamento."

Formado no sensualismo de Condillac, tornou-se discípulo de Victor Cousin. Como o reconhece Leonel Franca, exerceu entre nós salutar influência, porque despertou entre os jovens o amor da especulação e o entusiasmo pelo espiritualismo.

De fato, o ecletismo se constituiu na filosofia oficial, entre nós, de 1840 a 1880. Antônio Pedro de Figueiredo traduz em 1843 o *Curso de história da filosofia*. Morais e Vale traduz em 1849 a *Filosofia popular*. De 1885, a tradução do *Tratado elementar de filosofia*, de Paul Janet. Monte Alverne integrou-se nessa atmosfera. Considerava Cousin nada menos que sublime.

A adesão do franciscano a Condillac e, depois, a Cousin é mais literária ou mesmo ornamental do que filosófica, mais exterior, social, numa linha de eloqüência do que uma linha de profundidade.

Verbalismo, lirismo, superficialidade, não será essa a perspectiva de nosso Monte Alverne? Eis o que nos escreve Sílvio Romero: "O ensino filosófico era um amálgama de Storkena e Genuense, esses nomes desconhecidos na história do ensino público dos povos cultos. Uns restos estropiados de Locke e Condillac reduzidos a figuras mínimas pelos discípulos e comentadores e algumas laudas enganadoras, brilhantes pelo estilo e frágeis pela análise, de Laromiguère, tal o seu conteúdo. Tudo isto decorado, não para perscrutar o enigma do homem e do universo, sim para limar a argúcia e secundar a loqüela. Depois, mais alguma vulgarização das obras de Maine de Biran, que não teve contraditores, por não ter quem os lesse, segundo diz Taine, e de Victor Cousin, que sacrificava o pensamento pelo amor da frase, como no-lo declara Renan, trouxe a propensão e finalmente a queda completa para o ecletismo espiritualista francês. A esta fase pertencem Monte Alverne e seus continuadores: Eduardo Ferreira França e Domingos de Magalhães."

O *Compêndio* de Monte Alverne reúne as suas lições no claustro de Santo Antônio e no seminário. Laerte Ramos de Carvalho, estudando a lógica de Monte Alverne (*Boletim* da Faculdade de Filosofia da Universidade de São Paulo, n° LXII, p. 49), nos dá uma lista de livros de filosofia da Biblioteca da Faculdade de Direito de São Paulo, que veio da antiga livraria do Convento dos Franciscanos — compêndios da tradição coimbrã e textos posteriores à reforma pombalina. Por influência oratoriana, novos compêndios se introduzem aqui no fim do século XVIII, como o Genuense. Monte Alverne viveu e exprimiu essa ambivalência ou essa transição.

A lógica de Monte Alverne se baseia em François Para du Phanjas, *Institutiones Philosophicae ad usum seminariorum et collegiorum*, Paris, 1782. Quem o observou foi Laerte Ramos de Carvalho, no referido estudo.

O grande orador sacro não foi um pensador, conclui Cruz Costa, com Leonel Franca e Luís Washington Vita. Monte Alverne foi uma expressão rigorosamente romântica. O romantismo corresponde a um momento histórico do Brasil. Houve uma política, um clero, uma sociedade obedientes à mesma inspiração do romantismo poético, notou-o Sérgio Buarque de Holanda, em prefácio às *Obras* de Magalhães.

O ecletismo será a doutrina oficial da universidade no reinado de Luís Filipe. Cousin em 1840 seria ministro da Instrução Pública no Gabinete Thiers.

Leia-se este fragmento de Monte Alverne: "Os sistemas exclusivos foram proscritos por Victor Cousin. O sensualismo e o idealismo, a escola de Locke, e a filosofia escocesa deram-se as mãos; e a razão pura de Kant, sentando-se no lugar da reflexão de Locke, ofereceu os verdadeiros elementos do espírito humano, as legítimas fontes das idéias, e resolveu os mais difíceis problemas da psicologia, que dividiam o mundo filosófico. Felizmente, para mim, a teoria das forças e da atividade da alma, sensações, atenção, baseando-se no elemento idealista, afastaram-se bastante da escola sensualista. Mas a teoria da reflexão e da origem das idéias oferece o lado vulnerável do sensualismo. É o que demonstrou Cousin na sua análise ou ensaio sobre o conhecimento humano de Locke e em outras obras. O sistema sublime de Cousin apenas é conhecido no Brasil, e por desgraça seus trabalhos filosóficos ainda não estão completos, nem impressas ou conhecidas aqui as suas obras posteriores. Eu forcejarei, entretanto, por aproveitar o que ele tem feito e restaurar com ele o sistema filosófico." (*Compêndio*, p. 105.)

Para Monte Alverne, Cousin reconstruiu a filosofia.

Como se sabe, o frade franciscano não apreciava a escolástica. Representou a reação conservadora, em política.

Diogo Antônio Feijó deixou-nos uns *Cadernos de filosofia*, publicados por Miguel Reale.

Trata-se do curso de filosofia que professou em Itu. A influência dominante é a da doutrina kantiana. Notável, sem dúvida, que quatorze anos depois da morte de Kant o nosso Feijó o conhecesse no interior de São Paulo.

Feijó recolheu-se à comunidade dos padres do Patrocínio, chefiados pelo padre Jesuíno do Monte Carmelo, que mereceria estudo crítico de Mário de Andrade. Espécie de Port Royal em Itu, lá esteve ele, por causa de uma crise mística, de que se libertou pela política.

Feijó expõe a seus alunos as linhas mestras do pensamento criticista. Se na obra de Monte Alverne coexistem os motivos de Condillac com os propósitos superadores de Cousin, como escreve Miguel Reale, "é preciso não esquecer outro episódio deveras curioso — a preocupação pela filosofia de Kant, nas primeiras décadas do século XIX". (*Filosofia em São Paulo*, p. 23.)

A tentativa de Feijó, acrescenta Reale, embora apenas esboçada e confusa, de conciliar certos ensinamentos da Filosofia crítica e as verdades tradicionais merece referência especial. Note-se a sua distinção entre atitude crítica, atitude céptica e atitude dogmática.

O mais relevante a salientar no kantismo do padre Feijó é a insatisfação com o empirismo mitigado. (Ver Antônio Paim, *História das idéias filosóficas no Brasil*, p. 114.) Feijó incorpora várias teses da *Crítica da razão pura*. O conceito de metafísica não é mais o aristotélico. Observe-se ainda que os *Cadernos* de Itu mostram certo conhecimento do problema gnoseológico em Kant.

Feijó interpreta a crítica do conhecimento segundo o psicologismo. E salienta o papel da imaginação. Como diz Reale, "ainda revela influxo do kantismo ao ver a geração dos conhecimentos como um processo gradativo, que se vai constituindo através de atos sucessivos de sínteses, para logo a seguir retomar velhos caminhos, fiel à noção de consciência como pressuposto fundamental de ordem psicológica. Por não se desvincular da consciência individual, não logra ir — e o mesmo se pode dizer de Villers, que lhe fornece os dados para meditação — até o plano da consciência transcendental, base e fulcro de todo pensamento crítico". (*Cadernos*, p. 71.)

O juízo do historiador Otávio Tarqüínio de Sousa foi severo: "Meros compêndios, sem nenhuma originalidade, mas mostram que Feijó tinha conhecimento dos assuntos e o dom, não comum, de resumi-los e apresentá-los com simplicidade." (*Diogo Antônio Feijó*, 1942, p. 29.)

Acha, porém, Reale que o documento possui um significado mais amplo.

Sílvio Romero e Leonel Franca silenciaram a respeito de Feijó. E o padre Franca escreveu a sua *História da filosofia* quando se achavam já publicados os *Cadernos* por Eugênio Egas, 1912.

Feijó deve ter estudado filosofia em São Paulo com o padre Francisco de Paula Oliveira, que ensinava lógica e metafísica pelo Genuense, fora aluno de Monte Alverne e sabia Kant através de José Bonifácio, o Patriarca (segundo Francisco Vieira Bueno, *Autobiografia*, 1899). Contesta, aliás, Reale que o padre Oliveira tenha sido aluno de Monte Alverne, pois este se tornou Lente de Artes aos vinte e nove anos, em 1813, e Oliveira já em 1808 afirmava no processo *de moribus* haver sido mestre de Filosofia do nosso Feijó. Quanto a Feijó ter sido aluno direto de Monte Alverne, já em 1813 o jovem de Santana de Parnaíba se retirara para a Vila de São Carlos, depois Campinas.

Lembre-se de que o *Compêndio* de Feijó foi redigido entre 1818 e 1821, antes da partida para Lisboa. E o *Compêndio* de Monte Alverne, em 1833.

Feijó e Martim Francisco Ribeiro de Andrada optaram pela posição kantiana. Miguel Reale não aceita que o padre Oliveira haja recebido o kantismo de José Bonifácio, pois este não era propriamente kantiano e só voltou da longa permanência no exterior em 1819, quando Feijó estava a redigir o *Compêndio*.

Martim Francisco Neto nos confessa que tinha em seu poder oito cadernos manuscritos, densos, de uma "Exposição da filosofia de Kant", de Martim Francisco. Seria o seu curso de filosofia professado em São Paulo, em 1807-1808? (Martim Francisco, "Dum Manuscrito", *Revista do Instituto Histórico*, de São Paulo, vol. XXXI, pp. 329-332, *Revista Brasileira de Filosofia*, fasc. 57, pp. 87-101.)

Admite-se a hipótese de haver sido Martim Francisco o introdutor do kantismo no Brasil, mas — antes de publicar-se-lhe a Exposição — os *Cadernos* de Feijó constituem documento inaugural. Os vestígios da filosofia de Kant não são insignificantes, no *Compêndio* do padre.

Sem dúvida, Feijó bebeu no livro de Villers. Parece incrível, mas Spix e Martius em 1817 já nos falam que "a filosofia de Kant se tornou acessível aos pensadores brasileiros pela tradução de Villers" (*Viagem pelo Brasil*, 1939, 1 vol., p. 207).

Não é tradução. Mas exposição da doutrina kantiana.

A presença do filósofo do criticismo em São Paulo deve datar do curso de Martim Francisco, a partir de 1807. Kantismo e liberalismo se unem. Se, como nota Cabral de Moncada, Rodrigues de Brito foi o primeiro a referir-se a Kant em Portugal, em 1803 (*Subsídios para uma história do direito em*

Portugal, 1938, p. 39), veja-se a importância dos Cadernos de Feijó. O seu significado.

Claro que não há, nem pode haver, rigor técnico, nesse documento singelo, despretensioso, discreto, o texto didático, as apostilas, o manual manuscrito de um professor de província.

Feijó apresenta a filosofia como teoria do conhecimento. E formula três perguntas em que o próprio Kant sintetiza a substância do seu pensar. (E, no entanto, em 1819, Cousin dizia que era o primeiro a expor a doutrina kantiana na França.)

O outro ponto, salientado por Miguel Reale, da influência de Kant, é o do abandono das categorias aristotélicas pelas kantianas. E a admissão dos juízos sintéticos *a priori*.

A conexão estabelecida por Feijó entre filosofia crítica e antropologia filosófica também é salientada por Miguel Reale. "A leitura da sua filosofia moral constituirá uma peça essencial para quem quiser penetrar no sentido mais profundo dos atos de desprendimento e renúncia, heroísmo e abnegação que enalteceram a personalidade do paulista ilustre. Bem poucos terão sabido entre nós viver o que pregaram com tanta fidelidade e coragem." (*Cadernos*, p. 29.)

O seu realismo intuicionista é kantiano? Chegamos ao psicologismo fundamental de Feijó. Aqui, ele insiste na consciência. E cai num sincretismo.

"A íntima consciência", escreve Feijó, "é a manifestação primitiva e fundamental de nosso ser; ela não tem forma alguma, mas conhece todas as formas, parece partir do ponto central de nosso ser, ela reúne em um só ser entendimento e vontade. É este sentimento profundo, que na maior simplicidade nos instrui do que seja o homem e do que nele se passa." (pp. 65-66).

A respeito da sua filosofia moral, conclui Reale que era ele infenso a toda forma de rigorismo ou de casuísmo, no plano ético.

Adversário da escravidão, Feijó era um adepto fervoroso da organização racional do trabalho livre. Como Regente, aboliu o tráfico negreiro. E, no testamento, impôs a liberdade dos escravos e declarou livres todos os descendentes deles.

Mistura de iluminista e jansenista (lia-se muito o Catecismo de Montpellier, jansenista), que retrato de Feijó não nos daria um Bernanos, se fosse escrever a biografia do padre kantiano, que lutou pela abolição do celibato?... A pergunta é de João Camilo de Oliveira Torres e está na *História das idéias religiosas no Brasil*. Feijó, a mais impressionante figura da vida religiosa brasileira.

Tomistas no Império

Morais Torres representa a Escolástica decadente. Ou seja, a do fim do século XVIII. Soriano de Sousa representa a Escolástica renovada, do século XIX.

Dom José Afonso de Morais Torres, nascido no Rio em 1805, foi bispo do Pará e publicou um *Compêndio de filosofia moral*, dois volumes, em 1852. Inspira-se ele no jesuíta Storchenau, que deu à luz em Viena as *Institutiones Logicae et Metaphysicae*. O bispo nos fala de lógica, ontologia, cosmologia, psicologia e teologia natural. Há uma nítida influência de Leibniz e Locke.

Espiritualismo escolástico decadente, como o chama Leonel Franca.

Porque Sigmund Storchenau (1751-1797) se ressente do defeito de quase todos os escolásticos da sua época — a superficialidade, como nos diz Franca. "Escolástica desfibrada, sem nervo metafísico, com doutrinas estranhas que lhe perturbam a harmonia da síntese" (*Noções de história da filosofia*, p. 273).

Os padres Patrício Muniz, português, autor da *Teoria da afirmação pura*, em 1863, e Gregório Lipparoni, italiano, são rosminianos. Lipparoni publicou em 1880 *A filosofia conforme a mente de Santo Tomás de Aquino, exposta por Antônio Rosmini, em harmonia com a ciência e com a religião*.

Os Seminários já não são os únicos centros de uma cultura superior incipiente. Surgem as Faculdades de Direito. E, com isto, nota Miguel Reale (*Filosofia em São Paulo*, p. 20), há uma importante mudança na orientação filosófica.

O fenômeno da ascensão do bacharel e do mulato, a que se refere Gilberto Freyre, em *Sobrados e mocambos* (p. 302), ocorre durante o declínio do patriarcalismo. O comentário do texto, da tradição conimbricense, com feição dogmática, se transforma no arrazoado, em explanação dialética das teorias, como convém ao advogado, até chegarmos a polêmica (Miguel Reale, *idem, ibidem*).

O compêndio de Avelar Brotero, *Princípios de direito natural*, Rio, 1829, é o primeiro exemplo dessa nova mentalidade. Como diz Reale, Brotero quer conciliar as doutrinas dos ideólogos franceses como De Tracy e Cabanis com as teorias tradicionais. Antes de Ferreira França, já Brotero fala em ideologia. Clóvis Beviláqua na sua *História da Faculdade de Direito do Recife* nos recorda que Lopes Gama traduziu livros de De Tracy, Torombert, Pellico e Géruzez (vol. I, 1927, p. 114).

O poema satírico *A Coluneida* e os artigos reunidos no livro *O filósofo provinciano na corte e seu compadre na província* o que revelam é a preocupação ética do padre Lopes Gama, o seu ideal de uma reforma política.

José Soriano de Sousa é o mais ilustre representante do tomismo ao longo do Império. Nasceu na Paraíba, 1833, doutorou-se em medicina aqui no Rio e em filosofia em Louvain, foi professor na Faculdade de Direito do Recife e de Filosofia no Ginásio de Pernambuco, onde derrotou Tobias Barreto em célebre concurso. Deputado por Pernambuco de 1886 a 1889, participou da Constituinte. Católico, tomista, seguiu as idéias de Liberatore, Taparelli d'Azeglio, Kleutgen. Seus livros não são propriamente originais, mas textos didáticos. Não comentou diretamente os filósofos, mas repetiu a lição dos comentadores.

Assim, obra de segunda mão, seus livros se integram no gênero didático, mas constituem uma contribuição positiva. Publicou — *Princípios sociais e políticos de Santo Agostinho*, 1866, *Princípios sociais e Políticos de Santo Tomás de Aquino*, 1866, *Compêndio de filosofia*, 1867, adotado nos seminários do Brasil, como o *Catecismo* de Cairu, *Lições de filosofia racional e moral*, Paris, 1871, *Considerações sobre a Igreja e o Estado*, 1874, *Elementos de filosofia do direito*, 1880.

As idéias filosóficas de Soriano são, pois, as da renovação tomista, no século XIX. Trata-se da reação neo-escolástica. Soriano bebeu no livro de Salvador Rosélio, em 4 volumes, *Summa Philosophia ad Mentem Angelico Doctoris Sancti Thomae Aquinatis*. "Aqui", diz ele, "a filosofia que geralmente se ensina é um misto de cartesianismo e ecletismo, que para cá nos mandam os escritores franceses."

Cultura jurídica e cultura filosófica, Soriano teve duas vocações — a política e o magistério. Não deixou discípulos. E os fatos provam, como diz Evaldo Pauli ("Primórdios da escolástica no Brasil", *in Estudos*, nº 1, 1949, p. 91), que "os esforços de Soriano de Sousa não lograram imprimir um súbito desvio ao pensamento brasileiro".

À geração do Império pertence também Vicente Cândido Figueira de Sabóia, o longevo autor de *A vida psíquica do homem*, 1903. Médico, professor de medicina aqui no Rio, diretor da Faculdade, quis defender o espiritualismo e se apoiou em Farges, Broglie, Gardair. Não teve formação escolástica. Ao lado das teorias científicas, estudou as questões filosóficas. Combateu o materialismo e se aproxima mais do tomismo que do cartesianismo ou do ecletismo. Leonel Franca o valoriza e afirma que merece um dos primeiros lugares na história filosófica do Brasil.

Embora professor de clínica cirúrgica, tinha o espírito voltado para a especulação filosófica. Aluísio de Castro, nas *Alocuções acadêmicas*, declara que não errara quem dissera de Sabóia que foi entre nós o primeiro cirurgião do seu tempo (p. 86).

O que mais o seduz são as questões de psicologia racional.

Concluiu que as escolas materialista, positivista, transformista, evolucionista, determinista não dão dos grandes problemas da concepção do mundo senão uma falsa, enganadora solução. A origem do homem, a sua natureza, o corpo e o espírito, o livre-arbítrio, a moral, os hábitos e instintos, tudo lhe mereceu a atenção.

Não podemos deixar sem referência a obra de Antônio Luís de Melo Vieira, *Da interpretação filosófica na evolução dos fatos históricos*, com que concorreu a concurso para a cadeira de Filosofia do Pedro II, em 1880.

Essa tese foi transcrita na revista *A Ordem*, em agosto de 1925, da página 148 à 155. Apoiando-se na escolástica, o autor quer demonstrar que providência e liberdade são as causas dos fatos históricos.

Soriano de Sousa julgava que a máxima necessidade de nossos tempos "é a restauração da metafísica cristã". A metáfora da acefalia filosófica do brasileiro, usou-a Tobias Barreto exatamente na recensão de um livro de Soriano. (Ver "O atraso da filosofia entre nós", *in Filosofia e crítica*, Aracaju, 1926, pp. 135-165.)

A formação filosófica de João Mendes Júnior se exprime apenas nos seus *Elementos de psicologia e de lógica*, com uma sinopse da história da filosofia. Edição póstuma, de 1937, com prefácio de Reinaldo Porchat. Lições para seu filho, João Mendes Neto, em 1914. A sinopse é uma conferência de 1916.

Mas ao longo da obra jurídica aparece o seu poder filosófico, sobretudo na preocupação de procurar os fundamentos filosóficos dos institutos. Foi uma figura do Império. Pois nasceu em São Paulo em 1856 e se formou em Direito em 1877.

José Soriano de Sousa, no Recife, e João Mendes de Almeida Júnior, em São Paulo, representam a escolástica no segundo reinado. Mendes Júnior segue a escolástica ibérica do século XVI.

Mas revela conhecimento dos renovadores tomistas do século XIX e dos textos do próprio Santo Tomás. (Ver Miguel Reale, *Filosofia em São Paulo*, p. 47.)

Leonel Franca não se refere a João Mendes Júnior. Na famosa polêmica com Pedro Lessa, João Mendes se mostra o ardoroso escolástico que era. Das disciplinas filosóficas, a que mais o atraiu foi a lógica. A filosofia para ele foi um instrumento para a elaboração da obra jurídica.

Não foi um filoneísta. Foi um misoneísta. Isto é, teve simultaneamente o culto ou o apego da fórmula consagrada e os olhos voltados para a exigência prática, o cunho realista ou pragmático da cultura. A ambivalência do pensamento português existe nele, a praticidade ou os olhos abertos para o sensível e o metafisicismo. Foi Mendes um tradicional. Em filosofia, escolástico. Em política, monarquista. Em direito, praxista.

Jurisconsulto, não chegou a ser um filósofo do direito propriamente. Mas teve, nítida, a visão das relações entre direito e filosofia. Ao polemizar com Pedro Lessa, opunha ao positivismo ou ao naturalismo spenceriano a unidade sistemática e a clareza e o rigor da sua escolástica. Não obstante, louva o método pragmático dos estatutos de 1772, que serviram de modelo ao visconde de Cachoeira, em 1827.

Sua preocupação teorética é constante. Como observa Reale, foi Mendes o teorizador dos preceitos conimbricenses, ou seja, os estatutos de 1772, ajustados aos esquemas escolásticos.

Unidade de pensamento e ação. Pertenceu à corrente dos grandes juristas vinculados intimamente ao processo de nossa formação — um Teixeira de Freitas, um Pimenta Bueno, um Lafaiete Rodrigues Pereira, um Paula Batista. Foi deles o mais infenso a qualquer filoneísmo.

Homem formado em pleno Império, bacharel em 1877, integra-se na geração de católicos que, como Soriano, quiseram restaurar os direitos da Metafísica. Segundo Ester de Figueiredo Ferraz, que o estudou ("A orientação filosófica de Mendes Júnior", *in Ensaios de filosofia do direito*, 1952), filiou-se à corrente tomista depois de longa análise comparada das diversas escolas. No seu ensaio *Escolástica e praxismo na obra de João Mendes Júnior*, especialmente em *A metodologia escolástica e a teoria do direito*, Miguel Reale conclui que soube ele unir o escolasticismo abstrato ao empirismo dos praxistas, ou seja, conciliou a teoria e a realizabilidade do Direito, entendido por ele como atributo da pessoa, fenômeno da vida social e norma de ação.

Buzaid, em *Revista dos Tribunais*, vol. 255, janeiro de 1957, p. 579, afirma que a contribuição maior de João Mendes foi a de elaborar no Brasil uma filosofia do direito judiciário. Inovador, sim, ao aplicar as categorias aristotélicas (traduziu o Livro V dos *Tópicos*) à processualística.

Frei Firmino de Centelhas, dos Frades Menores Capuchinhos, viveu no século XIX (1819-1887), foi professor de filosofia no Seminário de São Paulo, do que resultou o *Compêndio de filosofia católico-racional*, de 1864. Reacionarismo numinoso, chamou Luís Washington Vita ao seu pensamento. Tradicionalista ferrenho, estudou-o Castro Néri, em "Tradicionalismo no Brasil", *in Revista da Academia Paulista*, nº 29, 1945, pp. 27-34. Adepto de De Bonald e Joseph de Maistre. Representante de um tradicionalismo católico agressivo.

Curiosa, a figura de José Maria Correa de Sá e Benevides. Católico, professa as idéias de Krause. Combate o positivismo, o evolucionismo. No prefácio aos *Elementos de filosofia do direito privado*, 1884, observa: "Reconheço que, a par do seu racionalismo absoluto e liberalismo revolucionário, há muitas doutrinas verdadeiras neles." Tendência eclética. Católico militante e adepto do krausismo.

Nascido em 1833, no Rio, cursou direito em São Paulo e lá ficou. Foi professor de direito romano. Escolástica, Cousin e Krause o influenciam. E também a doutrina do *Syllabus*. Maciel de Barros o fixou em *A ilustração brasileira e a idéia da universidade*, USP, 1959, p. 37.

Combateu o liberalismo com o calor de um ultramontano, apesar do ecletismo da sua posição filosófica.

Antiliberal foi também, em certo sentido, Cândido Mendes.

Cândido Mendes de Almeida, o senador do Império, é uma das mais complexas figuras do pensamento católico brasileiro, como João Mendes, ou Cairu, ou Jackson de Figueiredo.

Capistrano se lhe refere com admiração ("Sobre o visconde de Porto Seguro", *in Gazeta de Notícias*, 21 e 23 de novembro de 1882, transcrito na *História geral do Brasil*, 3ª ed., II, p. 436). E Varnhagen também se refere a Cândido Mendes, indicando-lhe o nome ao imperador para secretário do Instituto Histórico. Louvava-lhe a erudição. (*Correspondência ativa*, INL, 1961, pp. 198, 199.)

No posfácio da *História das lutas com os holandeses*, 1871, Varnhagen ainda o cita, com respeito sumo. A biografia de Cândido Mendes está condensada por Abelardo Saraiva da Cunha Lobo, (*Jornal do Comércio*, Rio, julho de 1928), Sá Viana, no *Elogio histórico*, de 1918, e Cândido Antônio Mendes de Almeida, *O Senador do Império, Cândido Mendes de Almeida*, Rio, 1943.

Trata-se de um autor prolífico. E de um erudito. Foi um trabalhador extraordinário, disse dele Clóvis Beviláqua, na *História da Faculdade de Direito do Recife*, vol. I, p. 75: "Todas as fontes do Direito ele perquiriu, algumas restaurou e muitas pôs ao alcance dos estudiosos. Não foi um criador, nem um doutrinário, mas um investigador inteligente e infatigável, que influiu sobre o desenvolvimento de nossa jurisprudência, poupando penosos labores aos que tinham de estudar e aplicar."

Galvão de Sousa o estudou no *Digesto econômico*, como intérprete da nossa formação jurídica (nº 94, setembro de 1952, p. 59). "Uma reflexão cuidadosa na esteira das lições de grandes mestres como Cândido Mendes permitiria aos juristas de hoje vencer definitivamente o individualismo, sem cair no socialismo. Intérprete da formação histórica do nosso direito, Cândido Mendes é também um guia para a renovação jurídica a que devemos tender." São palavras de Galvão de Sousa.

Do *Direito civil eclesiástico brasileiro*, afirma Lacerda de Almeida: "Não conheço, em história do direito, obra mais erudita, mais profunda, de vistas mais exatas e de maior sinceridade." (*Revista da Faculdade Livre de Direito*, Rio, vol. XIII, 1917.)

Católico ortodoxo, defendeu os bispos com grande entusiasmo, na Questão Religiosa. Nasceu no Maranhão em 1818 e morreu no Rio em 1881. Advogado, professor, político, escreveu muitos livros — *Direito civil eclesiástico brasileiro*, 2 tomos em 4 volumes, 1866-1873, com um prefácio de 424 páginas, que é a melhor exposição da história religiosa luso-brasileira; *O código filipino*, Rio, 1870, a que serve de complemento *O auxiliar jurídico*, Rio, 1869; *Arestos do Supremo Tribunal de Justiça*, Rio, 1880, 2 vols.; *O atlas do império do Brasil*, Rio, 1868, *Memórias para a história do extinto Estado do Maranhão*, Rio, 1860-1874; ainda de Cândido Mendes, a edição revista e anotada dos *Princípios do direito mercantil*, de Cairu, com um prefácio de 648 páginas, que é uma história minuciosa do comércio (Rio, 1874, 2 vols.).

Jurista, geógrafo, historiador, dir-se-ia o polígrafo, o homem que dominava todas as disciplinas, do direito à teologia, com uma visão unificada, harmoniosa, a visão católica. Na Questão dos Bispos, colocou-se ao lado de Zacarias de Góis e Vasconcelos, em defesa da liberdade religiosa. Erudição notabilíssima, chamou Franklin Távora à de Cândido Mendes (Discurso no Instituto Histórico, a 15 de dezembro de 1881).

Seu memorável discurso de defesa dos bispos no Senado, a 30 de junho de 1873, ocupa cento e quinze páginas em tipo miúdo nos anais. Ali, está toda a documentação política, jurídica, histórica da Questão. "É pela liberdade da Igreja, Senhor Presidente, que eu combato", resumia ele.

Pela Questão Religiosa precisamente é que se inicia a reação católica no Brasil, que culmina em Dom Sebastião Leme e Jackson de Figueiredo.

Diz com verdade Cândido Mendes, em seu livro *Memento dos vivos*, 1966, p. 35, que na Questão Religiosa do segundo Reinado se afirma uma primeira geração de intelectuais católicos, a viverem uma etapa crítica nas articulações da sociedade. Na tríade dos defensores de Dom Vital e Dom Macedo Costa, se manifesta a atitude-tipo da primeira geração do laicato católico no Brasil: Zacarias de Góis e Vasconcelos, Antônio Ferreira Viana e Cândido Mendes de Almeida. Analisando a política religiosa do gabinete Rio Branco, o senador Cândido Mendes faz duas longas dissertações no Senado, a 10 de março e a 30 de junho de 1873. A de 30 de junho é de capital significação.

Observa o autor de *Memento dos vivos*, quase um século depois: "O começo de diferenciação, que aí se esboça, é, pois, o de uma recaptura de atribuições substancialmente religiosas pela hierarquia. A perspectiva ulterior da Igreja permanece envolvida no casulo do *status quo*. Toda a sua visão do mundo durante a primeira República se conserva na redoma deste horizonte social, em que Carlos de Laet é um paradigma e Júlio Maria uma exceção. Não se articula como inteligência. Bem estruturada no contexto da *belle époque*, mediatiza a sua ação através sempre dos papéis que esta lhe atribui, nítidos — o orador sacro, o censor filólogo, o panfletário mundano. Esta profunda inserção no *establishment* nacional não se modificaria sequer ao surgirem as condições objetivas de colapso da estrutura social e política, apoiada no regime colonial, com os primeiros desequilíbrios profundos trazidos à economia cafeeira e ao eixo de poder, que comandava" (pp. 35-36).

Os católicos ultramontanos de 1873 lograram evitar que a estrutura colonial brasileira reproduzisse o fenômeno do cesaropapismo, apesar de se caracterizarem pela clara sustentação, como diz Cândido Mendes (o bisneto), de uma atitude conservadora diante da ordem social.

A querela de Dom Vital
ou o antiliberalismo

A Colônia foi escolástica. O Império é eclético. A República não será positivista, como pretenderam alguns.

Dom Vital simboliza o *Syllabus* no rigor do seu antiliberalismo. A Questão Religiosa é a questão do Padroado em seu ponto crítico. Tudo gira derredor do *placet*, a placitação das bulas. Mas, de fato, o que há são duas mentalidades em conflito: o catolicismo tradicional e o rigorismo antimaçônico do *Syllabus*.

Os bispos defendem a liberdade da Igreja, contra a concepção galicana e regalista do Conselho de Estado. Os liberais curiosamente julgam defender a liberdade em face do ultramontanismo. A desobediência civil dos bispos terá sido um conflito ou um delito?

O imperador insiste em considerá-la crime. Supõe que defende com isto a dignidade do Poder Civil. Dom Vital e Dom Antônio de Macedo Costa estudaram na Europa, Saint Sulpice, Versalhes, Toulouse. Impregnaram-se do espírito de Pio IX, que se condensa na *Quanta Cura*, de 1864, com o anexo do *Syllabus*, este resumo, este compêndio dos erros modernos. Pio IX representa o antiliberalismo.

Ora, Dom Vital, imbuído desse espírito antiliberal, antimaçônico, trouxe para Olinda o pensamento de Pio IX, isto é, a reação antimoderna. Mas, ao mesmo tempo, era um defensor da liberdade religiosa. Essa estranha ambivalência domina toda a Questão dos Bispos. O choque ou o conflito das legislações, a canônica e a civil, reflete um antagonismo de mentalidades. Pois de um lado estava a religião e, de outro, a Igreja. João Alfredo, ministro do Império, fala em religião. Dom Vital fala em Igreja.

A história do conflito é conhecida. O que cumpre é resumir-lhe o sentido. Cândido Mendes, no seu *Direito civil eclesiástico brasileiro*, t. I, p. CCXVII, diz muito bem: "O direito do Padroado não se pode reputar liberdade de Igreja alguma, é antes uma servidão." A problemática da Questão não se esgota com a Questão.

Há uma dupla interpretação do catolicismo. Seria simplificar demais o problema dizer-se que foi um choque entre iluminismo e obscurantismo. O contexto ideológico é o da Questão Romana. Isto é, a revolução de Gregório VII pela liberdade da Igreja. A perspectiva é apologética. A visão de Dom Vital é triunfalista e militante. A visão dos juristas e políticos é o josefismo, instaurado pelo marquês de Pombal.

Oliveira Lima, concordando com Viveiros de Castro, resume com exatidão (*O Império brasileiro*, p. 173): "Os participantes nesta questão erraram, os bispos por falta de tato político, a Santa Sé a princípio por dubiedade, o internúncio por cortesanismo diplomático, o governo imperial por vingativo capricho, a magistratura por subserviência ao executivo..."

O combate da Igreja ao liberalismo como doutrina criara uma profunda desconfiança, uma animosidade de liberais e maçons. O Concílio Vaticano I, encerrado em 1870, trouxera com a declaração da infalibilidade pontifícia um acréscimo de temor ou reserva. A condenação doutrinária contra a maçonaria vinha atingir a nossa, que era muito especial, um caso (até 1872) muito original, sociedade política e patriótica identificada com os anseios das classes mais cultas, desde a Independência.

A maçonaria brasileira não era propriamente revolucionária, no sentido europeu.

Veja-se a preocupação de Nabuco de Araújo: "Se o *jus cavendi* era outrora necessário, para garantir os direitos do Estado quanto as invasões da Igreja nos domínios temporais, hoje é mais do que nunca necessário, depois do *Syllabus* e do Concílio Vaticano, que declarou a infalibilidade do Papa." (Joaquim Nabuco, *Um estadista do império*, II, 2ª ed., p. 246.)

O ambiente europeu, dominado pela polêmica antiliberal, pela preocupação com a ortodoxia, o espírito do *Syllabus*, seus oitenta erros modernos condenados, exerceu influência nos dois jovens bispos. A polêmica veio com eles para cá.

O conflito entre as duas ordens, a católica ortodoxa e a política, dramatizaram-no os prelados. Dom Vital e Soriano de Sousa desafiam jornalistas da têmpera de Franklin Távora, que depois, em 1881, faria o louvor de Cândido Mendes, Aprígio Guimarães, José Mariano. A Questão dos Bispos foi um acidente grave na história do Reinado, pondera Nabuco, por seguir-se logo à primeira lei relativa à emancipação dos escravos. A monarquia pareceu separar-se quase a um tempo da grande propriedade e da Igreja.

"O império foi sempre o algoz da Igreja, com a pretensão de protegê-la", afirma João Dornas Filho, em *O padroado e a igreja brasileira*, p. 19. O *placet* e o recurso à Coroa eram dois elementos de asfixia. Os dois pontos principais da Questão, a missão Penedo e o julgamento no Supremo, revelam a inflexibilidade, a intransigência do regalismo de Pedro II.

A posição do imperador e do gabinete é clara — defesa do poder contra o clericalismo. Duas autoridades, a civil e a episcopal, se defrontam. "Antes de tudo, o reinado é do imperador." Esta palavra de Nabuco revela a influência do monarca. (*Um estadista do império*, II, p. 374.) Nada, absolutamente nada se faz sem ele.

São Vicente no seu *Tratado de direito público* afirmava que o Estado tem o direito de fiscalizar o culto, a doutrina e a disciplina. Os bispos e padres eram simples funcionários públicos. "Regalismo, aniquilamento das ordens religiosas, desprestígio do clero, ceticismo e racionalismo das classes dirigentes", eis o quadro que Júlio Maria nos traça (*O catolicismo no Brasil*, p. 137).

Em quase todos os estadistas do segundo Reinado, há a prevenção do regalismo. Maçonaria e regalismo se unem contra o clero. Regalismo religioso, disse Nabuco do de seu pai, o velho Nabuco de Araújo. Mas seria possível um verdadeiro regalismo religioso?

Católico limitado, chamou Nabuco a Pedro II. Conciliar o deísmo de fonte católica e as idéias evolucionistas, da ciência de seu tempo, eis a sua estranha síntese. A Constituição do império estabelecia no art. 5 a religião oficial, a católica. O clero era liberal. A proteção do Padroado, reconhecido pela Santa Sé, transformara-se em tutela. O Conselho de Estado confirma a constitucionalidade do Padroado.

Sintomaticamente, Saldanha Marinho escolheu o nome de Ganganelli, o do papa Clemente XIV, que suprimiu a Companhia de Jesus. O Grande Oriente do Vale dos Beneditinos era radical, republicano e anticlerical, ao contrário do Vale do Lavradio, mais moderado, constitucional e conservador.

A QUERELA DE DOM VITAL OU O ANTILIBERALISMO

Numa época sem partidos estruturados, nota João Camilo, (*História das idéias religiosas no Brasil*, p. 156), a rede de lojas maçônicas era um instrumento de ação política a serviço de ideais, objetivos e preconceitos da burguesia.

Os bispos separam nitidamente catolicismo e maçonaria. O regalismo apóia os maçons. As relações entre Igreja e Estado no Brasil, longe de se haverem constituído segundo a doutrina católica, se instauraram na base da heresia galicana e pombalina, que, derivada do jansenismo, constitui forma de protestantismo, como luminosamente o considerou Amoroso Lima em *Política*, p. 115.

O choque é inevitável, pois se trata de interpretação liberal de uma organização absolutista. O *placet*, revogado por Dom João II em 1487, foi revivido em 1765.

Religiosa e intelectualmente, o Brasil é pombalino. A diocese do Rio ficou sem bispo de 1833 a 1839. Ao começar o segundo Reinado, somos uma só Província Eclesiástica, a Sé metropolitana em Salvador. Oito bispados. Belém, Mariana, Olinda, São Luís, São Paulo, Rio, Cuiabá, Goiás. Dioceses criadas no período colonial, exceto Cuiabá e Goiás, de 1826. Porto Alegre, em 1846. Fortaleza e Diamantina, em 1854. Durante trinta e seis anos, até 1890, não se criaram novas dioceses.

Pedro II transforma a Questão dos Bispos em questão imperial. Foram três as questões imperiais — a Guerra do Paraguai, a Questão Servil e a Religiosa. As três grandes questões sociais e políticas do Império.

O ataque de Dom Vital à maçonaria, em carta pastoral, é contundente. Dom Vital refuta, depois, o Conselho de Estado — sobre a necessidade do *placet*, a possibilidade do recurso à Coroa, as confrarias consideradas como matéria mista e a maçonaria como inofensiva.

O parecer regalista de Bom Retiro, o eminente Couto Ferraz, no Conselho de Estado, é a suma do sistema. São Vicente e Sousa Franco sustentam o parecer de Bom Retiro. Nabuco de Araújo vota pelas antigas temporalidades. Os legisladores de 1824 adotaram as idéias liberais, via Benjamin Constant e Gaetano Filangieri, mas mantiveram a velha herança portuguesa, a tradição espiritual, a contrastar com o enciclopedismo. Esta dualidade — liberalismo e tradição — cria uma situação sincrética, eclética.

"*Non est eadem ratio, non est idem jus*", eis a visão de Bom Retiro como relator. As letras pontifícias não se podem aplicar à maçonaria brasileira, porque é realidade diferente.

"É muito difícil defender a liberdade da Igreja sem incorrer na indignação do poder secular", responde Dom Vital, a 6 de julho de 1873.

A doutrina do beneplácito ilimitado é produto do protestantismo, dissera Limpo de Abreu, o velho Abaeté.

Dom Macedo Costa, no seu belo estilo literário, de leitor de Lacordaire, dirá, nobremente: "O jansenismo parlamentar, o febromanismo ou josefismo acobertaram constantemente suas tendências invasoras sob esse especioso nome de *jus inspectionis circa sacra*, e até sob outro nome ainda mais especioso de *jus protectionis*, o que tudo bem se pode reduzir em última análise a esta fórmula mais breve e mais expressiva, *jus in sacra*." (Dom Antônio de Almeida Lustosa, *Dom Antônio de Macedo Costa*, p. 97.)

A Questão Religiosa é o fim do pombalismo no Brasil. Começa com ela um outro período, de conversões nas elites e tomada de consciência ou realismo crescente. A República fará a separação. Dom Macedo Costa, na Pastoral Coletiva, saudará o fato como auspicioso. Com a queda do Império, cessa o Padroado, que oprimira a Igreja.

A República foi, assim, a liberdade para o catolicismo.

Dar à religião católica o privilégio de religião do Estado e criar uma Igreja nacional, eis a visão galicana, expressa concisamente por Joaquim Nabuco em O *poder ultramontano*. O Conselho de Estado e a maioria dos juristas e políticos apoiaram essa doutrina.

A 19 de março de 1890, a Pastoral Coletiva podia declarar: "O decreto de separação assegura à Igreja Católica no Brasil certa soma de liberdade que nunca logrou no tempo da monarquia."

Eis a maior e mais inequívoca das divisões na história do catolicismo no Brasil — a Questão dos Bispos. A afirmativa é de Alceu Amoroso Lima e está na sua conferência de 1944, no Centro Dom Vital, comemorativa do primeiro centenário do nascimento de nosso Dom Frei Vital Maria Gonçalves de Oliveira, bispo de Olinda. *"De Dom Vital a São Vital?"*, o título era uma interrogação. E Alceu exclamava: "Dom Vital foi o grande emancipador do catolicismo brasileiro. Como foi o purificador da consciência católica no Brasil."

O debate ideológico está nitidamente configurado. Trata-se de uma questão doutrinal. Os bispos representam o pensamento do *Syllabus*, a doutrina antiliberal, o antimaçonismo (da Igreja de sempre e, sobretudo, da Igreja de Pio IX). Ao mesmo tempo, lutam pela causa da liberdade eclesial diante do Estado. Os intelectuais liberais — um Rui, um Nabuco, um Saldanha Marinho, um Cesário Alvim, um Rodrigo Otávio, um Salvador de Mendonça, um Franklyn Távora, um Aprígio Guimarães, um José Mariano — combatem o clericalismo, o ultramontanismo, a Igreja antiliberal ou antimoderna.

Radicalizam-se as posições. O antagonismo é profundo. A tensão transforma-se em agitação social, nas ruas do Recife. (Ver Paulo Cavalcanti, *Eça de Queirós, agitador no Brasil*.)

O Conselho de Estado, o gabinete Rio Branco e o imperador defendem a doutrina regalista e temem (*jus cavendi...*) a invasão do temporal pelo espiritual. Um choque de poderes. No plano prático, da prudência, não houve nenhum tato político. Houve certa intransigência de parte a parte. O regalismo não admitia o Concílio Vaticano. Os bispos fechavam-se no seu antiliberalismo polêmico.

A leitura dos textos de Dom Vital e de Dom Macedo Costa nos mostra uma inflexibilidade doutrinal e uma identificação completa entre Igreja como instituição e salvação ou reino de Deus. Fora da Igreja, nenhuma salvação. O caráter institucional da Igreja aparece de forma clara, nesse debate em que intolerância, coragem, caridade, espírito apologético se unem. Do lado maçônico, houve destempero de linguagem, agressividade excessiva, tom de provocação, nos panfletos que por todo o Brasil se publicavam contra o clericalismo. Dom Vital e Dom Macedo Costa nunca abandonaram uma atitude de elegância moral ou caridade, na linha do seu espírito apostólico. Limitam-se a defender a doutrina da Igreja, isto é, os textos pontifícios, especialmente de Pio IX, contra o maçonismo e o regalismo. Liberais, maçons e regalistas se associam contra o espírito clerical. A polêmica se torna dramática.

Restam dessa longa discussão o *Resumo histórico*, de Dom Vital, as suas *Pastorais* (explicativas), *Direito contra direito* e *O barão de Penedo e a sua missão a Roma*, de Dom Macedo Costa. Também os discursos no Supremo, de Zacarias de Góis e Vasconcelos e de Cândido Mendes, em defesa do bispo de

Olinda. Os textos de Dom Macedo Costa revelam um admirável escritor.

À Igreja defensiva e anatematizante de Pio IX sucederá a dialógica, de Leão XIII.

Dom Vital morre no mesmo ano de Pio IX.

Se quisermos comparar duas posições antitéticas nesse debate baste-nos ler o prefácio da tradução de *O papa e o Concílio*, de Doellinger, prefácio e tradução de Rui Barbosa, e o prefácio do *Direito civil eclesiástico brasileiro*, de Cândido Mendes. Duas posições antagônicas bem definidas. O liberal e o antiliberal.

Cândido Mendes hostiliza o regalismo, formula a apologia das ordens religiosas contra o liberalismo, afirma-se pessimista quanto às idéias novas, agnosticismo, positivismo, evolucionismo. Defende calorosamente o Concílio Vaticano e Pio IX.

"A Encíclica *Mirari Vos*, do papa Gregório XVI, de 15 de agosto de 1832, e a *Quanta Cura*, de 8 de dezembro de 1864, com seu compendioso *Syllabus*, do atual pontífice, dispensam quaisquer outras publicações de documentos da Santa Sé sobre os erros do presente século", diz Cândido Mendes.

Compara a *Quanta Cura* à bula *Auctorem Fidei*, quanto aos resultados benéficos. A preocupação é a defesa da Igreja, o *non possumus*, a repulsa aos erros do *homo liberalis*. Considera ele, e com razão, que as duas Constituições Apostólicas *De Fide* e *De Ecclesia Christi*, do Vaticano I, e o dogma da infalibilidade exasperaram os adversários.

Pio IX é, para Cândido Mendes, a figura culminante do século. (*Direito civil eclesiástico brasileiro*, t. II, 1873, p. XII.)

A posição de Rui é oposta. O Rui da conferência sobre Pombal e de muitos discursos parlamentares é o anti-Cândido Mendes. Ao discutir o tema da secularização dos cemitérios, Rui diria na Câmara: "Toda a verdade humana e divina está no *Syllabus*, essa tábua da lei ultramontana, o grande documento dogmático da Igreja, onde todos os outros se encerram nesses traços imensos que vão da terra ao céu, das consciências à sociedade, da Igreja ao Estado, nesse feixe de raios que abrangem na sua projeção incomensurável todo o domínio da contingência e todo o domínio do infinito. A única âncora da salvação, *L'unica ancora di salute*, no dizer de Pio IX. Pois bem, o *Syllabus* fulmina o progresso, a civilização e o liberalismo contemporâneos. Mas, acodem os intérpretes oficiosos, esse progresso, essa civilização, esse liberalismo dogmaticamente condenados não são o liberalismo, o progresso e a civilização em cuja atmosfera vivemos e cujo desenvolvimento é a razão de ser do nosso partido: são o liberalismo anárquico, o progresso revolucionário, a civilização irreligiosa, iconoclasta e intolerante das utopias modernas"... (*Obras completas*, vol. VII, t. I, *Discursos parlamentares*, p. 121.)

Brás Florentino Henriques de Sousa, autor de importante monografia sobre o Poder Moderador, era também um ultramontano tipo Cândido Mendes. Aprovava a linha de Pio IX, dos padres jesuítas da revista *Civiltà Catolica*, de Louis Veuillot. Morreu moço. O seu pensamento era tradicionalista, De Bonald, Donoso Cortès, Balmes, Joseph de Maistre. Conhecia Suárez e Vitória. O irmão, José Soriano de Sousa, é o primeiro tomista brasileiro.

O anticlericalismo de Rui evolverá, como sabemos, no sentido de um espiritualismo cristão na linha de Leão XIII, com a *Diuturnum Illud*, 1881, a *Libertas Praestantissima*, 1888, a doutrina em defesa da liberdade, a *In Plurimus*, 1888, enviada aos bispos do Brasil, em favor da Abolição, segundo o desejo e o pedido expresso de Joaquim Nabuco. Até chegar à *Rerum Novarum*, de 1891. A oposição entre liberais e católicos chegará senão ao fim, ao menos a um começo de fim exatamente com Leão XIII, o papa tomista. Liberais e absolutistas se uniam no horror à vida contemplativa, às ordens religiosas.

Mais tarde, Laet fará a apologia do frade estrangeiro, como Cândido Mendes fizera a apologia das ordens religiosas, em seu *Direito civil eclesiástico brasileiro*.

A 28 de setembro de 1888, a Princesa Isabel recebe a Rosa de Ouro, que o papa Leão XIII lhe envia. O orador oficial, Dom Antônio de Macedo Costa, pronuncia um discurso altamente significativo: "Restaurar moral e religiosamente o Brasil. Esta é a obra das obras, a obra essencial, a obra fundamental, sobre a qual repousa a estabilidade do trono e o futuro da nacionalidade."

A Questão epíscopo-maçônica é o começo do processo de secularização da sociedade brasileira, como observou muito bem João Camilo, em *A democracia coroada*.

O Brasil chegara à plenitude de si mesmo.

O longo processo, que vem de 1808, e da Independência política, atingirá seu termo com a morte do barão do Rio Branco, em 1912, com que se encerra a República Imperial, dos conselheiros, ou mesmo com a adoção do Código Civil, plenitude jurídica.

A querela de Dom Vital foi mais ou menos surrealista. Há uma ambivalência, uma ambigüidade, uma confusão de planos. Tudo se dilui, nesse quadro de extrema complexidade. Os bispos — antiliberais, antimodernos, em certo sentido — defendem a liberdade. E são mártires dela. Os liberais levam os bispos à cadeia. Os liberais se ligam aos absolutistas, aos regalistas. Maçons e liberais lutam contra as ordens religiosas e contra o Episcopado. Tudo afinal se complica enormemente porque existe uma tradição maçônica brasileira especialíssima.

De qualquer modo, a Questão serviu aos católicos assim como uma espécie de reação ou renovação interior. O próprio Dom Vital o reconheceu. Rui desafia Felício dos Santos, o diamantinense — católico não pode ser liberal... E de fato perturbava-se o deputado mineiro. Como justificar a sua tríplice condição de católico, liberal (membro do partido liberal) e republicano? Tais são os equívocos da história das idéias, ou as vicissitudes das ideologias.

As relações entre o espiritual e o social estão sempre sujeitas às mais incríveis flutuações e variações de momento.

A ortodoxia laetiana.
Os primeiros convertidos

Carlos de Laet não foi um ensaísta de filosofia. Nem um professor de filosofia. Mas escreveu nos jornais durante cinqüenta anos. E nos seus escritos, irônicos, polêmicos, desabusados, defendeu com fervor a ortodoxia católica. Foi sua obsessão. Atitude eminentemente polêmica, apologética.

Alceu Amoroso Lima considerou-o o nosso G. K. Chesterton. Foi propriamente o nosso Louis Veuillot. Tradicionalista ferrenho, defendeu uma tríplice causa, uma tríplice tradição. A tradição católica, o ortodoxismo, a pureza doutrinal. A tradição lingüística, o purismo ou o classicismo. Isto é, a perfeita correção gramatical. E, por fim, a causa da tradição monárquica. Defensor, pois, da tradição, a religiosa, a literária e a política.

Essa posição de defensor da Igreja, ele a viveu ao longo de meio século. Pio X fê-lo conde. Na sua geração literária, foi o único a identificar-se tão profundamente à religião. Traduziu a *Rerum Novarum*. Polemizou com Álvaro Reis (*Heresia protestante*). Lutou contra o indiferentismo, o cepticismo, o agnosticismo das elites de seu tempo. Desejava a fundação de um Partido Católico. Foi por muito tempo o presidente do Círculo Católico, do Rio.

O arcebispo Dom João Esberard, primeiro arcebispo do Rio, e antigo batalhador da Questão Religiosa, foi seu amigo fraternal. Erudição e ironia. Tal foi o seu trabalho apologético, através de artigos. Não deixou uma obra à altura do seu vasto saber teológico. Deixou artigos. Machado de Assis — a crer-se no depoimento de Mário de Alencar — "nos dias precursores de sua morte, só lia o *Jornal do Brasil* das quintas-feiras, em que se lhe deparava a colaboração do gracioso humorista".

O caráter polêmico de seus artigos fez por certo que ninguém cuidasse de reeditá-los em volumes. Dariam dezenas. Humanista, sabia latim, filosofia, apologética, teologia. Apologeta vigoroso e cáustico, dono de um estilo inconfundível, nervoso, malicioso, irônico, provocante. Quando morreu, Gilberto Amado fez o elogio do escritor, da tribuna parlamentar. Esse discurso no Senado, sobre ser uma das melhores páginas de Gilberto, é um testemunho público e solene da importância de Carlos de Laet entre os seus contemporâneos. Conferencista, deixou Laet que suas conferências se publicassem logo em folhetos. Por exemplo, *O indiferentismo religioso*, conferência de 24 de outubro de 1901. Ou o *Frade estrangeiro*, a sua famosa conferência de 22 de maio de 1903, no Círculo Católico, em defesa dos monges de Beuron, que vinham repovoar a abadia do Rio. Essa memorável conferência, reeditou-a com outros escritos de Laet o acadêmico Múcio Leão, em 1953 (*O frade estrangeiro e outros escritos*, ed. da Academia). Figura nesse volume o célebre discurso de recepção ao santo arcebispo de Mariana, Dom Silvério Gomes Pimenta, na Academia.

Obra jornalística, escrita numa prosa moderna, períodos curtos, rápidos, enxutos, mais substantivos que adjetivos, um autor entre clássico e moderno, como João Ribeiro, com quem polemizou, as idéias de Laet são as de um católico extremamente ortodoxo, voltado para a defesa da Igreja como Salvação. Um tradicionalista, como Eduardo Prado, como Afonso Celso. O padre Francisco Leme Lopes e Antônio Chediak nos deviam dar a biografia de Laet, que abrangesse também a análise da vasta produção jornalística, entre 1876 e 1927. Começou logo depois do alarido da Questão Religiosa e veio até a efervescência de Jackson de Figueiredo, com quem não simpatizava.

Estilo clássico e moderno, não foi só um purista, um gramático, mas um espírito universal, voltado para as grandes questões de seu tempo, de cuja discussão participou, com a graça do seu sarcasmo. Foi criacionista, providencialista, antievolucionista, adversário da Escola do Recife, a que chama teuto-sergipana... Expôs com entusiasmo e vivacidade as razões da sua crença religiosa. A certeza dogmática estava no centro da sua incansável pregação apologética.

Como disse Francisco Iglésias, com verdade (*Estudo sobre o pensamento reacionário de Jackson de Figueiredo*, 1962, p. 26): "Se alguns escritores se distinguem na luta pelo fortalecimento da fé, contra positivistas, liberais indiferentes, maçons, não têm maior importância, pois não criam escola; nenhum deles — Carlos de Laet, Eduardo Prado, Felício dos Santos, Afonso Celso — tem idéia muito clara do que deve fazer — falta-lhes formação filosófica mais segura e consciência exata do problema, de modo que se perdem em polêmicas, na denúncia do que lhes parece errado, de acordo com o gosto muito comum dos escritores católicos por esse tipo de disputa."

Laet e Afonso Celso são duas expressões do grupo do visconde de Ouro Preto, isto é, da *Tribuna Liberal*. Afonso Celso não tem a verve de Laet, nem o seu brilho. Ele se identificaria ao Instituto Histórico, espécie de representante do Império, e proporia um nacionalismo romântico, o ufanismo, senti mental e entusiasta. Quanto às idéias, foi um tradicionalista, voltado exclusivamente para o passado.

Prolongavam sem querer o mal-entendido trágico entre a religião católica e a razão e a ciência.

Os primeiros convertidos da história espiritual do Brasil são Júlio Maria, Joaquim Nabuco e Felício dos Santos.

Nabuco e Felício, ainda por demais presos ou vinculados ao passado. Nabuco é a monarquia, a idéia monárquica. Júlio César de Morais Carneiro — Júlio Maria — será o único a partir em direção ao futuro. Simboliza a renascença religiosa.

"Cerimônias que não edificam, devoções que não apuram a espiritualidade, novenário que não revela fervor, procissões que apenas divertem, festas, enfim, que não aproveitam às almas, nem dão glória a Deus, eis ao que está reduzido geralmente, nas paróquias brasileiras, o grande e majestoso, divino culto católico." São palavras de Júlio Maria. O tom é diferente.

Dos três convertidos do fim do século XIX, um não teria ação — Nabuco, e dois a teriam de modo diferente — Felício fundará *A União*, em 1897, e fará um apostolado jornalístico tradicional, ortodoxo, severo, de um pietismo à maneira antiga: Júlio Maria se entregará a uma pregação crítica, de âmbito nacional e toda voltada para as perspectivas do futuro. Nabuco e Júlio Maria foram extremamente sensíveis a Leão XIII e a tudo que ele representava de novo.

A descoberta do valor teórico do catolicismo, eis o que essas três conversões significam.

Felício nasceu em 1843 e morre a 6 de setembro de 1931. Foi médico. Dado aos estudos de Economia, dedicou-se a empresas privadas, como a Casa de Saúde São Sebastião, que fundou. Foi diretor do Banco do Brasil, em 1890. Seu jornalismo era apologético, sua visão da Igreja era triunfalista, tridentina. Quando morreu em 1931, Tristão de Ataíde, recém-convertido, lhe dedicou um artigo em que se resume admiravelmente o itinerário de Felício, do agnosticismo ao espiritismo e deste ao catolicismo.

Eis o artigo de Alceu, em *A Ordem*:

O PATRIARCA

Depois de o termos por morto várias vezes, esses últimos anos, e quando já o contávamos como sobrevivente a todos nós, eis que de repente Nosso Senhor o leva. Leva ao nosso Abraão, ao velho patriarca que abria os braços radiante a cada nova ovelha que voltava ao aprisco e cuja presença entre nós era o grande elo com o passado, com esses trinta e quatro anos de luta incessante, pela Fé, que foram a sua vida desde 1897 a 1931. A visita a sua velha casa de Santa Teresa — esse antigo solar onde morou também Zacarias de Góis, o grande defensor dos Bispos na questão religiosa com a Maçonaria e o Império maçonizado — essa visita se impunha como um dever de todo novo catecúmeno. Aí fui também, como os demais, em princípios de 1929, pouco depois de voltar à Casa do Senhor pela mão de Jackson de Figueiredo, e quando já este nos deixara em pleno calor da refrega.

Felício me recebeu como a um filho, um filho pródigo, e por três ou quatro vezes, envolvendo-me num olhar de infinito carinho, repetiu: "Menino, que grande responsabilidade assumiste." Saí de lá como quem acabasse de ser armado cavaleiro, pelo velho guião da coluna, que via desaparecer o melhor dos combatentes, mas não clarearem as fileiras, pois a mão da Providência ia preenchendo os claros, ao menos em aparência. Saí de lá com aquele olhar que me armava para as lutas da Cruz, guardado para sempre, mas com o coração confrangido pela ilusão que a esperança fazia brotar naquele velho peito de lutador. E ele o foi de cada hora. Sempre na estacada. Sempre destemido. Sempre guiando colunas de assalto. Pois a ele devemos a fundação da Ação Católica leiga entre nós, de feitio moderno, segundo um plano habilíssimo de irradiação, cuja plena realização as circunstâncias tolheram. A ele devemos, à custa de sacrifícios de toda sorte, a manutenção dessa "União", que ele tornou o mais interessante dos nossos jornais católicos, pela coragem de suas atitudes, pela ortodoxia de sua doutrina, pela combatividade constante de suas colunas. A ele devemos uma força constante de apologética viva em todos os meios, mas especialmente nos meios científicos e políticos dessa era da laicidade triunfante, que foi o decurso da primeira República, cuja fundação foi também por ele preparada desde a Monarquia e cuja queda prevista e desejada, nos últimos meses de sua existência política, em 1930.

E essa apologética de Felício dos Santos teve um caráter todo seu. Ao passo que Carlos de Laet, o nosso Chesterton, era o florete habilíssimo que desmontava as melhores lâminas, levando de vencida os sofismas da época à força da mais demolidora das *ironias*, cuja grande arma era pôr de seu lado os *"rieurs"*. Ao passo que Jackson de Figueiredo era o ímpeto juvenil, o sentido trágico da vida, a pena contundente e bravia das refregas de viseira erguida, que varreu o cepticismo da nossa geração restaurando em nós o dever da luta, contra o sibaritismo estético e a necessidade da *afirmação* contra a dúvida metafísica. Ao passo que cada um desses dois seus maiores companheiros nos trabalhos da fé cristã entre nós, nesse período difícil, representavam a apologética da *ironia* e a apologética da *afirmação*, Felício dos Santos foi a apologética do *fato*.

Espírito positivo, tendo perdido radicalmente a fé, nunca foi um *estilista*, como Laet, nem um *polemista* como Jackson de Figueiredo.

Foi o homem das coisas concretas. Voltou à Igreja por três etapas de *positividade* crescente. Fez-se primeiro positivista, homem da ciência todo-poderosa, do fenômeno, do visível e do tangível apenas, governado por uma racionalidade precisa e constante.

Insatisfeito com a mutilação da realidade operada pelo positivismo, vendo toda uma cópia imensa de *fatos* que escapavam à disciplina estreita do comtismo, de que creio aliás nunca ter sido discípulo de observância estrita e apenas a ele ligado pelo mesmo *cientismo* de sua mocidade incrédula de médico materialista e ateu — insatisfeito passou-se ao *espiritismo*.

Ainda aí era o amor do *fato* que o guiava. Estudados os fatos do mundo visível, como o fizera como homem de ciências biológicas — passava-se agora aos fatos do mundo invisível. E os investigou com o mesmo espírito de objetividade, que tinha trazido ao cultivo das ciências naturais. Sempre homem de ciência, no visível como no invisível.

Mas não ficou na indisciplina do invisível. Seu amor ao fato não podia deixá-lo alheio ao maior fato da história: a revelação cristã e a Igreja que até hoje a defende em suas linhas integrais. E estudando a Igreja Católica, investigando os fenômenos religiosos, com a mesma positividade com que investigara os fenômenos visíveis das ciências naturais e os invisíveis do cientismo preternatural — viu que o fato cristão não anulava os fatos naturais e preternaturais e apenas os *completava*. Viu que o mundo sobrenatural obedecia a uma *ordem* como o mundo natural. E ele, que pusera ordem em sua primitiva indisciplina da natureza (pois quem nega os *fatos* do mundo invisível se encontra ainda na fase preliminar da indisciplina dos fatos visíveis, que só se ordenam quando os ligamos aos invisíveis) — vinha agora pôr ordem em sua indisciplina do preternatural, pois o espiritismo é ainda apenas a desordem do mundo invisível.

E chegou então à plena compreensão do fato cristão, como integração perfeita de todo aquele amor à positividade que sempre o guiara: positividade natural, com a *ciência* preternatural com os espíritos, sobrenatural com o *Cristo*.

E converteu-se como verdadeiro homem de ciência, homem do fato, homem do concreto, que teve o amor da realidade integral, e soube vencer todos os preconceitos, que por algum tempo o retiveram na desordem do plano natural ou na do plano preternatural.

E assim foi que sua apologética, nos artigos, nos livros, nas conversas, teve sempre essa originalidade própria, que a tornava extremamente difusiva, pois era muito simples na exposição como verdadeiro homem de ciência positiva que era. O *milagre* e o *demônio* — fatos tão difíceis de penetrarem na inteligência viciada dos que permanecem apenas em um daqueles dois primeiros planos que Felício dos Santos percorreu para voltar à fé Cristã perfeita — o milagre e o demônio saltam dos escritos de Felício com uma evidência que nenhuma exposição teológica conseguiria dar tão viva e diretamente.

Se não foi, portanto, um estilista ou um polemista, se não deixou nenhuma obra sistemática de doutrina — foi o grande apologeta do fato, foi o homem que nos dava e nos deixou o sentimento vivo da realidade de nossa fé, que não maneja palavras ou sistemas senão por amor da ação, que não guarda os mistérios da fé senão pela Esperança de os realizar, que não estuda os problemas difíceis da Justiça senão pela Caridade que os completa, que não se serve do abstrato senão por amor do concreto.

E por isso é que a mais bela coroa da vida admirável de Felício dos Santos foi aquele halo de pobres que cercavam o seu caixão na Matriz de Santa Teresa. Foram eles as flores que recusou no seu féretro. Por anos e anos fora o médico dos infelizes, que receitava de graça, curava os doentes mais pela alma que pelas receitas, e não fazia de sua profissão senão a prova prática de suas convicções. E como compreendeu que o cristianismo é uma vida e não uma doutrina, como soube ver que a Igreja Católica o que defende antes de tudo é a salvação das almas, pelo amor dos que sofrem, pelo bem que se espalha, pela humildade da vida e pela simplicidade das idéias — mereceu de Nosso Senhor as lágrimas dos pobres de Santa Teresa.

A evolução espiritual de Joaquim Nabuco passou por três fases: uma infância católica, uma juventude céptica, a conversão ao catolicismo em plena maturidade, quarenta e três anos.

Ingenuamente católico ou tradicionalmente católico, céptico à Renan, cristão praticante outra vez, depois da experiência do sofrimento.

Em 1893, Nabuco redigiu um livro sobre sua conversão ao catolicismo, ou melhor reversão, como gostava de dizer. Não se considerou um convertido, propriamente. Mas um revertido. Quis chamar a esse depoimento *Volta à fé*. Acabou fixando-se no título: *Mysterium Fidei*. O livro se divide em quatro partes, a saber: Afastamento da fé, Enfraquecimento da dúvida, Elaboração religiosa, Restauração da fé. Foi desse livro que Nabuco retirou dois célebres capítulos de *Minha formação*, que aparece em 1900. O capítulo tão famoso a respeito do engenho da sua infância e o sobre a influência demolidora da sua fé. Maçangana ficou sendo a página mais bela de Nabuco. Como foi desse *Mysterium Fidei* que ele tirou em 1906, pouco antes da morte, os pensamentos mais belos de *Pensées Détachées*, os seus *Pensamentos soltos*. Em 1900 e em 1906, publicava fragmentos do *Mysterium Fidei* em *Minha formação* e em *Pensées Détachées et Souvenirs*. Mas não ousou publicar na íntegra o livro da conversão.

Por quê? Certamente, pudor. A delicadeza de Nabuco era tal, era tal a sua sensibilidade que ele adiou a entrega ao público de uma história por demais íntima, pessoal. Esse público era, aliás, na sua maioria, um público agnóstico ou indiferente. Nabuco temeu por certo que sua atitude fosse interpretada como simples vaidade, um exibicionismo supérfluo, até ridículo talvez. A verdade é que foi adiando a publicação. E quando morreu em Washington, 1910, o livro ainda não fora entregue ao público.

Incompreensível destino, o desse depoimento. Inédito por longos anos. Até que a diligência de Maurício Nabuco o publicasse. A literatura brasileira é pobre de documentos dessa categoria. Dos nossos grandes convertidos intelectuais — Jackson de Figueiredo, Alceu Amoroso Lima, Hamilton Nogueira, Joaquim Nabuco, Júlio Maria, Felício dos Santos, Gustavo Corção, Paulo Setúbal, Murilo Mendes, Jorge de Lima, Cornélio Pena, só três nos escreveram o relato, a história da sua conversão: Joaquim Nabuco, em *Mysterium Fidei*, 1893, Paulo Setúbal, em *Confiteor*, 1935, e Gustavo Corção, em *A descoberta do outro*, 1944.

Interessante notar-se que monsenhor Joaquim Nabuco Filho nasceu justamente depois da conversão, quando o escritor, já católico, terminava o seu livro *Mysterium Fidei*.

De que tipo foi a conversão de Nabuco? Foi uma conversão mais afetiva e artística do que racional. Mais temperamental do que dialética. Mais do coração do que da razão. Mais do homem poético do que do homem lógico. Porque Nabuco pertenceu mais à vertente de Platão, que é a de Agostinho, do que à de Aristóteles, que é a de Tomás. Evolveu do cepticismo, da dúvida, para a fé católica integral, não tanto por causa da argumentação lógica, sistemática, mas por causa do sentimento. E foi o espetáculo do catolicismo inglês, digno, sério, coerente, varonil, o catolicismo adulto de homens como John Henry Newman, que provocou a reconciliação com a Igreja de Roma, aos quarenta e três anos.

"Quando comecei a freqüentar a Igreja, estava na Inglaterra", diz ele com a discrição do seu estilo tão nobre. "Na Inglaterra, tem-se a impressão da varonilidade do catolicismo. Freqüentei a princípio a Igreja dos Jesuítas, construída nas estrebarias de Farm Street. Fora nas cocheiras que se refugiara a fé perseguida." Nabuco ia aos domingos à missa das onze, que era cantada.

Se não nos deixou uma ação católica ou uma obra especificamente católica, deixou-nos ao menos o relato singelo da conversão, depois de ter lutado como tribuno pela mais católica das causas, a da libertação aos escravos.

Laet, a apologética da ironia. Felício dos Santos, a apologética do fato.

Jackson de Figueiredo fará da afirmação a sua categoria. A apologética da afirmação (contra a dúvida).

Nabuco, ao converter-se à Igreja de Roma, guarda o principal da sua formação, como o escreveu João Camilo: o amor da liberdade e o gosto de sentir com o povo.

O seu catolicismo é o da liberdade, à maneira de Newman e de Leão XIII.

"O mistério não estreita o horizonte. Dilata-o." É uma palavra de Nabuco, nos *Pensamentos soltos* (*Pensées Détachées*), o livro do seu espiritualismo e até do seu misticismo.

Júlio Maria: a igreja e o povo

Júlio Maria foi, no Brasil, uma versão dos bispos liberais Keteller e Gibbons. Representou a linha de Leão XIII, da *Libertas* e da *Rerum Novarum*. No marasmo da vida brasileira, em plena *belle époque*, Júlio Maria foi "um grande acontecimento", como o chamou João Camilo.

Obra polêmica eminentemente oratória. Júlio Maria era um pregador. Sua voz é Newman, Manning, sobretudo a *Rerum Novarum*. Diante do progresso da ciência, da Revolução Industrial e das idéias democráticas, não se assustou, nem assumiu uma atitude de condenação maciça, indiscriminada, reacionária, estreita.

Publicou muitos livros e opúsculos, de combate e divulgação doutrinal — *Pensamentos e reflexões*, 1882, *Questões políticas*, 1883, *O Deus desprezado*, 1895, *A paixão*, 1895, *A caridade*, 1896, *A graça*, 1897, *Apóstrofes*, 1897, *Conferências da assunção* — 4 séries, 1897, 1898, 1899, 1900, *Sete discursos* (inclusive o de posse no Instituto Histórico Brasileiro, em 8 de dezembro de 1899), 1900, *A igreja e o povo*, 1900, "A religião", *in Livro do centenário*, 1900, *O Santíssimo Sacramento*, 1901, *O decálogo*, 1907, *Os pecados*, 1908, *As virtudes*, 1909, *A paixão*, 1911, *A segunda vinda de Jesus Cristo*, 1913, *O credo*, 1915.

Obra de vulgarização e apologética. Pregou na Catedral do Rio as chamadas conferências quaresmais, de que dão testemunho os volumes *O decálogo, Os pecados, As virtudes, A paixão* e *O credo*. Jônatas Serrano (1885-1944) nos deixou a biografia do padre Júlio Maria, de que saiu a segunda edição em 1941. Pio X concedeu-lhe o título de Missionário do Brasil.

Aí está, um missionário, como Nóbrega ou Vieira, mas extremamente voltado para a problemática do fim do século XIX e começo do século XX. Em 1885, publicara no *Jornal do Comércio* as suas *Apóstrofes*, que depois reuniria em livro, artigos polêmicos em que analisava com rigorosa objetividade o catolicismo no Brasil. Atitude semelhante à de Dom Leme com sua *Pastoral* de 1916.

Nasceu em Angra dos Reis, em 1850. Morre no Rio em 1916.

Em 1891, toma o nome de Júlio Maria. Começa, então, a segunda fase de sua vida. Júlio César, primeiro. Júlio Maria, na plenitude dos quarenta. Foi um dos seres mais nítidos, mais afirmativos, mais marcados da história brasileira. "Viva o homem marcado", dizia ele. Preferiu o ateu sincero ao falso cristão.

Na fase inicial de sua vida, estudante de Direito em São Paulo, 1870, foi materialista. Leu Darwin, Comte, Littré e Büchner. Diante do fenômeno religioso, optou pelo negativismo e pelo naturalismo cientificista. Formado em 1874, vai ser promotor em Mar de Espanha e casa-se em 1877. Viúvo, casa-se uma segunda vez. Do primeiro casamento, tem uma filha, que seria religiosa. Em 1889, fica viúvo pela segunda vez. Teve três filhos do segundo casamento. Converteu-se em 1884 do agnosticismo ao catolicismo. Foi, assim, o primeiro convertido de uma longa série — Felício, Nabuco,

Jackson, Hamilton Nogueira, Alceu, Corção, Paulo Setúbal, Murilo Mendes.

A fase de transição dura uns cinco anos. É o período das *Apóstrofes*. Um jornalismo corajoso, polêmico, desmascarador, contrário à beatice ou ao espírito de sacristia. De 1889 a 1891, justamente na hora da queda do Império, recolhe-se ao seminário de Mariana e se prepara para o sacerdócio católico.

A 29 de novembro de 1891, Dom Silvério Gomes Pimenta lhe confere a ordenação. Pouco depois, a 5 de janeiro de 1892, o intrépido autor das *Apóstrofes* faz em Juiz de Fora o elogio fúnebre de Pedro II. Adota o nome de Júlio Maria. Daqui até morrer, será o padre Júlio Maria. Pregou pelo Brasil todo — Rio, São Paulo, Minas, Paraná, Santa Catarina, Rio Grande. Em 1901, 1903, vai ao Norte e Nordeste. Quer ser o apóstolo do Brasil. Sua conversão foi como a de Paulo — rápida, instantânea, fulminante, uma espécie de queda. "Um golpe vertiginoso e louco", chamou-lhe o próprio Júlio Maria. Passou de Büchner ou Darwin a Donoso Cortés.

Não foi a sua uma conversão lenta, reflexiva, meditada, como a de Newman, ou a de Agostinho, ou a de Alceu. Foi súbita. Foi paulina. Farias Brito o defende em Belém do Pará dos ataques de Gomes de Castro. Pregava contra o positivismo e contra o naturalismo em geral. Taunay não gostou da sua pregação. (Ver *Filologia e crítica*, de Taunay.) Ele dizia "Minhas senhoras e meus senhores", em vez de "Meus irmãos". E tinha certas liberdades, certas audácias. Não era um conformista, longe disso. A mediocridade lhe repugnava. Seu método é o apologético. Discute amplamente o positivismo. Fala da questão social, na *Gazeta de Notícias*, "A Igreja e o povo". Pregando as conferências quaresmais no Rio, em plena Catedral, a convite do cardeal Arcoverde, arrebata os auditórios com o poder da sua convicção.

Em 1904, entra para a Congregação dos Redentoristas. É o primeiro brasileiro a entrar. Nas conferências de 1907, volta a atacar o positivismo, com argumentação de bom nível. Não é um declamador superficial, mas um expositor sério, estudioso. Quer de fato esclarecer as inteligências.

"Povo, eu vou dizer-te a verdade. Não é de um homem que tu precisas: é do Cristo." (*Apóstrofes*, 2ª ed., 1933, p. 221.)

O seu tom é sempre este, de desafio, de revelação, de um profetismo lúcido. A conversão violenta o levou do cientificismo ao tradicionalismo de Donoso Cortés. Ama os violentos, os radicais, um De Maistre, um Cortés, um Savonarola, um Lamennais. Só na fase derradeira encontraria o equilíbrio total, superando o tradicionalismo posterior à conversão.

Júlio Maria percebeu o novo rumo da Igreja. E jamais vinculou a fé religiosa a um regime político. Diante da separação entre o Altar e o Trono, propôs como fórmula salvadora e urgente, inadiável: a união entre a Igreja e o povo.

Diante dos restauradores, dos sebastianistas de todos os matizes, clamava com extraordinária coragem e admirável lucidez: "Hoje, sob o ponto de vista social, só há duas forças no mundo — a Igreja e o povo. Uni-las é o ideal do Papa; concorrer para essa união é, em cada país, o dever dos católicos, principalmente do clero. Nós, porém, não podemos consegui-la nem desviando-nos da rota que a Igreja segue, nem separando-nos do povo." (*Gazeta de Notícias*, 13 de março de 1898.)

Era uma voz nova.

"Não há melhor campo para as manobras políticas do que o fanatismo religioso, nem melhor aliado para os sectários dos regimes envelhecidos, dos princípios destronados, das dinastias periclitantes do que a falsa teologia. Certos políticos sabem-no perfeitamente e eis por que eles não se cansam de dizer a católicos e padres, que gostam de ouvi-los: Sentido. A Igreja periga. O século quer devorá-la. A liberdade é o demônio que agita o mundo. Os reis são os guardas da cruz, e se também a Igreja consente que os reis se vão, ai da Cruz de Jesus Cristo. Isto sem dúvida é uma insensatez, não podemos acreditá-lo. Se o acreditarmos, a experiência o tem demonstrado, quem perde é o catolicismo. Prevenidos contra a democracia e impotentes para deter-lhe a marcha, e o predomínio crescente, ficamos sempre entendendo que o melhor alvitre é desertarmos de todos os combates sociais e refugiarmo-nos nos templos."

Sua voz ganha uma dimensão de sociólogo.

"Triste conseqüência de tais manobras políticas e também grande erro nosso. Porque nós não devemos julgar das democracias pelos anátemas que lhe infligem políticos obstinados; não devemos negar nossa cooperação à causa pública. Não nos é lícito, enfim, encastelarmo-nos nos santuários e, contemplando de longe o povo, pensar que fazemos obra de Deus só com os nossos panegíricos, as nossas devoções e as nossas festas. Não é esse o papel do catolicismo nos tempos modernos. Os católicos e os padres não podem aceitá-lo. O nosso dever é mais nobre, mais patriótico, mais cristão; é fazer nossa a causa social e, para que a verdade católica triunfe nela, unir, e num só desiderato, as duas grandes forças do mundo: a Igreja e o povo." (*Idem, ibidem.*)

Voz de sociólogo e profeta. Num trecho breve, toda a problemática da Igreja no mundo moderno. A conciliação entre a Igreja e a democracia, que começa com Leão XIII e culmina com Pio XII, a necessidade da união entre Igreja e povo, a superação do conceito de Igreja como simples serviço litúrgico, Igreja confinada ao santuário, sem participação social. A consciência da questão social, que se tornaria aguda e nítida com o Código de Malines, do cardeal Mercier, a que Rui dá a sua adesão.

Ida ao povo. Eis o que propõe Júlio Maria. Que a Igreja saia dos templos e sacristias e vá ao encontro da vida, das questões político-sociais, não para condenar, mas para conviver, para assumir, para compreender e amar. Trata-se de uma atitude de abertura, na linha de Leão XIII. E, pela primeira vez, na história do Brasil, se fazia ouvir uma tal voz, de analista social, de crítico, de pregador.

Superação a um tempo do liberalismo e do totalitarismo. Júlio Maria repele a concepção fascista e a concepção liberal de Igreja. Não admite a Igreja presa ao Estado, como serva, nem a Igreja reduzida às sacristias e aos santuários, puramente espiritual, falsamente espiritual.

E diz estas verdades candentes a seus concidadãos: "Consorciar os espíritos, pacificar as almas, harmonizar as vontades, neste imenso conflito das paixões pessoais contrariadas, com os princípios de uma ordem de coisas, substituir às questões políticas erroneamente predominantes nos governos, nos parlamentos, nos jornais, a questão social, que é a questão por excelência, porque afeta os interesses fundamentais do homem, da sociedade, não mais pleitear privilégios, que já não têm razão de ser, dar aos partidistas intolerantes do antigo regime a persuasão de que já não é prudente nem lícito resistir, no que é justo e legítimo, à força nova que agita o mundo, mostrar aos pequenos, aos pobres, aos proletários, que foram os primeiros chamados pelo Divino Mestre, cuja

Igreja foi logo, desde o início, a Igreja do povo, na qual os grandes, os poderosos, os ricos também podem entrar, mas se têm entranhas de misericórdia, para a pobreza, sujeitar o despotismo do capital às leis da eqüidade, exigir dele não só a caridade, mas a justiça, a que tem direito o trabalho, dignificar o trabalhador, cristianizar a oficina, levar no ensino cristão os supremos postulados da consciência humana às fábricas, onde a máquina absorve o homem, não lhe deixando tempo senão para ganhar dinheiro, queimar carvão ou aperfeiçoar a raça dos animais, proclamar bem alto a dignidade do operário na cidade de Deus, que Jesus Cristo fundou na Terra, não com as castas, as aristocracias, as burguesias ou as dinastias, mas com o povo e para o povo." (*Gazeta de Notícias*, 16 de março de 1898.)

Visão profundamente democrática.

Superara o seu teocratismo. E desejava, como Lincoln, o Governo do povo.

Ao escrever *A memória histórica para o livro do centenário*, em 1900, o padre Júlio Maria nos deu uma síntese da história do catolicismo no Brasil. Revelou-se um historiador. Como reformador social e como historiador, foi igualmente intrépido e objetivo. Intérprete das nossas instituições religiosas, analisou muito bem a Questão dos Bispos e contestou a posição de Nabuco, em *Um estadista do império*.

Diz Júlio Maria, nessa *Memória* de 1900:

"Quanto à democracia, não aceitamos ainda os ensinos do papa. Não, a Igreja brasileira não aceitou ainda praticamente os ensinos do papa. O clero vive separado do povo. Quase que o povo não o conhece. O clero contenta-se com uma certa aristocracia de devotos. Quase a sua aspiração se reduz a ver os templos bem enfeitados, o coro bem ensaiado, e, no meio de luzes e flores, os paramentos reluzentes. Toda a atividade do clero quase que se resume nisto — festas para os vivos e pompas fúnebres para os mortos.

O clero brasileiro não tem nenhum valor político e social. Nem ele pesa, como devia acontecer, na balança da opinião. Nem a Igreja brasileira é ouvida em nenhum dos grandes interesses da Pátria.

Por quê? Porque o clero está encerrado na sacristia e, esperando tudo da graça de Deus, imagina que esta há de arranjar tudo sem a sua cooperação, como se a promessa de triunfo que Deus fez à sua Igreja compreendesse a do catolicismo em todos os lugares onde a negligência, o preconceito teológico e a paixão política se unem como íntimos, em oposição aos progressos da religião." (*O catolicismo no Brasil*, 1950, pp. 250-251.)

Uma estranha voz, esta. A Livraria Agir reeditou em 1950 a *Memória* de 1900, sob o título de O *catolicismo no Brasil*, com prefácio de Alceu Amoroso Lima.

Júlio Maria era grande demais, veemente demais, ardoroso demais, tribuno demais, para se prender a uma paróquia, a um só lugar. Um empolgante orador, aberto, esclarecido, moderno, preocupado com as questões sociais, nenhum pregador religioso teve mais do que ele, no Brasil, a consciência da missão da Igreja em face do povo.

O que o singularizou foi a sua capacidade de compreender o mundo em evolução, em mudança. Aceitá-lo sem trair a sua fé. Inserir-se nele, sem deixar de ser católico. Um homem do mundo moderno. Um católico moderno. Soube falar aos homens do seu tempo. Foi um ardente precursor da mentalidade nova.

O que o distinguiu foi essa abertura de espírito.

Teve também certa tendência ao escatologismo, sobretudo no fim.

Combateu o indiferentismo, o laicismo, o positivismo, o naturalismo e, sobretudo, o beatismo, o espírito de sacristia. Quis que a Igreja se aproximasse do povo.

Entre Laet e Jackson, Felício representou o bom-senso, a serenidade, a proporção. Mais gregário do que Laet, mais tranqüilo do que Jackson, era capaz de um apostolado discreto, mais estável, mais eficiente em certo sentido, embora menos brilhante.

Júlio Maria teve audácias que Felício estava longe de possuir.

Trinta anos depois de Felício, um outro mineiro, José Antônio Nogueira, o autor de *A minha nova floresta*, repetiria a experiência de Felício dos Santos — a trajetória do agnosticismo ao espiritismo e deste ao catolicismo. J. A. Nogueira foi amigo fraternal de Lobato, Godofredo Rangel, Sud Menucci, Ricardo Gonçalves.

O tom de Júlio Maria é palavroso, como de modo geral o de todos os oradores de seu tempo. Mas, por baixo dessa eloqüência, dessa grandiloqüência, quanta argúcia de observação social. Ouçamo-lo, ainda: "Quaisquer que sejam os erros da República, é certo que ela deu à Igreja a liberdade."

Seu programa, diz ele, é o de Leão XIII, o de Keteller na Alemanha, o de Gibbons, na América, o de Lavigeric, na França, o de Manning, na Inglaterra.

"A Autoridade tendo passado das classes às massas e o futuro pertencendo como pertence à democracia, uma missão nova e imposta ao clero, o qual não é um instrumento de reino ou um apoio dinástico, mas uma força social."

Logo se vê que com Júlio Maria a Igreja assume no Brasil uma posição de vanguarda, de aceitação do mundo moderno, de integração social, de participação efetiva no processo político-social. Trata-se da primeira voz a exprimir esses anseios de uma nova concepção do papel dos cristãos na comunidade temporal.

Júlio Maria entende o padre como um reformador social. "Amigo do povo, o clero não deve ficar indiferente a nenhuma das questões sociais, políticas ou econômicas que dizem respeito ao interesse e prosperidade da Nação, podendo e devendo tratar de todas, porque o padre é um reformador social."

"Que falta aos católicos brasileiros?", pergunta ele. "A resolução para o combate." E acrescenta: "Este é o dever que grande parte do clero não compreendeu ainda no Brasil, onde, no regime da liberdade, em vez da pugna valorosa, que poderia ser travada para dar à Igreja brasileira o lugar que lhe cabe em nosso movimento social, não vemos infelizmente senão uma devoção mórbida, sem virilidade cristã, uma piedade assustadiça, que se espanta de todos os movimentos do século e foge covardemente desanimada de tantos combates, em que os interesses do catolicismo, para triunfar, dependem apenas de que desfraldemos com ardor religioso e intrepidez cívica o estandarte de nossa fé."

Ainda em sua memória sobre *O catolicismo*, de 1900, ele nos afirma, com aquela capacidade de dizer a verdade inteira, que o caracteriza: "Tão degenerado está o culto externo, tão profanadas andam as cerimônias da Igreja, que, parece, nada concorre mais para o endurecimento dos ímpios e a pertinácia dos incrédulos que certas festividades em nossos templos. Ignorando eles, como ignoram, o profundo simbolismo católico, atribuem à Igreja o que não é devido senão aos desvios da falsa devoção, reputam o culto externo uma futilidade, acusam a Igreja de obrigar as populações a despenderem enormes quantias com festas improfícuas, que não melhoram os costumes, não regeneram as almas e apenas divertem a multidão: acusação sem dúvida injusta, porque nunca a Igreja entendeu nem quis que as festas tivessem tal sentido, uso e aplicação."

Nada escapa à lucidez do seu espírito: "A principal necessidade das paróquias brasileiras é a doutrinação, mas o nosso púlpito, se ainda fala, isto é, se faz panegíricos e sermões de festa, não ensina. Nas paróquias, a maioria dos fiéis não tem idéia clara do que crê e pratica, não conhece o valor do sacrifício da Missa, não sabe o que é um sacramento, não discerne as partes da penitência, não conhece senão literalmente o Decálogo. Ora, degenerado o culto, falseadas as devoções, rebaixada a tribuna, abandonado ou não começado nunca o estudo da palavra divina, omitido ou apenas dado a espaços em tantas freguesias, em mínima quantidade, sem seqüência, nem método, confusamente, o ensino católico, absorvida a maioria do clero nacional ou por agitadas preocupações mundanas de posição, riqueza, prazer, ou pelas simples exterioridades das festas religiosas, as paróquias brasileiras não podem continuar nesse estado."

Não tivemos melhor crítico do nosso catolicismo, na aurora do século XX. Escreveu sobre temas filosóficos, como a refutação ao positivismo, mas sempre numa perspectiva de pregador religioso.

O seu grande tema é a religião no Brasil, história, realidade contemporânea, problemas, futuro. Claro que pagou tributo à mentalidade que o envolvia, no sentido de que teve uma visão constantiniana da religião católica, apesar da sua evolução do teocratismo para a democracia. Foi, o seu, um catolicismo ainda apologético, polêmico, exteriormente missionário, desejoso de triunfo.

Mas que distância percorreu ele, entre o tradicionalismo, a visão teocrática, da sua conversão, e o fundo e dramático liberalismo de 1898 e anos seguintes.

"A hidropisia das festas não encobre a anemia da fé, que é mister retemperar.

"Como? O ensino, eis o grande remédio, a grande necessidade do momento atual. Os novenários, as devoções, as festas, feitas com os devidos requisitos, são uma coisa boa; mas o principal, o essencial, a coisa boa por excelência, a maior de todas as obras da caridade paroquial é ensinar os ignorantes. A ignorância da religião, eis o inimigo. A doutrinação, eis a grande arma apostólica."

A posição democrática sai robustecida da sua pregação nacional: "Infelizmente, certos políticos entre nós, em face do fato republicano, não têm perdido ocasião de explorar o clero, ou antes, aquela parte do clero que se acostuma a medir os horizontes do mundo pelas dimensões de uma sacristia, onde não lhe chegam as vozes, que fora tumultuam, das grandes reivindicações populares, mas apenas as vozes dos devotos. Verberando as manobras políticas de que grande parte do clero brasileiro participa, ou como agente solidário, ou como simples vítima, pois que parte dele ainda não discerniu o justo e o verdadeiro na questão de que se trata, demonstrei o erro do clero e o nosso dever, na hora presente.

"O erro, porque não devemos julgar da democracia pelos anátemas que infligem políticos obstinados. O dever, porque não nos é licito negar a nossa cooperação à causa pública.

Não devemos desprender-nos das lutas patrióticas. Precisamos combater nos regimes novos o que têm de mau ou hostil ao catolicismo. Não podemos, sob pretexto de que não se harmoniza com estas ou aquelas idéias políticas, renunciar a tudo, até mesmo ao devido esforço pela reforma dos seus vícios e erros religiosos. Não nos é lícito esquecer a devida e indispensável distinção feita pelo papa entre forma de governo e legislação."

Aceita Júlio Maria o regime democrático e republicano. Não deseja a volta à monarquia. Quer a união entre a Igreja e o povo. Fala como *brasileiro, católico* e *padre*.

Com o apostolado do padre Júlio Maria, todo intelectual, a religião católica deixa de ser assunto ou devoção de mulheres e menores, para ser algo perfeitamente compatível com a condição adulta, viril, cultural. Quer uma religião positiva, afirmativa. Máscula. A sua tentativa é catolicizar o Brasil pela palavra evangélica. Seu tom é a franqueza. Com ele, passamos da Igreja aristocrática à Igreja democrática.

Rigorosamente, foi um precursor da mentalidade da Ação Católica, seu liturgismo, suas reivindicações sociais. A crítica, que corajosamente formulou, do catolicismo superficial, festeiro, exterior, não-doutrinal, dos nossos, é perfeitamente válida. Claro que foi polêmico no seu libelo contra o regalismo, ao traçar uma síntese magistral da história do catolicismo no Brasil, mas foi também justo, ou objetivo.

O comodismo do clero o revolta. A vulgaridade dos católicos o fere. O indiferentismo religioso lhe merece páginas candentes. Teve uma ampla formação filosófico-teológica. E se ligou profundamente a Jônatas Serrano, que era um espírito eminentemente liberal, como o prova a biografia, até mais uma apologética do que uma fria ou imparcial reconstituição histórica, do grande redentorista, que, ao falecer, a 2 de abril de 1916, deixou atrás de si uma luminosa trajetória de vinte e cinco anos de pregação renovadora.

A pastoral de Dom Sebastião Leme confirmará ponto por ponto no mesmo ano de 1916 as linhas fundamentais da crítica de Júlio Maria ao catolicismo dos brasileiros.

A pastoral de 1916

O catolicismo no Brasil era bem o que Júlio Maria dissera na *Memória histórica* de 1900. Povo supersticioso, ignorante, elite céptica, agnóstica.

Havia naturalmente exceções, como Eduardo Prado. Promovera ele as Conferências Anchietanas, em São Paulo, e convidara Nabuco, Brasílio Machado, o famoso e estranho padre Francisco de Paula Rodrigues.

Na conferência sobre Anchieta, no discurso de posse no Instituto Histórico, no estudo admirável sobre a Companhia de Jesus e a colonização, o que vemos é o católico, a tecer o seu mais sincero e comovido louvor ao jesuíta. "Reinterpretando o passado brasileiro, Eduardo foi dos primeiros a pôr em relevo a importância da obra luso-católica da América Tropical", diz Gilberto Freyre. (*Ordem e progresso*, vol. I, p. 33.)

Ainda Freyre: "Sua conferência sobre o catolicismo, a Companhia de Jesus e a colonização provocaria admiração de Rui Barbosa, que escreveu a um amigo comum, pedindo-lhe felicitasse o conferencista por obra que considerava notável pela majestade e pela profundeza, pela amplitude, pelo vigor." O talento de sociólogo-político e a erudição de historiador, Prado os colocou a serviço de uma apologia do catolicismo e da ação do jesuíta.

Dona Veridiana exclamava com justo orgulho: "Os homens sinceramente católicos em São Paulo são poucos. Entre eles, está o Eduardo."

Ia ele à missa com a mãe, a célebre D. Veridiana, na igreja da Consolação. Era católico e monarquista. Leia-se esta página dele: "Abri um livro. Era a *Memória* do padre Bertrin sobre a sinceridade religiosa de Chateaubriand, livro novo e que traz o milésimo de 1900. Singular triunfo esse de René sobre o esquecimento da posteridade. É ainda hoje objeto de discussão o modo e a intensidade de sentir do homem que fez a concordata do espírito literário da França com a Igreja, ao mesmo tempo em que Napoleão a fazia entre essa mesma Igreja e o Estado. Abri o livro, à página em que o autor trata dos perigos que a inobservância dos mandamentos, isto é, o hábito do pecado, traz para a fé. Não me deixeis cair em tentação. Serei eu apenas um miserável epicurista dotado de uma imaginação católica, como Sainte-Beuve diz de Chateaubriand? Volto-me para o velho Crucifixo e peço a Jesus que não me desampare." Palavras de funda beleza, escritas no apartamento da rue de Rivoli, de manhã, a 1º de janeiro de 1900.

Prado foi exatamente isto, um hedonista católico, ou um céptico católico. Eis a sua contradição, ou o seu mistério.

Quis escrever, como se sabe, dois livros, mas não chegou a fazê-los, um sobre o padre Manuel de Morais, outro sobre o padre Antônio Vieira. Neste, via o saber da Companhia de Jesus. Em *O catolicismo, a Companhia de Jesus e a colonização do Brasil*, escreve: "São milhões e milhões de seres que viviam como feras e cujos descendentes hoje vivem como homens. São rios, lagos, montanhas, planícies, revelados ao mundo por esses viajantes da Companhia." A obra de civilização, de cultura e de evangelização do missionário o fascina.

Reuniu vasto material sobre os dois padres.

Severiano de Rezende, no belo estudo que dedicou a Prado, se refere ao catolicismo esclarecido do nosso autor e nega a influência de Renan. Prado lera Renan, sem maiores paixões. Mas não se deixara nunca influenciar. Se não foi discípulo de Renan, não há dúvida que lhe sofreu a influência.

Ao contrário de Nabuco, não o procurou, não o conheceu. Mas acolhia a musicalidade do estilo de Renan (*A vida de Eduardo Prado*, de Cândido Mota Filho, p. 109).

Batista Pereira, que era amigo de Prado e lhe conhecia o catolicismo praticante e lúcido, afirmava que o escritor que maior influência exercera em Eduardo Prado fora Renan (*Eduardo Prado, o escritor, o homem*).

E justamente a *Vida de Jesus* foi o primeiro livro de Renan lido por Eduardo...

Amava Chateaubriand. Perguntou a Batista Pereira: Já leu as *Mémoires d'Outre-Tombe*? "Homem feliz. Ainda pode ter esse prazer a primeira vez"... (*idem, ibidem*). O catolicismo de Chateaubriand o seduzia e subjugava.

Para a sua geração, o talento era incompatível com o dogma, a ciência era inconciliável com a crença no sobrenatural, como Severiano de Rezende o observou, em *Páginas de crítica e polêmica*.

Prado foi um católico esclarecido, denodado, praticante, no dizer de Maria Amélia Vaz de Carvalho (*Figuras de ontem e de hoje*).

E o testemunho do padre Francisco de Paula Rodrigues, o padre Chico: "A fé de Eduardo era fé fundamentada"... (Monsenhor Francisco de Paula Rodrigues, *Eduardo Prado*.)

Em 16 de maio de 1901, Dom Miguel Kruse, abade de São Bento, escrevia a seguinte carta a Eduardo Prado:

"Li com a máxima atenção e o coração cheio de alegria o magistral artigo de V. Sª. Não é tanto o aniquilamento moral do adversário que me alegra, mas sim a mudança completa da opinião pública que o seu trabalho incomparável produziu em benefício da Igreja e da Pátria. Por essa razão, V. Sª fez um bem maior e mais duradouro do que poderiam fazer mil missionários, pregando missões em todas as paróquias do Brasil. Peço a Deus que conserve ainda por muitos anos a V. Sª, para bem da religião e deste belo País. de V. Sª, atento servidor e humilde capelão, Miguel Kruse, O.S.B."

Esse homem que se deixou seduzir pela Missão dos Jesuítas, que ao estar no Rio pela última vez subiu ao outeiro da Glória, para dar-se à oração, antes de despedir-se dos amigos, polemizou com Luís Pereira Barreto, o positivista. A tal polêmica se refere a carta de Dom Miguel Kruse.

Nas *Coletâneas IV, as florestas do Dr. Barreto*, encontraremos os traços dessa polêmica entre um católico e um positivista, na pacatez de São Paulo, ao abrir-se o século.

Pereira Barreto atacara Dom Miguel. Eduardo Prado entrou na questão. O positivista vinha com a velha tese da culpa do catolicismo na decadência dos latinos. Dom Miguel replicou-lhe, defendendo o catolicismo. Eduardo escreve, em maio de 1901, *O Dr. Barreto e a ciência, caso curioso de intolerância religiosa no século XX*.

Miguel Lemos fica na polêmica ao lado de Eduardo Prado e contra Pereira Barreto. Prado procura atingir o cientificismo do botânico *doublé* de economista, que em nome de uma teoria filosófica pretendeu atacar o catolicismo.

Epicurista católico... Mas figuras como Prado eram poucas, no cenário da cultura brasileira, ao alvorecer o século.

A PASTORAL DE 1916

Dom Sebastião Leme assume, em 1916, a Diocese de Olinda, e escreve a extraordinária Pastoral que tanto impressionou Jackson.

Dom Leme, jovem arcebispo de Olinda, quis exprimir na sua Pastoral de saudação ou de inauguração o que sentia diante do catolicismo morno ou vago dos brasileiros.

Era uma advertência e um apelo.

Racionalistas, materialistas ou cépticos, tais eram em grande parte os homens que dirigiam a sociedade brasileira, Júlio Maria já o dissera, em O *catolicismo no Brasil*.

E acrescentara mesmo: "Para o espírito pensador, a crise no Brasil não é uma crise política, cuja solução dependa de formas de governo. É uma crise moral, resultante da profunda decadência religiosa, desde o antigo regime, das classes dirigentes da nação e que só pode ser resolvida por uma reação católica."

O mesmo é o pensamento do arcebispo Dom Sebastião Leme da Silveira Cintra, paulista de quatrocentos anos, ao chegar à sua primeira Diocese, em pleno Nordeste.

Dom Leme pede uma reação católica, uma renovação.

O futuro cardeal retira-se para uma fazenda — a das Águas Claras, no distrito de Tambaú, São Paulo, de um parente do seu irmão Antônio da Silveira Sales, para escrever de um só jato, como era seu feitio, a Pastoral de saudação aos seus diocesanos de Pernambuco.

Não havia pregação metódica, didática, nas paróquias. Não existia doutrinação catequética de adultos. A pregação era o panegírico, a festa, a girândola, a pirotécnica, o fogo de artifício momentâneo. Vivia-se de novenas e devoções paralitúrgicas. O povo até venerava as imagens com mais fervor do que adorava o Sacramento. O espírito de indefinição ou indistinção dominava os meios católicos. Não havia ação católica. Não havia espírito de organização. Confrarias sem espírito católico, votadas apenas ao aparato de um culto exterior e festeiro.

Tal o quadro que o arcebispo Sebastião vai deparar.

Essa Carta Pastoral de Dom Sebastião Leme, arcebispo Metropolitano de Olinda, saudando os seus diocesanos, 1916, é um marco na história espiritual do Brasil.

Catolicismo informe, difuso e inoperante.

Dom Leme julga que o mal é a ignorância religiosa. A Pastoral traz a data de 16 de julho de 1916. E Dom Leme desembarca no Recife, do *Rui Barbosa*, a 15 de agosto. Toma solene posse a 17.

"Todos ou quase todos se dizem católicos", verifica.

Falando desse período da vida nacional, dirá Gilberto Freyre, em *Ordem e progresso*: "No púlpito, salientou-se no mil e novecentos brasileiro pelo vigor da sua palavra persuasiva, mas sem excessos melifluamente retóricos, o padre Júlio Maria" (vol. II, p. 595). Eloqüência "elegante e sóbria", ajunta ele.

Na página 600, numa tentativa de síntese: "Do período de vida aqui evocado, na poesia, nas belas letras, na música tampouco nos resta a marca de uma obra verdadeiramente notável de nítida inspiração ou intenção católica, que tenha sido também uma obra brasileira de integração do catolicismo no trópico americano. A não ser que assim se considere a poesia de Alphonsus de Guimaraens, da escola que Sílvio Romero chamou decadista e simbolista, continuada, noutro tom místico, pela de Augusto de Lima e pela de Auta de Sousa", a quem Jackson de Figueiredo dedicou um ensaio interpretativo.

Cito, ainda, um fragmento de Freyre pela importância da sua observação, justa: "O católico Eduardo Prado, seguindo neste ponto o critério de Joaquim Nabuco, quando ainda pouco católico nas idéias e anticlerical nas atitudes, escreveu, no fim do século XIX, 1893, no livro *A ilusão americana*, que os operários eram já a força, o número, a justiça e seriam amanhã o poder" (*A ilusão americana*, p. 175). Palavras de *Ordem e progresso*, vol. II, p. 604.

O privatismo ou intimismo religioso, exprimiu-o Nabuco, em discurso de 1879, na Câmara: "Não sou inimigo da Igreja Católica. Quando o catolicismo se refugia na alma de cada um, eu o respeito: é uma religião de consciência. Mas do que sou inimigo é desse catolicismo político"... É tipicamente a concepção liberal ou burguesa de religião. Em outros dois discursos, voltaria Nabuco ao tema, a 30 de setembro de 79 e a 16 de julho de 80. Nesses discursos, exprime-se a doutrina da secularização.

Nesse período, fim do século, o prestígio da imprensa vem substituir o do púlpito.

O jornalista sucede ao pregador ou sermonista. Na curiosa personalidade de Júlio Maria, funde-se o bacharel e o padre, numa síntese rara, a que se associa o jornalista polêmico.

Sim, somos um país católico, dizia Dom Leme. Isto faz parte de nosso organismo social. Somos a maioria, a quase-totalidade. Mas cônscia dos seus deveres religiosos e sociais?

Um catolicismo não-praticante, sem sacramentos.

Eduardo Prado nos ensinara a importância da Igreja na criação do Brasil. Dom Leme nos ensina — como Júlio Maria — a sociologia religiosa do Brasil moderno. Prado escrevera: "A expulsão dos jesuítas foi para o império ultramarino português outro Alcácer-Quibir, como o do século XVI para o reino lusitano. Com a expulsão dos jesuítas, a civilização recuou centenas de léguas. As prósperas povoações do Paraná e do Rio Grande caíram em ruínas; os índios volveram à vida selvagem; as aldeias do Amazonas despovoaram-se e, até hoje, reinam a solidão e o deserto onde havia já sociabilidade humana."

Dom Leme insiste: "Católicos de nome, católicos por tradição e por hábito, católicos só de sentimento."

A verificação é exata. O Brasil oficial ignora a religião. "Na engrenagem do Brasil oficial, não vemos uma só manifestação de vida católica." O laicismo de 1891 ainda estava de pé.

O realismo de Dom Sebastião é perfeito: "Anticatólicas ou indiferentes são as obras de nossa literatura." O adversário principal era mesmo o indiferentismo religioso.

Ainda: "Que maioria católica é esta tão insensível quando leis, Governo, literatura, escolas, imprensa, indústria, comércio e todas as demais funções da vida nacional se revelam contrárias ou alheias aos princípios e práticas do catolicismo? É evidente, pois, que, apesar de sermos a maioria absoluta do Brasil, não temos e não vivemos vida católica.

Quer dizer: somos uma maioria que não cumpre os seus deveres sociais."

O diagnóstico é claro: "Uma grande força nacional, mas uma força que não atua, não influi, uma força inerte."

Objetividade: "Somos uma maioria ineficiente."

"Católicos de clausura", chama Dom Leme aos brasileiros. "Somos um povo ateu ou indiferente", acrescenta. Mais indiferente, por certo, do que ateu.

As frases cortantes insistem: "Somos uma maioria asfixiada." "O Brasil que aparece, esse não é nosso. É da minoria."

Pela primeira vez, um arcebispo vinha dizer-nos estas verdades claras, objetivas, irrefutáveis. Era uma alta autoridade da Igreja que vinha desmascarar o catolicismo dos brasileiros.

Como analisou muito bem Medeiros Lima, na introdução às *Memórias improvisadas* de Alceu: "Era o começo da reação contra o catolicismo de fachada, da tradição familiar, sem raízes doutrinárias. Não se trata apenas de advertência, crítica contundente a uma situação de fato, que vinha de passado distante. É antes um chamado à renovação, grito de alerta, primeiro passo no sentido de abertura, revigoramento dos laços entre a Igreja e a vida política e social, de maneira participante."

É, pois, uma reação contra a mediocridade.

Dom Leme se ergue corajosamente, sinceramente, contra o catolicismo acomodado.

Mais ou menos reduzido a obras de beneficência ou a institutos de ensino, o catolicismo vegetava numa rotina desfibradora, desfiguradora. Tudo era estagnação. "Que propaganda fazemos? Que programa desdobramos? Que resistência opomos?", pergunta o ainda jovem arcebispo de Olinda.

"Têm instrução religiosa os nossos intelectuais?" O tom é sempre candente, incisivo, por vezes angustiado.

Dom Leme teve o senso do histórico. A concretude, eis o seu segredo. Foi um homem das realidades concretas. Não se fechou à vida. Talvez tenha exagerado a significação do conhecimento, como fundamento da fé religiosa. A sua insistência na educação religiosa, como antídoto indispensável e urgentíssimo à nossa ignorância, parece unilateral. De qualquer modo, Dom Leme era um espírito profundamente liberal. Tanto assim que escolheu um liberal em política, monsenhor Costa Rego, para seu Vigário-Geral.

Gosto deste retrato de Dom Leme que João Alfredo Montenegro nos dá: "Não se pode reduzir a personalidade do cardeal Dom Sebastião Leme à inclinação para a vida contemplativa. Era um Prelado profundamente engajado no seu tempo. Realizou muito e ajudou a realizar no campo social. Reorganizou e sobremodo impulsionou a Ação Católica. Estimulou num lampejo extraordinário de gênio um pensamento católico. Pois compreendeu admiravelmente o papel do intelectual como vanguarda do catolicismo. Nisto deixou indelével marca. Um estado de evolução do catolicismo no Brasil em que o imanente, o concreto é valorizado." (*Evolução do catolicismo no Brasil*, 1972, p. 173.)

Dom Leme e Júlio Maria foram as duas primeiras grandes figuras do catolicismo moderno no Brasil.

Dom Leme foi todo *sapientia cordis*, intuição, calor humano, espírito conciliador, tato político, embora capaz de entusiasmos polêmicos.

Dom Vital e Dom Leme são, cada qual a seu modo, e dentro de sua perspectiva específica, as duas vozes renovadoras do Episcopado. Os dois bispos da reação católica. E ambos no Recife. Dom Leme pede, aliás, ao papa que lhe acrescente Recife ao título, arcebispo de Olinda e Recife.

"Cristianismo desmaiado e vago", conclui.

A importância que dá nesta Carta Pastoral aos intelectuais, à sua função, à sua responsabilidade, mostra quanto era Dom Leme sensível ao pensamento, à cultura, à inteligência. É uma Pastoral toda voltada a um tempo para a inteligência e para a ação. Eficácia, eis o que falta ao catolicismo no Brasil.

Dom Leme sabe e diz que uma forte corrente impele naquela hora o mundo que pensa para as teorias espiritualistas. E observa: "Ora, entre nós, não faltam publicistas que, aferrados à Enciclopédia, ainda vivem a chancear da filosofia espiritualista. Outras provas há de nosso fossilismo científico-religioso."

Dom Leme deseja a perfeita concordância entre ciência e religião. Critica o cientificismo e o positivismo. E fala, em cinco páginas, das superstições populares, inclusive o espiritismo.

O bispo está disposto a sacudir o ambiente, despertar, agir. Numa palavra, resume a ação católica no Brasil: apatia.

Feita a etiologia do mal, em longas páginas de estilo vibrante e fraterno, concluído o diagnóstico, propõe a terapêutica. A diagnose é extensa. A terapêutica é breve. Dom Leme se caracteriza aqui pelo espírito de síntese, pela coragem ou intrepidez. Pregar ensinando, sugere o arcebispo. Os sermões são exortações, mas não ensinam. Difundir a doutrina. Sua preocupação é esta: que haja uma pregação doutrinal.

Depois do tom profético da primeira parte, a linha pastoral das recomendações finais. Dom Leme combate o ensino leigo. E pede o ensino facultativo. "Não é um privilégio, uma concessão. É apenas justiça."

O que há de apostólico, nesta Pastoral. Pede a união e a ação eficaz dos católicos. "Em vez de coro plangente, formemos uma legião que combata; quem sabe falar, que fale, quem sabe escrever, que escreva."

Era a convocação para o apostolado.

Não quer uma religião sentimental, mais religiosidade que religião, abstencionista e rotineira.

E propõe o tema da Universidade Católica. Estamos em 1916. "A nós católicos se nos impõe o dever de darmos os passos necessários para que à mocidade estudiosa se abram escolas superiores francamente católicas. Temos o exemplo das nações mais civilizadas do mundo. A Bélgica, a Alemanha, os Estados Unidos têm as suas Universidades Católicas. Têm-nas o Chile e a Argentina. Por que não as teremos no Brasil?"

O tema geral foi a ignorância da religião. Mas a Pastoral vai muito além e nos traça, com raro poder de síntese, uma visão ampla do catolicismo no Brasil.

Suceder a Dom Luís de Brito não era fácil. Além do mais, o bispo-auxiliar e vigário-capitular, Dom João Irineu Joffily, era pessoa queridíssima no Recife. E fora nomeado para a Diocese do Amazonas...

Havia uma decepção.

Em 1917, Dom Leme fará no Recife, no Teatro Santa Isabel, o seu maior discurso, o discurso comemorativo do centenário da Revolução de 1817, e logo depois do discurso de um Oliveira Lima. Essa oração de 1917 conquistará definitivamente Pernambuco para o seu arcebispo.

Não sendo propriamente um intelectual ou um pensador, como Cerejeira, soube valorizar os intelectuais e compreender-lhes a importância. Não sendo um moderno, pela formação recebida na Gregoriana, uma formação tradicional, soube aceitar e respeitar o mundo moderno, suas aspirações e exigências. Abriu-se ao moderno, sendo um homem de formação clássica. Esse, o papel de Dom Leme, um papel de precursor, um tanto semelhante ao de João XXIII, com que muito se parece.

Não sendo pessoalmente um inovador, coube-lhe inovar ou, mais precisamente, começar a inovação.

Dom Leme foi um contemplativo e um político. Teve simultaneamente uma vocação sacerdotal e uma vocação diplomática, que o aproximavam do mundo, do convívio humano e até mesmo das praças públicas, pois era um grande tribuno espontâneo, eminentemente popular. Foi sempre um mediador nato. Seu destino era a conciliação.

Primazia do espiritual, disse dele Tristão de Ataíde. Dúvida não haja. Mas que agudo senso político, que liderança imediata e discreta. Morreu aos sessenta anos, sem realizar toda a obra de Ação Católica que seria de esperar-se dele.

Foi fundamentalmente um contra-reacionário. Um representante do espírito de liberdade. Foi o homem do equilíbrio, da ponderação, da harmonia, da medida, contra os extremismos e os radicalismos. Foi todo coração e compreensão. Harmonizou em si a argúcia e a simplicidade, ou o espírito de infância. Teve uma devoção profunda a Teresinha de Lisieux.

Homem de oração e homem de ação. Uma das figuras mais harmoniosas da história espiritual do Brasil. O primeiro grande resultado prático da Pastoral de 1916 foi a correspondência epistolar que, por causa dela, se manteve entre Jackson de Figueiredo, no Rio, e o arcebispo do Recife. A Pastoral revelou a Jackson Dom Leme. A amizade entre eles começou por causa dessa Pastoral.

Dom Leme vem ao Rio, hospeda-se no São Joaquim e Jackson lá o procura, para conversar. Está perto da Igreja. Aceita tudo na Igreja, menos a confissão. Resposta de Dom Leme: não force, não se confesse. Ficaram amigos, para sempre. Pouco depois, 1918, Jackson se confessaria. Era um fruto da Pastoral de Olinda. Era a palpável reconciliação entre a Igreja e a cultura no Brasil.

A refutação a Ferri

João Gualberto do Amaral foi um homem fora do comum. Padre secular com temperamento e estilo de monge. Orador brilhante, mas afastado do púlpito, silencioso como um trapista. Escritor sem livros. Mestre universitário sem cátedra nem faculdade. Metafísico e cientista. Ser capaz de humildade e altivez. De violência e ternura.

Fez tudo para ocultar-se, para se apagar. Mas — ironia suprema do seu destino — Getúlio Vargas inscreveu-lhe o nome no Livro do Mérito em dezembro de 1943 e o padre, arisco e desapegado, teve de ir ao Catete, quase no fim da vida, para receber a honraria.

Deixou-nos apenas a sua refutação a Ferri.

O opúsculo de 1908, com as três conferências sobre as idéias de Ferri, escritas aos trinta e cinco anos, em São Paulo. A Editora Vozes reeditou-as em 1948.

Eis como o monsenhor Joaquim Nabuco Filho nos descreve o triunfo do ainda jovem padre:

"No fim do ano letivo de 1908, João Gualberto já se sentia bem depauperado, quando foi procurado pela mocidade católica para refutar Ferri. Tomado quase de improviso, reunindo notas às pressas, conseguiu em três conferências refutar peremptoriamente, e só com argumentos científicos, as falsas alegações do Ferri lombrosista.

"O entusiasmo chegou ao auge: tudo que São Paulo tinha de melhor — a mocidade principalmente — se precipitou para ouvir o conferencista, e a imprensa, tão laicista que era, lhe deu ganho de causa.

"A completa e científica refutação a Ferri consagrou para sempre o sábio, que ensinava teologia no Seminário Maior de São Paulo e que, à noite, dava a sua singela palestra aos seminaristas."

Um desses seminaristas era monsenhor Nabuco. (Ver *O padre João Gualberto do Amaral*, oração fúnebre por monsenhor Joaquim Nabuco, 27 de abril de 1948.)

Monsenhor Nabuco o aproxima de Tautphoeus, o sábio multifário, de que Nabuco nos deu o retrato em *Minha formação*, um sábio integralmente católico. Nabuco admirava-se de que Tautphoeus fosse erudito e, ao mesmo tempo, religioso.

João Gualberto amava os escritos de Lallemant, o jesuíta contemplativo. E evoluiu do molinismo para a escola dominicana. Tornou-se um tomista fidelíssimo.

Quando pregava no Rio, seus ouvintes assíduos eram Rui, Miguel Couto, Pandiá Calógeras, Laet, Vital Brasil, Carlos Chagas, Fernando Magalhães, Joaquim Moreira da Fonseca, Osvaldo Cruz, Eugênio Vilhena de Morais, Paulo de Frontin, Aluísio de Castro, Jônatas Serrano, Jackson de Figueiredo, Felício dos Santos.

Em 1904, fez na Catedral de São Paulo uma série de dez conferências que se tornaram famosas pela seriedade doutrinal do primoroso orador.

Quem era João Gualberto?

De austeridade anacorética, lembrava os monges do Sinai, de que falou São João Clímaco, em *Escada do céu*, traduzido pelo grande João Mendes Júnior, que era terceiro franciscano.

Mineiro de Aguapé, nasceu em 1873. Fez estudos no Seminário de Mariana, onde foi seu professor o futuro Dom Silvério. Ordenou-se em 1895. Ainda não tinha vinte e três anos. Seu primeiro livro de português havia sido o volumoso tratado de clínica médica de Torres Homem...

Doutorou-se em Roma, por vontade do arcebispo Dom Silvério. Obteve o primeiro lugar no curso de doutorado (em direito canônico). Em 1904, Dom José de Camargo Barros assumiu a direção da Diocese de São Paulo e convidou o jovem padre João Gualberto para reger teologia moral e direito canônico, no Seminário de São Paulo.

Por dez anos, o padre enérgico e brilhante seria professor e diretor espiritual. Os alunos o cercavam, era uma espécie de ídolo. Marcou uma geração de padres brasileiros com o seu estilo, aquele grande estilo varonil, direto, positivo, sem medo. Pregava na Catedral e em Santa Cecília com brilho e unção.

Era um pregador doutrinal. Dizia coisas inteiramente originais, novas, imprevistas, tocava as almas. Um padre fora do comum. Tudo parecia muito bem. João Gualberto estava destinado a ser um dos maiores bispos do Brasil.

Mas então ocorre um desentendimento entre ele e o sucessor de Dom José de Barros, o bispo Dom Duarte Leopoldo e Silva. Na Páscoa de 1914, João Gualberto deixou para sempre o Seminário de São Paulo.

Refugiou-se em Minas, abatidíssimo. Amigos comuns intercederam junto ao cardeal Arcoverde. Este o chamou. Deu-lhe a missão de rever as pastorais coletivas dos bispos do Sul do Brasil. Em 1915, toma posse do cargo de capelão do Colégio Assunção, no Rio, em Santa Teresa. Seria o cargo da sua vida. Lá, ficou trinta anos, escondido.

Só o deixou para ser o capelão do Carmelo de Petrópolis, o de São José, de que era já um Pai. A história da sua amizade ao Carmelo petropolitano (especialmente, à sua Priora, a Madre Inês) merece uma reconstituição. É um belo capítulo da história espiritual do Brasil. Vivia para as carmelitas. Dava-lhes conferências espirituais, pregava em sua capela, dirigia-as. Frei Carlos Josaphat Pinto de Oliveira, que estudava na vizinha comunidade dos lazaristas, a esse tempo, nos disse que João Gualberto falava como um grande espiritual.

O Carmelo foi o último refúgio da sua hipersensibilidade de místico.

Morreu a 28 de janeiro de 1948, na sua casa de Capelão, junto à portaria do Carmelo de Petrópolis. Apagara-se quanto pôde. Era de fato um sábio. Conhecia as ciências físicas, a matemática, o direito canônico, a filosofia, a teologia, a mística. Era um homem de ardente vida interior. Carlos de Laet nos fala de uma das conferências de João Gualberto, em crônica de 1925.

No centenário de seu nascimento, Tristão de Ataíde o evocou nobremente, através do seu artigo do *Jornal do Brasil*.

Misantropo? Sua ardente vida espiritual o levava ao isolamento, ao gosto da solidão. *Solus cum Solo*. Foi um meditativo. O porte sempre firme, ereto. A alma ascética e contemplativa. Um poder excepcional de abstração.

Seu lema era — *Pauper, solus et nudus*.

No Colégio Assunção, lecionou com extrema competência filosofia, religião, português, literatura, história do Brasil, geografia, química, mineralogia.

Diz o seu biógrafo, padre Jorge O'Grady de Paiva, que teve ele em caráter eminente os três graus de abstração: o conhecimento da natureza física, o conhecimento da quantidade como tal e o conhecimento do ser enquanto ser. Soube a física, a matemática e a metafísica. (*João Gualberto, Varão de eternidade*, p. 52.)

Em medicina, depunha Moreira da Fonseca, era enorme a sua erudição, quer nos domínios da neurologia e fisiologia, quer nos problemas da Biologia. No Círculo Católico do Rio, falou em 1933 sobre a divindade de Jesus Cristo, com profundo conhecimento exegético.

Orador consumado, tinha fluência, apuro, timbre, clareza, vigor e sentimento, na observação de Jorge O'Grady. Ouça-se o depoimento de Laet: "João Gualberto não lê suas conferências. Leva algumas poucas notas e um ou outro livro, donde tira os trechos, com que prova este ou aquele asserto. A palavra, que lhe promana fluentíssima, não tem descabidas ênfases. Correntemente, explana e convence. Uma extraordinária justeza de vocábulos demonstra o seu grande amor à exatidão. Mas, de vez em quando, se, entre as sombras do laboratório, lhe surge não como ao Fausto de Goethe a figura escarninha da dúvida, mas a grandiosa concepção da verdade, com que eloqüentes aplausos a sabe ele saudar, com que surtos de sincera comoção, ali se lhe desvenda a alma, a alma do padre, em frente de um raio da eterna e suprema luz. Então, o cientista faz-se poeta e mais uma vez compreendemos que, como lá disse aquele transviado que foi Victor Hugo, toda a ciência, no fim de contas, vai dar em adoração."

Capacidade de argüir, impugnar, silogizar, concluir. Era irrefutável. Não gostava de Pascal. Julgava Santo Agostinho mais poderoso gênio que Santo Tomás. No entanto, era tomista. Santo Tomás era, para ele, o maior gênio didático do mundo. Sistemático, coordenador. Já Agostinho era a profunda penetração, a agudeza da intuição. João Gualberto amava a concisão e a clareza.

Na questão Ferri, foi admirável. Vindo de Buenos Aires, onde triunfara, Enrico Ferri fez algumas conferências em São Paulo, como convidado. O ambiente lhe era favorável. Tinha leitores no Brasil. O agnosticismo imperava. Ferri expõe as doutrinas de Lombroso, em antropologia e direito. E ataca o catolicismo com severidade.

Dom Duarte não queria que fosse João Gualberto o opositor de Ferri. Preferiu monsenhor Sentroul, belga, professor de filosofia na Faculdade de São Bento, fundada naquele ano de 1908.

Os estudantes querem João Gualberto e vão a Palácio convencer o bispo, futuro arcebispo. João Gualberto ainda é muito jovem, apenas trinta e cinco anos, pondera Dom Duarte. Mas os rapazes insistem e derrotam o Prelado.

João Gualberto contesta os fundamentos do evolucionismo de Lombroso e Ferri. Profere três conferências. Uma lição a Ferri, incoerências de Ferri. Com argumentos exclusivamente científicos, prova que Ferri criminologista exorbita de sua ciência, ao atacar a fé católica. João Gualberto cita os mestres da antropologia, da biologia e da criminologia. Ferri confessa o seu espanto.

Júlio Maria tem nele o seu continuador, o seu herdeiro, nisto que foi de fato o princípio de uma reação antimaterialista no Brasil. João Gualberto, em certo sentido, supera, ultrapassa Júlio Maria.

Pedro Lessa ouviu-o em São Paulo em 1904, quando João Gualberto discutiu o protestantismo, do púlpito de Santa Cecília. A partir de julho de 1914, reside no Rio. Inaugura em 1915 as conferências apologético-científicas, no Círculo Católico, a convite do cardeal Arcoverde.

Seus temas são variados — a filosofia em biologia, a finalidade citológica, os cristais líquidos de Lehmann e as arborizações artificiais de Leduc, a psicologia zoológica, a alma e o corpo, a alma e as localizações cerebrais, as objeções contra a alma, a alma e a medicina, a inteligência, a vontade, o livre-arbítrio, o evolucionismo, a Antigüidade, o selvagem, o menino, o degenerado, o louco, o criminoso, o gênio, o santo, a moral científica, a sociedade familiar, a questão operária e a Antropologia, a velhice, a morte, a imortalidade.

Toda a elite intelectual do Rio o escuta. Rui sempre está presente. De 1924 a 1927, prega na Catedral do Rio o mesmo e infatigável João Gualberto. Sobre quê? Questões filosóficas como base da fé religiosa, o racionalismo, a divindade de Jesus, as religiões comparadas. Era um curso de Apologética.

Em 1933, fala no Centro Dom Vital sobre a doutrina tomista da justiça social.

Eis como Jônatas Serrano se refere a João Gualberto: "Repetir encômios à obra de João Gualberto — hoje, por sentença passada em julgado, figura das maiores entre os apologetas que melhor o sejam — é ociosa tarefa. Não, porém, ocioso, mas oportuno, sublinhar a mais incisiva e apodítica de suas razões de apologista do catolicismo — a própria cultura biológica, a estupenda erudição do orador, o opulento cabedal em ciências de observação e análise, o seu feitio, enfim, perfeito e acabado, de homem de gabinete e laboratório, unido inseparadamente ao seu indelével caráter de sacerdote do Cristo."

O grande momento da vida de João Gualberto foi quando os estudantes de São Paulo o carregaram em triunfo, depois das suas conferências contra Ferri.

Em 1935, disserta sobre o espiritismo. Nove conferências, minuciosas, sobre a fenomenologia espírita e sua interpretação. Eis o sumário: os fatos anormais do homem, a explicação espírita, a noção materialista de alma no espiritismo, a corrente espiritualista na ciência moderna, a identificação dos espíritos, a doutrina espírita, o demônio no espiritismo e no cristianismo, tudo exposto com erudição e objetividade.

Em 1939, Garrigou-Lagrange visita o Rio. Os dominicanos organizam uma série de conferências tomistas. No primeiro dia, falou o próprio Garrigou-Lagrange. No segundo, João Gualberto. Expôs a sua visão de Santo Tomás de Aquino.

Foi em 1940, aos sessenta e sete anos, que fez sua última exposição pública, propriamente. Nas bodas de prata dos engenheiros de 1915, da Politécnica. Pediram-lhe uma oração científico-religiosa, depois da missa de ação de graças, na Glória. Ainda falou uma vez no Mosteiro de São Bento, de São Paulo, a pedido de Dom Abade (1941).

Um dos seus sermões mais importantes foi sobre uma só palavra, Aleluia. Dom Antônio de Almeida Morais Júnior, presente, assim se refere a esse admirável sermão: "Nunca havia eu lido ou escutado coisa tão profunda sobre a música. Que embevecimento. Um sacerdote doutor, a meu lado, exclamou: — Mas é uma verdadeira filosofia da música!" (*O Diário*, Belo Horizonte, 10 de junho de 1948.)

Pregou numerosas homilias e retiros espirituais, segundo o método inaciano. Ao sentir que chegava o seu tempo de quietação, lá subiu para o seu eremitério ou ascetério, junto ao Carmelo. Soubera falar com extrema naturalidade (e sobrenaturalidade...). Tristão de Ataíde é que gosta de referir-se à naturalidade do sobrenatural...

Gloriava-se de três dons: o caráter de cristão, o caráter sacerdotal e o hábito de presbítero secular de São Pedro.

No Congresso Eucarístico de 1922, falou aos padres, numa das sessões solenes. Falou sobre a missa. Um dos presentes, monsenhor José Antônio Gonçalves de Rezende, grande orador sacro, reivindicou-o, exclamando: *Gualbertus noster est.*

João Gualberto foi um contemplativo e quis mesmo entrar para a Trapa de Tremembé, em Taubaté. Os trapistas o dissuadiram e lhe disseram que ele já era trapista no mundo, vivendo (como de fato vivia) no silêncio e na solidão de uma capelania de Santa Teresa.

A amizade espiritual à Madre Inês inseriu-se na grande linha de São Bento e Santa Escolástica, São Francisco de Assis e Santa Clara, São João da Cruz e Santa Teresa de Ávila, São Vicente de Paulo e Luísa de Marillac, La Colombière e Margarida Maria, São Francisco de Sales e Santa Joana de Chantal, o padre Teodoro Ratisbona e Mlle Humann.

Ao voltar de Roma, em dezembro de 1935, o cardeal Leme assim escrevia ao padre João Gualberto: "Três semanas passei em Camaldoli, a admirar esses homens extraordinários que, honrando uma herança de muitos séculos, vivem a medir-se com a montanha e com o deserto. Eremita sem voto oficial, passa V. Rev.^{ma} a vida a ouvir a voz de Deus no silêncio dos homens. Dos pés do tabernáculo, desse ermo cavado na anfractuosidade da montanha, só desce para iluminar as almas e reacender nelas o fogo do amor a Deus. Feliz terra que tais padres possui."

Três padres tão semelhantes, em tantos aspectos, inclusive na missão apologética — Júlio Maria, João Gualberto, Dom

Sebastião Leme. Fernando Magalhães converteu-se ao catolicismo por influência de João Gualberto. Amâncio de Carvalho, professor de medicina legal, e Pedro Lessa o admiravam. Discutiu amistosamente com Teixeira Mendes e Euclides da Cunha.

"É com uma espécie de furor que eu me dou aos livros. Espectador da luta das idéias, assisto à festa do pensamento humano", escreveu ele, em carta íntima.

Gualberto de fato e dramaticamente pertenceu à Trapa intelectual, votada ao silêncio, em que se refugiam os que experimentam o desdém da publicidade, a que alude monsenhor Nabuco, na REB de junho de 1948, p. 312.

É padre da estirpe de Tardif de Moidrey, Pouget, Clérissac, sábios e discretos, entregues à vida oculta.

A sua obra é a de um apologeta. Foi missão dele defender a doutrina católica, diante dos adversários. A perspectiva principal era a das relações entre ciência e fé. Ou, por outras palavras, a confirmação da fé pela ciência.

Opôs-se ao protestantismo, ao espiritismo, ao cientificismo, ao materialismo radical de Enrico Ferri, para sempre reafirmar o valor perene dos dados da metafísica cristã, haurida em Santo Tomás de Aquino.

Foi sobretudo um erudito, apoiado em argumentos de autoridade, em citações, em modelos, como era próprio da cultura de seu tempo. Não costumava escrever as conferências. Apenas se preparava. Por isso mesmo, não deixou obra escrita, não publicou livros.

Era um grande expositor de doutrinas. Tinha uma base científica que a todos impressionava, por se tratar de um padre. Comprazia-se em estudar questões de biologia, química, física, problemas de engenharia, teses jurídicas, textos filosóficos.

Tinha memória prodigiosa. E toda a sua cultura se edificava sobre a memória. Padre à maneira antiga, piedoso, reverencial, atento às rubricas, sensível a escrúpulos, era menos moderno, menos aberto do que Júlio Maria, tão voltado para a problemática de Leão XIII. Júlio Maria era o homem do social, do político, da ordem nova, democrática, que surgia através da civilização industrial. João Gualberto foi mais homem de ciência, seduzido pelo laboratório, preocupado com a concordância entre a verdade científica e a verdade religiosa ou revelada. Júlio Maria foi o bacharel que se fez padre, o advogado que se transmudou em pregador. O positivista dissidente que se torna leitor de Donoso Cortés e, depois, de Leão XIII. João Gualberto foi sempre *o vir Dei, o homo Ecclesiae*, mas fascinado pela ciência moderna e seu desafio, a ciência experimental, a pesquisa. Ambos se encontraram na missão de defender a fé. Ambos se tornaram apologetas. Ambos se dedicaram a provar que a religião não era um anacronismo, mas uma realidade viva.

Nas *Memórias improvisadas*, de Alceu Amoroso Lima, encontro esta curiosa passagem, a respeito do cardeal Leme e do padre Júlio Maria. Eis o trecho de Tristão: "Por maior que seja minha admiração a Dom Sebastião Leme e minha gratidão por tudo que lhe devo através do convívio com sua *sapientia cordis*, pois era acima de tudo um grande coração, considero que, cronologicamente, a primeira grande figura da renovação do catolicismo no Brasil foi a do redentorista Júlio Maria. Ele foi a maior figura tanto na hierarquia como no laicato da conciliação da Igreja com a República. Mais do que isto. Imbuído do mesmo espírito renovador que levou

Leão XIII na sua *Rerum Novarum* a indicar os novos rumos sociais da Igreja, Júlio Maria foi quem primeiro tentou mudar a mentalidade católica brasileira" (pp. 230, 231).

De fato, Júlio Maria é a primeira grande voz renovadora. João Gualberto ficou mais preso ao passado, ao ritmo do passado. Não foi um precursor como Júlio Maria e Dom Leme. Não teve as intuições de ordem social que eles tiveram. Júlio Maria é, sem dúvida, o nosso maior orador sacro do fim do século XIX e começo da República. E mesmo do início do século XX. João Gualberto foi mais um conferencista, um expositor, um professor de alta cultura, menos sensível às exigências de renovação social e de transformação do catolicismo.

A visão de Júlio Maria é mais dinâmica. A visão de João Gualberto é mais estática. A missão de Júlio Maria é mais social. A missão de João Gualberto é mais cultural. A vocação de Júlio Maria é mais ativa. A vocação de João Gualberto é mais mística, ou contemplativa. João Gualberto viu mais fundo. Júlio Maria viu mais longe. João Gualberto está mais vinculado ao que foi. Júlio Maria se abre todo ao que virá.

João Gualberto é um homem de gabinete. Júlio Maria é um reformador social. Um nasceu para a cátedra. Outro, para o púlpito. Um foi eminentemente professor. Outro, pregador ou tribuno. Um representou o saber. O outro, a ação. Um era a continuidade. O outro, a renovação.

Ambos viveram o mesmo instante, de polêmica, defesa, apologética, afirmação da verdade católica, diante de adversários agressivos. Ambos tiveram em Dom Leme a compreensão e a admiração de um ser fraterno, pois foi Dom Leme quem levou, como auxiliar de Dom Arcoverde, o padre João Gualberto para o Assunção, em 1915. Dom Leme foi uma espécie de equilíbrio entre os dois. Entre a ação e a contemplação, entre a palavra e o silêncio, entre o púlpito e o Carmelo, entre o mundo e as almas na sua complexidade pessoal, entre a renovação e a tradição.

João Gualberto resume em si o debate entre a ciência e a religião. Trouxe o espírito humanista de Mariana para o trabalho apologético das conferências e para a plenitude contemplativa do seu Carmelo de Petrópolis. Foi sempre um humanista, como Morus. Sempre com uma ponta de ironia. Sempre com uma velada superioridade crítica diante do mundo e seus valores, convenções ou pompas.

No Palácio do Catete, no grande momento glorioso de sua longa vida, diante de Getúlio Vargas, teve uma frase, dita ao embaixador Luís de Sousa Dantas, que o resume, o define ou o caracteriza: "Sinto-me como diante de um sepulcro." Não se deixou comover. Não se deixou arrastar pelo momento. Ficou imóvel, na sua pétrea serenidade. Herdeiro da tradição estóica, através do ascetismo cristão, foi-lhe profundamente fiel. De tal modo que a dignidade, conferida por uma douta comissão, de que faziam parte Gabriel Passos, Rodolfo Garcia, Afonso Pena Júnior, o deixou impassível, indiferente.

E só foi a Palácio por ceder à pressão da autoridade eclesiástica, no caso Dom Leme, que instou com ele e exigiu o sacrifício em honra da sua Igreja bem amada. Seu desdém pela glória e pelo mundo era impressionante. Havia nele por certo o *contemptus mundi*, que depois evoluiria no sentido de consagração ou sacralização do mundo. João Gualberto antagonizou-se em relação ao mundo. Enquanto Júlio Maria de fato ia ao mundo, ao povo, à história, João Gualberto se afastava do mundo, se fechava, se isolava, se segregava. Foi um separado, sempre. Ambos padres. E Júlio Maria, religioso de votos solenes. Mas um, voltado para o mundo. Outro, distante do mundo.

Dom Leme será a síntese.

A doutrina da ordem

No Brasil, a liberdade jamais foi sacrificada à ordem, disse Joaquim Nabuco, no seu estudo sobre *O sentimento de nacionalidade na história do Brasil*, em 1908.

Liberdade e ordem... Jackson de Figueiredo encarnou entre nós a doutrina da ordem. Três livros dele têm conteúdo propriamente filosófico, a saber, *Algumas reflexões sobre a filosofia de Farias Brito*, 1916, *A questão social na filosofia de Farias Brito*, 1919, *Pascal e a inquietação moderna*, 1922.

Jackson veio do materialismo, do cepticismo e do espiritualismo vago. O ensaio sobre a filosofia de Farias Brito, de 1916, é a sua profissão de fé espiritualista. Como *Pascal e a inquietação moderna* será a sua profissão católica.

A leitura e o convívio de Farias Brito levaram-no ao espiritualismo. Farias era um pampsiquista panteísta. A leitura de Pascal levou-o ao catolicismo. Lerá Donoso Cortés e Joseph de Maistre. Sonhará mesmo com um livro sobre De Maistre.

Os últimos seis anos de sua vida tão breve foram de apostolado católico, numa linha intelectual e reacionária. Com ele, passamos da primazia do literário à primazia do ideológico.

"Homem de ação, adorando a boêmia, passando as noites nos cafés, a conversar com os amigos, jamais produziu uma obra à altura do seu talento. O que deixou escrito é secundário. E ele sabia disto." (Alceu, *Memórias improvisadas*, 1973, p. 119.)

Jackson detestava o espírito de indefinição. O cepticismo. O ecletismo. E via na Igreja antes de tudo a autoridade. Foi um autoritário. Intuição, autoridade, ordem, eis as notas mais típicas do seu espírito.

Ao converter-se, abdicou de seu individualismo intelectual, como disse expressamente, no pórtico do ensaio sobre Pascal, que foi verdadeiramente a sua estréia.

O que o fascinava eram as pessoas. "Esse amor da personalidade foi o princípio de todos os seus movimentos, o motivo de todas as suas lutas, o seu sofrimento e também a sua glória. Instigado por ele é que Jackson procurava ligar os homens, explicá-los uns aos outros, fazer que se compreendessem e compenetrassem", diz Barreto Filho, na bela "Introdução à correspondência", 1938.

"Havia no homem alguma coisa maior que o raciocínio — era o sofrimento. E uma necessidade mais imperiosa do que ser instruído — a de ser consolado", acrescenta Barreto.

Jackson foi, em certo sentido, um existencialista. Farias viu nele traços de Pascal e Novalis. Queria escrever uma Suma Sentimental Raciocinada. E que são as suas cartas a não ser esta Suma? "Sua ambição era conduzir as forças da paixão, analisá-las, descobrir as suas ligações com os valores eternos, fornecer ao homem instintos que seguramente o desviassem do erro moral, e isto por amor à vida em toda a sua intensidade", observa Barreto (p. 43).

Há nele um sentido vivencial, um concretismo, um amor real e vivo das pessoas. Detestou o individualismo. Amou as pessoas. A doutrina de Pascal, para Jackson, não é o puro fideísmo, mas um racionalismo mitigado, nada escolástico.

Estuda Jackson a angústia pascaliana, o *pari*, a aposta, que vem da filosofia árabe. Para ele, Pascal simboliza o pensamento moderno. Os temas de Jackson foram o catolicismo, a ordem, a autoridade, a contra-revolução, o nacionalismo, a restauração moral. Foi um maurrasiano.

Subordinava o problema social ao problema político. E subestimava o problema econômico. Todos os problemas subordinavam-se ao problema ético. O processo de vitalização do catolicismo brasileiro, se não começa com ele, tem nele uma das suas forças mais importantes. Mas esse homem todo voltado para a ação, todo entregue ao debate político, tem de repente uma frase como esta, na correspondência com Alceu: "Ainda ontem à noite, para encontrar uma frase, tive que folhear o segundo volume das *Jeunes Filles* e li de novo as páginas finais. Que geógrafo da fisionomia e que sentimento do mistério físico, do sobrenatural que está animando tudo que é humano. Eu já lhe disse e repito: tinha o desejo de escrever um ensaio sobre o senso do divino, que descubro intenso, naquela obra, de que Deus parece ausente" (março de 1928, p. 171).

Nele, o mais importante paradoxalmente não é a doutrina da ordem política, na linha de Joseph de Maistre e Charles Maurras, mas a doutrina da ordem sobrenatural.

Jackson colocou no centro da história a Igreja. A defesa da ordem constituída contra a revolução é um aspecto dessa colocação. Passou de Stirner a Nietzsche e de Nietzsche a Pascal. Nele, o homem teve a primazia sobre a obra escrita. Lutou contra o individualismo liberal, o agnosticismo, o indiferentismo, a indefinição, a plutocracia, porque descobriu o valor absoluto — para ele — do cristianismo mais ortodoxo.

Subordinou a política à moral. Esse moralismo lhe é típico. Mas um moralismo que coincidia, no homem Jackson, com a mais incrível abertura. Pessoalmente, era um boêmio. Politicamente, era um maurrasiano. "Dizia ter escolhido um confessor de espírito mediano e apagado, não só para que nele sentisse viver mais intensamente a igreja que o homem, mas ainda para maltratar o excesso de seu individualismo, de sua violência anárquica e revoltada." (Alceu, "Jackson", *in Correspondência*, p. 410.)

A luta de uma consciência com um temperamento, eis a sua vida. Nada mais diferente da sua consciência do que o seu temperamento (*Correspondência*, p. 176). Detestou a ironia e o diletantismo. Parecia lutar com os homens. Engano. A luta era consigo mesmo (*idem*, p. 436). Um perturbador. Pois sendo, como era, um moralista, desafiava o farisaísmo católico através de tantas atitudes práticas.

Foi, assim, um centro de irradiação.

O problema do sofrimento está no âmago da sua Filosofia. "O programa, que traçava para a Filosofia, se identifica com o que foi executado por Dostoievski e Kierkegaard: mergulhar na personalidade profunda, na sua liberdade trágica, princípio do bem e do mal, e isto através do seu único canal de acesso — a dor humana." (Barreto, *Correspondência*, p. 16.)

O sofrimento é, para ele, o único conhecimento absoluto. Percebe que há um contato com o ser que não se origina da razão, que não é estritamente racional. O que o preocupa é o conhecimento essencial da personalidade, é o ser humano nos instantes supremos da sua manifestação. O sofrimento, para Jackson, é o genuíno contato com o ser.

Jackson superara o primado do racional, do cartesianismo, para chegar a uma filosofia existencial. A verdade para ele é o contato íntimo com o ser. Para a sua visão trágica do mundo, o sofrimento é o fato fundamental do destino humano, o fato ontológico, o fato revelador.

Sua conversão ao catolicismo integra-se na perspectiva da morte de Farias Brito, que tanto o abalou, e na da sua própria doença de 1918. O católico, o líder católico surgiu desses fatos e da leitura da Pastoral de Dom Leme, de 1916, com a correspondência que logo se estabeleceu entre eles.

O sofrimento do Cristo se torna, para ele, o fato capital da história.

Que atrairá Jackson na Igreja Católica? Responde Barreto Filho: a organização equilibrada da vida, através de uma estrutura social. Convertido, quis organizar uma elite que lutasse pela recristianização da vida brasileira. Escrevia a Alceu: "E o que é preciso é romper absolutamente com a concepção materialista. No fundo, o que o atormenta ainda é a indefinida idéia de que o importante é realizar a justiça na Terra. Mas não é. O importante é elevar-se a ordem da caridade." (Carta de 11, 12 de maio de 1928, *Correspondência*, p. 32.)

Eis o ponto nevrálgico da concepção global de Jackson. O importante, para ele, não era o social em si, a justiça social. Era o amor, a ordem da caridade, isto é, o problema espiritual.

Filósofo essencialmente dos atos humanos, via o erro moral como um crime ontológico, um cisma do ser, a ida para o nada, a nadificação. Escreveu a Tristão: "O que tem valor é o ato de criação da alma" (25, 26 de setembro de 1928). Aí está sua concepção fundamental de que a criação da alma através da vida é a atualização da possibilidade de ser. "Amo tudo quanto é vivo." (Carta a Alceu, de 19, 20 de agosto de 1928.)

"Entrar pela vida adentro, compreendê-la, senti-la", eis o que fez pessoalmente. Seu moralismo era dinâmico e possuía um sentido criador. Barreto viu muito bem que para Jackson nada se cria sem o ato moral.

Com Pedro Kilkerry, conheceu Xavier Marques. Foram as duas grandes presenças da sua mocidade — Garcia Rosa e Xavier Marques, sobre os quais escreveria ensaios literários. Através de Nestor Vítor, conheceu Farias Brito, que já conhecia pelos livros, desde 1908. Leu Sthendal, Carlyle, Nietzsche, Antero de Quental, Pascal, Farias Brito. O seu diálogo entre *O filósofo e a sombra*, desse tempo de espiritualismo vago, exprime a natureza profundamente filosófica do autor de *Pascal e a inquietação moderna*, como disse bem Hamilton Nogueira (*Jackson de Figueiredo, o doutrinário católico*, p. 99).

Mas foi o encontro com o futuro cardeal Leme que de fato foi decisivo para a conversão jacksoniana. Leia-se a propósito o capítulo de Tristão de Ataíde em seu livro de 1943, *O cardeal Leme — diálogo das sombras*. Cinqüenta páginas de evocação, interpretação e saudade. O arcebispo era coração. Jackson era ímpeto. O arcebispo era maleável. Jackson era bárbaro. O arcebispo era um diplomata. Jackson acima de tudo era um violento. Mas como se compreenderam.

A moderação do arcebispo aceitou e entendeu a impulsividade do jornalista. "Uma das forças secretas do cardeal era saber tocar de perto a inquietação intelectual do homem moderno, sem ter dela participado", diz Alceu (*O cardeal Leme*, p. 108).

Até que, já no limiar da Igreja, o grande inquieto pôde escrever estas palavras de adesão e ternura: "Só vejo no mundo um ideal à altura de uma verdadeira consciência — servir à Igreja, defendê-la, espalhar cada vez mais o seu espírito, apontá-la como único refúgio da bondade e do amor, como única força, como amparo, único realmente seguro, à inteligência e à sensibilidade." (Palavras de 1915.)

O que lhe faltava era uma Causa. A Pastoral, tão lúcida e tão corajosa, trazia-lhe a Causa. Em *Algumas reflexões sobre a filosofia de Farias Brito,* confessa: "Eu creio que o verdadeiro papel da filosofia é ficar ao lado da Igreja." Já não era a simpatia ou a tendência vaga, imprecisa. Era a adesão. A entrega de si.

Seu ideal foi a um tempo cultural e político. Um catolicismo polêmico, ardentemente militante, às vezes provocador, sempre desejoso de conquista, expansão, afirmação. Um catolicismo influenciado pelos temas pascalianos e pelos retiros ascéticos entre os jesuítas de Friburgo (portanto, pelos *Exercícios espirituais,* de Santo Inácio de Loiola). E ainda pelo movimento litúrgico de Dom Guéranger, cujo livro *L'Année Liturgique* lia com fidelidade. Reza diariamente o terço. Tem especial devoção a Santa Edwiges, a patrona dos pobres e endividados.

Sem a presença e o apoio de Dom Leme, Jackson não teria feito o que fez. De início, teve uma visão mais política do que mística do catolicismo. Porque era visceralmente, desde a adolescência, um ser político. O fenômeno político adquiria a seus olhos uma significação importante. Depois, houve uma depuração ou uma interiorização. As cartas a Alceu em 27 e 28 revelam um aprofundamento do seu catolicismo, uma visão mística, que a intimidade com o jovem padre Franca acentuara.

Hamilton Nogueira considera difícil distinguir a natureza do espiritualismo de Jackson, antes da conversão, em 1918. Era o primado do sentimento sobre a razão. "Durante uns dois anos, manteve-se Jackson nessa fase francamente espiritualista de sua vida, sem que desaparecessem completamente todas as dúvidas do seu espírito." (*Jackson,* p. 100.)

O crepúsculo interior, o pequeno volume de poemas de 1918, revela certa perplexidade e um catolicismo nascente. "Estou sereno", diz ele. As epígrafes no-lo revelavam. Todas elas eram uma aceitação da sabedoria que nos vem dos profetas, se encarna no Cristo histórico e se prolonga na Igreja. "Não tenhas medo do sofrimento. Ele é a escada do paraíso", palavra de Auta de Sousa. Outra epígrafe: "Que combate mais rude que o de quem procura vencer-se a si mesmo?" (*Imitação de Cristo*, 1. 3, cap. 111.) E da obra de Miquéias, um dos profetas menores do Antigo Testamento: "Não te alegres, inimiga minha, a meu respeito, por eu ter caído; eu me tornarei a levantar; depois de ter estado nas trevas, o Senhor é minha luz." E um trecho do salmo CXVIII: "Pus toda a minha esperança nas tuas palavras. E na tua verdade me humilhaste. Seja a tua misericórdia para consolar-me."

Estava maduro, na hora do seu encontro com a vida sacramental da Igreja.

Deus o consolou. Deus lhe deu o dom assustador de tocar as almas. Despertar as almas. Convertê-las. Primeiro, Hamilton Nogueira. Depois, Perilo Gomes. Homens os mais diversos lhe sentiram a força ou a sedução da personalidade, o católico testemunho: Afrânio Peixoto, Pedro de Oliveira Ribeiro, Augusto Frederico Schmidt, Mário de Alencar, Durval de Morais, Jônatas Serrano, Alexandre Correia, Barreto Filho, José Vicente de Sousa, Francisco Karam, Alceu Amoroso Lima, o último convertido.

Manteve uma vasta correspondência (ainda inédita) com Alexandre Correia. Correspondeu-se com Monteiro Lobato. Foi uma presença. Alma violenta e delicada. Como disse Hamilton, a influência de Farias é incontestável no sentido de que exerceu sobre o jovem filósofo um estímulo. Foi um ponto de apoio para uma inteligência que já tendia para os mesmos ideais espiritualistas (*Jackson*, p. 74).

Afrânio Peixoto considera *Pascal e a inquietação moderna* como o primeiro grande ensaio de crítica religiosa que escreveu um brasileiro.

O estudo de Pascal é para Jackson o ponto de partida de uma apologia cristã adaptada ao espírito do nosso tempo (*Jackson*, p. 170). Há um valor inestimável de ordem apologética na aposta, que considera o argumento mais poderoso de Pascal, na perspectiva de evangelizador do mundo moderno.

"Pascal", diz Jackson, "pode ser chamado um sistematizador da dúvida humana, porque, ao contrário dos sofistas gregos e dos cépticos à maneira de Montaigne, procurava, mesmo através do excesso da dúvida, a razão de descrer da razão."

A ação política de Jackson pode resumir-se na palavra de Joseph de Maistre: "Não é a contra-revolução o que se tem a fazer, mas o contrário da revolução." (Ver *A reação do bom-senso*, de Jackson.) A doutrina da ordem, defendida por Jackson, sintetizou-a Hamilton Nogueira, em livro antigo, de 1925. É evidente que Jackson de Figueiredo se coloca na mesma linha de Antônio Sardinha.

Henri Massis, Auguste Viatte, Charles Maurras, os ideólogos da *Action Française*, são seus mestres, ao lado de Louis Veuillot e Joseph de Maistre. A defesa da ordem e da tradição, contra o revolucionarismo. "Se a sua obra não é rica de colocações originais", como escreve Francisco Iglésias (*Estudo sobre o pensamento reacionário de Jackson de Figueiredo*), "se lhe falta a densidade de pensamento ou a beleza de expressão, impõe-se pela audácia e pelo tom exaltado em meio morno como o brasileiro, pela capacidade de sacudir os adeptos da sua causa e de irritar pela provocação o adversário."

Engajamento na ordem social, participação. O catolicismo participante vem dele, desse tom audaz, impetuoso, que os brasileiros anteviram em Júlio Maria, na aurora do século. O comportamento de Jackson tem muito de romântico, e Hamilton dedicou todo um capítulo de seu ensaio sobre Jackson para tratar das relações entre este e o romantismo. O culto do passado, da terra, do heroísmo, da tradição.

A sua ideologia da ordem é conservadora e reacionária.

Sua visão é anti-histórica. Teve, como Berdiaev, a sedução romântica da Idade Média como época ideal. Augusto Comte e Frederico Ozanam também se deixaram seduzir por ela. "As origens remotas do satanismo revolucionário" e "Esplendor da corrupção" foram os dois primeiros capítulos publicados (e únicos) da obra que Jackson imaginara escrever sobre De Maistre. Saíram no volume *In Memoriam*, pp. 8-17, 1928.

Lamennais, que fora o precursor do catolicismo social, passara da teocracia à democracia, numa evolução tão semelhante à de Alceu, de Maurras a Maritain. Jackson permanece fiel a De Maistre, que é a grande matriz do reacionarismo.

1922 é o ano da tríplice revolução, como gosta de dizer Amoroso Lima, a política (o Forte de Copacabana), a estética, através da Semana, em São Paulo, e a espiritual, com a fundação do Centro Dom Vital e a publicação de livros como *Pascal e a inquietação moderna*, de Jackson, e *A Igreja, a Reforma e a Civilização*, do padre jesuíta Leonel Franca.

Em 1921, com Hamilton e José Vicente de Sousa, funda Jackson a revista *A Ordem*, a que logo se segue a fundação do centro, no mesmo ano da fundação do PCB. Era o ciclo revolucionário que começava. Semana de Arte Moderna (de três dias, 13, 15 e 17 de fevereiro), tenentismo, partido comunista, reação católica, ou contra-revolução espiritual. Era o Centenário da Independência política.

O catolicismo é, para Jackson, no dizer feliz de Iglésias, algo muito vivo, que não se reduz à fé ou a uma doutrina, mas é uma atitude em face da vida. A paixão foi, sem dúvida, o seu traço diferencial. Os livros, em que se lhe resume a doutrinação política, são: *Do nacionalismo na hora presente*, 1921, *Afirmações*, 1921, *A reação do bom-senso*, 1922, *Literatura reacionária*, 1924, e *Coluna de fogo*, 1925. São textos breves, pequenos ensaios, artigos de jornal, em que a sua flama poderosa como que compensa a falta de vigor estilístico, a falta de beleza. Não foi um estilista. Foi um panfletário e um ensaísta doutrinal. Não se distingue, no plano do ensaio, "pelo rigor das colocações, nem pela profundidade da análise, nem pela amplitude da visão", como nota Iglésias.

O romance *Aevum*, incompleto e póstumo, é uma espécie de autobiografia espiritual. Antônio Severo é Jackson. Trata-se de um tipo inquieto, atormentado, dilacerado mesmo por uma série de problemas de ordem intelectual.

Seria uma trilogia, que a morte prematura interrompeu. No estudo crítico, que lhe serve de prefácio, Tristão situa muito bem esse romance único na obra de seu autor. É o romance de um ideólogo, de um ser violentamente sacudido pela paixão das idéias.

Se a sua poesia é imatura, a sua crítica tem momentos de densidade e penetração. Valorizou um Pedro Kilkerry, depois tão louvado pela crítica dos irmãos Campos, de São Paulo. Se perdeu tempo com autores menores, como Durval de Morais, Garcia Rosa, Auta de Sousa, fê-lo por uma série de razões, sentimentais ou afetivas. Machado de Assis mereceu-lhe críticas ao cepticismo. Não admitiu nem compreendeu o modernismo. Foi um independente, como Lobato, ou Grieco. Mas de fato não gostava do modernismo. E teve um início de polêmica amistosa com Tristão e Ronald de Carvalho, por causa da finalidade moral em arte. O problema da finalidade moral o obcecava.

No entanto, reconheceu lisamente: "A nossa literatura católica, sobre ser uma espantosa afirmação de mau gosto, raro se impõe pelo espírito crítico." (*Literatura reacionária*, p. 33.)

Seus ensaios sobre Farias Brito e Pascal revelam erudição, intimidade com os temas, um ensaísta embebido nas fontes do tradicionalismo. Não se lhe peçam objetividade, isenção, nos artigos polêmicos. Foi um passional. Podemos resumir-lhe a doutrina, ao chamá-la um tradicionalismo sobrenaturalista.

Eduardo Prado de Mendonça, em conferência, a 4 de novembro de 1973, quis ver nele um adepto do socratismo cristão. A pouco e pouco, e através do padre Pierre Rousselot, S. J., aproximava-se do tomismo, de que fala várias vezes na sua correspondência com Alceu.

Não chegou ao nacionalismo integral, tipo Maurras, nem ao culto da Nação, de Barrès, mas afirmou um nacionalismo brasileiro, identificando passado e catolicismo. O seu moralismo ignora as situações históricas. Há nele, apesar de tudo, da sua abertura pessoal ou fraternidade, um maniqueísmo permanente.

Para ele, a inteligência brasileira é essenciahnente infensa a qualquer sistematização materialista (*Pascal*, p. 13), o que está na sua linha, que é de Prado, ou de Nabuco, a de salientar a religião no processo formador do Brasil.

Viu as pessoas. Não viu a sociedade. Não foi sensível ao social. Falou, sim, no estrangeiro e nos perigos dele, teve até um começo de lusofobia, condenou o capitalismo internacional de judeus e maçons. Não viu o todo social, o processo, a evolução.

Considera o homem em termos éticos, de absoluto. Não é um sociólogo, nem um filósofo social. A dramaticidade das suas indagações, o peso das dúvidas aparece de modo a comover, mas dispersivamente, observou-o Iglésias, na enorme e sentida correspondência, de que saiu a terceira edição em 1946, Agir. Nas cartas, sim, livremente se entrega e deixa expandir-se um coração extremamente generoso.

De toda a sua obra, só o volume da *Correspondência* resiste ao tempo. É o maior epistolário da literatura brasileira pelo vigor, pelo fraternalismo, pela paixão, pela complexidade dos temas.

"Foi o primeiro de nossa geração, que, sem ser socialista, denunciou os erros do liberalismo", disse dele Tristão, em *Indicações políticas*, de 1936 (p. 187).

> "Consolado pela promessa de futura imortalidade, aqui descansa Jackson de Figueiredo. Muitos lhe repetiram o nome, poucos o conheceram. Entre a luz e a sombra, dado às Letras, passou a vida. Nobre de nascimento, ilustre pelo talento e pelo saber variado, conservou a modéstia e a simplicidade. Sem severidade ambiciosa, cultivou a virtude com jovial e comunicativa espontaneidade", tal foi o seu epitáfio.

Redigiu-o em latim Afonso Pena Júnior, seu grande amigo. O padre Leonel Franca o traduziu para nossa língua.

O romance *Aevum* termina com uma palavra misteriosa e trágica, de inspiração cósmica: "Eu abro os braços a ti, treva envolvente do mar, treva cheia de estrelas. Eu não penso que o futuro seja como o passado. Eu quero que se arroje do teu seio sobre mim um vento de tempestade e me lance no abismo ou me faça ver a face da eternidade, a face mesma da vida, da vida eterna, do amor mais forte do que a morte"...

Palavra que coincide sutilmente com a da carta a Alceu:

"Vou para a frente, atirado no dorso da grande onda da vida, para onde Deus quiser", carta escrita dois dias antes da morte no mar, aos trinta e sete anos.

"De mim, meu velho, nada mais posso afirmar senão isto — que creio profundamente em Jesus Cristo e na Igreja" — são suas últimas palavras ao amigo, a 2 de novembro de 1928. "Creio nos fundamentos da terra. Creio que a Cruz está bem firmada sobre ela."

Foi um homem da Igreja, *homo Ecclesiae*.

Inaugurou no Brasil esse catolicismo intelectual, que depois teria em Alceu a sua grande expressão definitiva e profunda.

Morreu na perspectiva que amava — "a mais dolorosa experiência, a consciência do delírio, a consciência do que foi decepado, a consciência ignorada do terror", situações agudas, extremas, a dor humana no seu limite, a acuidade do sofrimento, como fonte de conhecimento, a cruz como ciência, a consciência do condenado descrita pelo príncipe Muichikin, a dor (a tortura até) como único conhecimento absoluto. Morreu assim na plenitude de si mesmo, em luta com o mar, que foi uma obsessão da sua sensibilidade.

"Mais importante ainda é saber que a verdadeira justiça tem que ser transportada para além da vida. E lá estará." (Carta a Alceu, de 11, 12 de maio de 1928.)

Tristão de Ataíde

Alceu Amoroso Lima publicou seu primeiro artigo de crítica, o primeiro artigo assinado como Tristão de Ataíde, a 17 de junho de 1919, justamente no primeiro número de *O Jornal*, fundado por Renato de Toledo Lopes. A primeira linha desse artigo de estréia já nos revela a personalidade de Alceu Amoroso Lima: "Fizeram-se os programas para o prazer de os mal cumprir"... Era uma ponta de cepticismo, era uma ponta de ironia consigo mesmo, era a negação do espírito de manifesto... Tristão de Ataíde foi fiel ao programa dessa primeira linha do primeiro artigo. O seu programa foi sempre não ter programa rígido, não se fechar, porém manter contato com a vida, com as idéias, com o mundo em marcha. Criaram-se os programas para o prazer de os mal cumprir...

Em que pensaria o jovem crítico, ao escrever em Petrópolis essa palavra inaugural? Tinha vinte e cinco anos, estivera três vezes na Europa, fora aluno de Bergson, cursara filosofia e história em Paris. Privara com Afonso Arinos, recebera dele o gosto pela terra do Brasil. Conversara interminavelmente com Afonso Arinos, que um dia lhe mostrou, quase pedra por pedra, a Catedral de Chartres, e conversara também interminavelmente com Sílvio Romero, Sousa Bandeira (que leu para ele uns versos de seu sobrinho, Manuel Bandeira, jovem poeta então num sanatório na Suíça, Clavadel), Inglês de Sousa, em cuja casa conhecera Renato Lopes, que agora o convidava para ser crítico do novo jornal... Em que pensaria o jovem crítico, ao escrever esse artigo "Iniciando", que hoje podemos ler em *Primeiros estudos*?

Tristão de Ataíde converteu-se ao catolicismo em 1928. Recebeu a Eucaristia das mãos do padre Leonel Franca, a 15 de agosto de 1928, na Igreja de Santo Inácio. Publicara até então apenas dois livros. O estudo sobre Afonso Arinos, em 1922. A primeira série de *Estudos*, em 1927. Começava, naquele fim de ano, de 1928, a segunda fase da vida e da obra de nosso Tristão de Ataíde, a fase católica, militantemente católica, apostolicamente católica. Todos os livros que publicou trazem de algum modo a marca da cativante mensagem que recebera de Jackson de Figueiredo, um pouco de Chesterton, um pouco de Fulton Sheen, um pouco de Maritain. Foram esses os mestres da sua conversão do cepticismo à Igreja. E hoje, passados tantos anos, podemos dizer tranqüilamente que nunca na história cultural do Brasil se escreveu uma obra como essa, com tal unidade católica, tal coerência e tal abertura. Tal universalidade.

Eis a palavra mágica de Alceu Amoroso Lima: universalidade. E foi por certo a sede de universalidade que o levou à doutrina católica, depois de anos de correspondência quase diária com Jackson de Figueiredo. Universalidade e liberdade, com essas duas palavras caracterizamos a obra vastíssima de Tristão de Ataíde. Uma obra que abrange todos os setores da cultura — a economia, a pedagogia, o direito, a filosofia política, a sociologia, a psicologia, a crítica literária, a metafísica, a teologia. Três ensaios de Alceu Amoroso Lima como que condensam a sua obra, tão complexa e tão universal, tão marcada pelo espírito católico e tão aberta às correntes de idéias do mundo moderno, três ensaios que são a síntese, de tudo que ele pensou e escreveu, como líder cristão: *O espírito e o mundo*, de 1936; *Meditação sobre o mundo moderno*, de 1942 e *Mitos de nosso tempo*, de 1943.

Ao converter-se em 1928, Alceu Amoroso Lima (Tristão de Ataíde) afirmava em carta a Sérgio Buarque de Holanda, publicada em *A Ordem*, dezembro de 1928 (o célebre "Adeus à Disponibilidade"): "Optando pela Verdade, bem sei que arranco de mim mesmo as últimas veleidades de influir sobre a nossa geração e o nosso momento, que só amam a ilusão"... O jovem crítico renunciava "categoricamente a toda popularidade entre os novos", quebrava "a intimidade de idéias e atitudes com tantos amigos e companheiros de sempre"... Quinze anos depois, todavia, um crítico — Álvaro Lins — pôde escrever de Tristão de Ataíde: "A sua influência está atuando em todas as regiões do Brasil. Muitos volumes documentam a sua atividade de escritor, definem o seu papel na literatura. E tudo isso sob a animação de uma natureza humana realmente nobre. Sentimos em tudo que escreve a qualidade dessa natureza, a sua sensibilidade poética, a sua bondade"... "Foram muitos os jovens que aprenderam a pensar e a fazer literatura através de seus artigos e livros"...

Tristão de Ataíde enganou-se ao supor que renunciava, com a sua conversão, a uma influência em face dos novos. A sua influência foi extraordinária. De tal modo que Álvaro Lins podia escrever, em 1944, por ocasião dos vinte e cinco anos de crítica de Tristão de Ataíde: "Ninguém merece maiores homenagens de ordem intelectual do que esse escritor de tão ampla e fecunda atividade. É a mais longa atividade de crítica regular em folhetins semanais que já foi realizada no Brasil e uma das mais longas em toda a literatura universal."

Mas se ele se enganou a respeito da influência que exercia, não se enganou ao chamar "disponibilidade" o estado de espírito anterior à conversão. Ao contrário de Gustavo Corção, considero a palavra disponibilidade muito boa para caracterizar esses anos anteriores ao definitivo engajamento na Igreja. Não uma disponibilidade puramente gidiana. Eu diria uma disponibilidade anatoliana. E é de ver-se o paralelo entre Anatole e Gide, feito por Tristão de Ataíde, em *O espírito e o mundo*, de 1936. Disponibilidade esteticista, à qual sucedeu a entrega ao apostolado católico.

Tristão de Ataíde trouxe às novas gerações uma Causa. Ele o previa, em 1928: "Uma grande Causa, generosa, definida, construtora, pela qual possamos dar o nosso entusiasmo e, se preciso, o nosso sangue." Que grande Causa foi essa? Foi a Causa do Fim. "Este é o primeiro erro: a multiplicação dos fins. Precisamos voltar à unidade de Fim." Desse modo falava Tristão de Ataíde em 1928, na hora da sua conversão ao catolicismo. "Eis a tarefa mais urgente. Precisamos restabelecer o império do Fim em todas as coisas humanas. Precisamos mais do que nunca sentir que a vida não é o acaso. Que o mundo não é a ausência de um plano, como à farta nos ensinaram os sofistas a quem devemos o amargor das vitórias dolorosas. Precisamos voltar ao sentido religioso da vida."

Foi essa a Causa que mestre Alceu Amoroso Lima trouxe às novas gerações do Brasil. E já em 1928, ao querer resumir o seu itinerário espiritual, ele dizia na sua *Tentativa de itinerário*: "Pois todo esse itinerário se resume afinal na palavra que é a suprema liberdade do filho em face do Pai — servir." Servir, servir, eis o resumo da vida e da obra desse grande líder espiritual do Brasil, o maior que já tivemos em nossa história cultural. Neste momento, Tristão de Ataíde é o maior líder intelectual da América.

Disponibilidade até 1928. Entrega, serviço, depois de 1928.

Aqui estão eles, os oitenta livros escritos por Tristão de Ataíde. Desde *Afonso Arinos*, em 1922, até *A vida sobrenatural e o mundo moderno*, de 1956. Aqui estão, em torno de mim, os ensaios que se escreveram sobre ele. Mas o que mais me impressiona e comove é o próprio homem, sua nobreza, sua generosidade, sua humildade heróica, sua incrível capacidade de servir, esquecer-se, dar-se aos seus irmãos.

Depois de sua conversão ao catolicismo, em 1928, Alceu Amoroso Lima — o nosso Tristão de Ataíde — publicou três pequenos ensaios: *Tentativa de itinerário, Freud, De Pio VI a Pio XI*. Era a sua primeira reflexão de convertido: sobre o seu próprio gosto — uma explicação pessoal; sobre uma doutrina que então começava a espalhar-se no Brasil — uma interpretação crítica; sobre a história recente do papado — uma apologia, quase. Tal o testemunho de Tristão de Ataíde, no ano de 1929, o primeiro ano do seu apostolado católico.

Começou a preparar uma longa tese erudita sobre economia. E em 1930 a publicava: temo-la hoje em 3ª edição. Ainda recentemente, esse alentado volume — *Introdução à economia moderna* — mereceu de um escritor da nova geração um artigo muito lúcido. Não será indiscreto dizer-se que o Sr. José Augusto Guerra teve, através do ensaio denso de 1930, uma espécie de revelação do que seja o catolicismo. E, assim, o livro de 1930 continua hoje a sua missão apostólica... Alceu Amoroso Lima nos fala, em *Introdução à economia moderna*, do sacralismo decrescente e do crescente economismo. Da desconcretização da vida econômica e da despersonalização crescente: concretização decrescente e absentismo crescente. Essa desumanização econômica mereceu do jovem filósofo uma exaustiva interpretação erudita. Não se fechava no plano econômico ou no plano sociológico: escreveu um ensaio de filosofia da economia. Escreveu-o como filósofo.

A ambição, aliás, de Alceu Amoroso Lima, depois de convertido, parece que foi a de oferecer às novas gerações, às elites universitárias, uma como "Suma" contra os gentios tropicais, uma série de "Introduções" aos diferentes setores da cultura universitária. O livro sobre a evolução da economia — paganismo econômico, medievalismo econômico e naturalismo econômico — foi o primeiro da série e é ainda hoje um dos melhores ensaios de Tristão de Ataíde.

Ele ambicionava renovar a nossa atmosfera cultural, impregnada de naturalismo, de relativismo, de cientificismo. Todos os grandes livros que publicou, nessa fase posterior a 1929, testemunham a mesma preocupação: "Precisamos voltar ao sentido religioso da vida." A uma visão sacral do mundo e do homem. Dentro desse espírito, escreveu *Problema da burguesia* (série de conferências em São Paulo, 1931), *Preparação à sociologia, Introdução ao direito moderno, Política* (série de conferências em Minas, 1932). Ensaios católicos que até hoje podemos ler com utilidade. *Política* foi o mais feliz: chegou à 4ª edição, em 1956. *Idade, sexo e tempo* (de 1938) chegaria à 12ª.

Nesses livros, escritos entre os trinta e cinco e os quarenta anos, livros de muita erudição e muito espírito polêmico, o jovem crítico ia cumprindo o destino que Graça Aranha lhe dera, ao apresentá-lo a Keyserling, aqui no Rio: "Um jovem filósofo tomista"... Tristão de Ataíde estudou o tomismo, percorreu minuciosamente os melhores intérpretes de Tomás de Aquino, apaixonou-se até por um deles, Jacques Maritain. E nos ofereceu uma síntese católica, uma "Suma católica", para os nossos tempos: economia, sociologia, direito, filosofia política.

Mas o jornalismo o chamava, o reabsorvia. Voltou à crítica literária, especialmente e até exclusivamente aos livros estrangeiros. E assim nasceu um dos livros mais homogêneos de nosso autor: *O espírito e o mundo*, de 1936. Percebeu que sua vocação não era, nem devia ser, a do simples *scholar*, a do homem de gabinete, a do ideólogo. Decidiu participar, descer aos problemas concretos, ao debate. O filósofo transformava-se em líder.

Duas conversões muito diferentes, as de Jackson e Alceu. Como os homens eram diferentes e até opostos. Como eram diferentes as psicologias, as formações culturais, as condições sociais. Jackson era um afirmativo, o panfletário desabusado das *Afirmações*, da *Coluna de fogo*, da *Reação do bom-senso*, era mais natureza do que inteligência. Schmidt observou muito bem, em *O galo branco*, que "o que era irresistível nele era a natureza, não a inteligência". Alceu, pelo contrário, era muito mais um intelectual, um homem de gabinete, um ser entregue ao jogo das idéias.

Jackson era um intuitivo. Alceu era um erudito. Jackson era um homem extrovertido, barulhento, gostava de cantar, de conversar pelos cafés, de passear à noite pelas ruas desertas — era um notívago. Alceu era um tímido, um delicado, muito mais da casa do que da rua, muito mais do estudo que da discussão caótica, muito mais da leitura tranqüila que da improvisação agitada. Jackson era todo comício, veemência, polêmica, engajamento. Alceu era as reticências, os entretons, as nuanças, a disponibilidade. Duas naturezas muito diversas. Duas vidas organizadas diferentemente.

Um era pobre, paupérrimo. O outro era rico. Um nunca foi à Europa. O outro, aos vinte anos, já atravessara muitas vezes o Atlântico. Um era fulminante nas suas reações. O outro era comedido, conciliatório, ameno. E assim foram as conversões.

A de Jackson, intuitiva, rápida, violenta. Uma conversão fulminante. A de Alceu, especulativa, racional, lenta, difícil. Pode-se dizer que a de Jackson foi fácil, se à palavra fácil não se emprestar nenhuma conotação depreciativa. Depois da influência de Farias Brito, o encontro com Dom Leme, então arcebispo de Olinda e Recife — a conversão aconteceu, com uma simplicidade, uma leveza, uma facilidade, uma espontaneidade, uma naturalidade tipicamente jacksoniana.

A de Tristão foi árdua, foi dificílima. O processo de conversão durou uns sete anos. Quanta discussão epistolar com Jackson. Quanta leitura. Quanta reflexão. Quanta hesitação. Quanta complexidade. Quanto medo de perder a antiga liberdade de pensamento. O receio de o dogma ser um limite, um cerceamento, quando o dogma é um convite, um alargamento. O pavor das responsabilidades. A sombra constante da dúvida.

Entre 1922 e 1928, a correspondência copiosa entre Jackson e Alceu gira em torno do problema religioso. Questões teológicas — até a lenda de Adão e Eva... Jackson insiste, com clareza: o que é dogma é a criação do mundo por Deus. Adão e Eva não são dogma, nem muito menos. A pouco e pouco, os escrúpulos, as dúvidas se afastam. A 15 de agosto de 1928, no altar do Coração de Jesus, na Igreja de Santo

Inácio, Alceu Amoroso Lima recebia, das mãos do padre Leonel Franca, a pequena hóstia.

Há na obra de Amoroso Lima alguns temas sociais constantes — cristianismo e história, cristianismo e democracia, apostolado leigo, economia e humanismo, inteligência e ação. *O espírito e o mundo*. Tudo na tríplice perspectiva que lhe marcou a obra de pensador católico: o movimento litúrgico, o tomismo e a Ação Católica. Foi ele que os difundiu entre nós, a esses três movimentos universais, que correspondem aos três planos da vida humana — a oração, a inteligência, a ação.

O binômio ação-contemplação está no centro da sua vida e da sua obra.

Contemplação e ação. Cristianismo e história. O cristianismo vive na história, participa da história, é história. Mas o cristianismo é também transcendência. Não é apenas tempo. É eternidade no tempo. É incorporação do tempo à eternidade. É salvação do tempo. O cristianismo é superior às civilizações, escreve Tristão. A Igreja não se confunde com esta ou aquela civilização, com esta ou aquela cultura. O catolicismo é, por natureza e até por denominação, universal. E, na página 374 de *A vida sobrenatural e o mundo moderno*: "Quando hoje opomos Espírito Trinitário, ou seja, fidelidade aos princípios do cristianismo autêntico, ao espírito totalitário, um dos pontos que desejamos acentuar é, precisamente, essa diferença entre um império unitário, como foi o Império Romano ou como agora quer ser o Império Soviético ou qualquer tipo de império neofascista, e a Igreja, que respeita a variedade dos povos e das civilizações, a promove e estimula."

Uma das teses fundamentais da sociologia católica e da obra de Amoroso Lima é a unidade na variedade. Uma aplicação à ordem social do princípio de analogia — a multiplicidade da unidade. Tempo e Europa não são os únicos fundamentos da filosofia da história.

O itinerário de Alceu Amoroso Lima, que Luís Santa Cruz sintetizou num ensaio pequeno e lúcido, é um itinerário da literatura à filosofia e à Revelação. Tenho que sua presença na história cultural brasileira só se compara à de um Mário de Andrade e à de um Sílvio Romero, como agitação. Mas há nele o espírito trinitário. O senso do eterno, que faltou aos outros. Seu apostolado se desenvolveu sob um tríplice ideal: universalidade, liberdade e paz.

De Maurras a Maritain, assim João Camilo classificou o itinerário de Amoroso Lima.

Espírito supremamente inquieto, curioso, múltiplo, Alceu se deixa influenciar pela *Estética*, de Croce, por *Le Feu*, de Barbusse, de tão funda tendência socialista, pelo teatro de Pirandello, pela obra de Proust. Pode-se dizer que Proust foi o autor que mais o impressionou, como estilo, como captação da realidade, como recriação do mundo.

Já na fase ideológica, que se segue à morte de seu pai, industrial, republicano histórico, florianista exaltado, que desejava chamar ao filho Floriano, lê Chesterton e se deixa seduzir pelo distributismo, Fulton Sheen, *God and Intelligence*, com prefácio de Chesterton, Maritain, *Art et Scolastique, Primauté du Spirituel*.

Essa passagem do agnosticismo e do esteticismo ao catolicismo, que foi a sua conversão religiosa, deveu-a ele a esses autores — um inglês, um americano e um francês — e à influência direta e próxima de Leonel Franca e Jackson de Figueiredo, apologetas de grande vigor. Leu também a *História da filosofia*, de Maurice De Wulf, da melhor tradição lovainense.

Estava, pois, apto a viver a transição entre um liberalismo sem preocupações finalistas e um catolicismo engajado.

A morte de Jackson o colocou na liderança do catolicismo intelectual brasileiro, contra a sua vontade. Contra a vontade, iniciou a crítica, em 1919, por desejo e pressão de Renato de Toledo Lopes. Contra a vontade, entrou na Academia, em 1935. Contra a vontade, assumiu a herança jacksoniana, a pedido de Dom Leme, de Hamilton Nogueira, Perilo Gomes, José Vicente de Sousa.

João Camilo descobre três aspectos na personalidade de Alceu, que me parecem exatos: a elegância aristocrática, ou nobreza de atitudes, a sintonia, ou a vocação sintônica, e o sentido do povo. Pertence à linhagem de Nabuco — liberdade e sentimento do povo.

Se há uma constante na obra de um autor que tem adotado mais de um adeus a formas de disponibilidade ou integração, comenta João Camilo, esta é, sem dúvida, a da convicção de que estamos passando para uma era de civilização do trabalho, de primazia do trabalho, de ascensão do proletariado e decadência da burguesia. Já no *Problema da burguesia*, de 1932, e *No limiar da idade nova*, de 1933, há esta doutrina.

Para Jackson, a Igreja é antes e acima de tudo a defesa da autoridade. Para Alceu, a Igreja é a defesa da liberdade e da justiça.

Eis como, nas *Memórias improvisadas*, Alceu se refere a Jackson: "Era um conservador, um tradicionalista, um antiliberal, mas ao mesmo tempo um nacionalista jacobino e um feroz antiplutocrata" (p. 118).

Alceu é, fundamentalmente, um liberal.

Bergson reconcilia o jovem Alceu com a metafísica. Como Farias Brito reconciliara Jackson. E como Jackson logo perdera o seu mestre (1917), Alceu também perde (1928) o seu orientador espiritual. E vai encontrar em Dom Leme o que Jackson encontrara também no grande bispo, a direção compreensiva. Depois de Jackson, quem orienta Alceu é o cardeal Leme (até a morte em 1942). O padre Franca era o confessor — e o foi por vinte anos. Dom Leme era o orientador. Morto o cardeal, ficou Alceu ainda por seis anos com o padre Franca, até setembro de 1948, quando o insigne jesuíta morre prematuramente, com a mesma idade de Farias.

A influência de Maritain sobre Alceu foi poderosa. Ninguém o influenciou mais profundamente. O primeiro livro de Maritain que leu foi *Primauté du Spirituel*, de 1926, logo seguido de vários outros, como *Trois Réformateurs*. O pensamento político-social de Alceu segue a evolução de Maritain, pelo menos até 1950. (Quando justamente Maritain se recolhe mais à intimidade da sua vida mística, em Princeton, a escrever *A filosofia moral*...) E foi Alceu quem divulgou amplamente no Brasil a obra de Maritain, que significava uma grande abertura de espírito, no fim da década de 1930 e começo da de 1940.

Alceu foi e é um maritainiano. O tomismo lhe veio através da reformulação do filósofo de Meudon, com quem Alceu tanto conviveu em Princeton, quando em Nova York deu em 1958-59 um curso de civilização brasileira. Veja-se o testemunho de Alceu em "Maritain et l'Amérique Latine", *in Revue Thomiste*, XLVIII, 1948, p. 12-17, em que associa a sua voz à de outros tomistas, como Gilson, na homenagem ao filósofo por ocasião do quadragésimo aniversário da sua conversão religiosa. Voltaria Alceu ao assunto no número de inverno — de 1972 — da revista *The New Scolasticism*.

Tristão evolve do nacionalismo para o universalismo. O entusiasmo, com que abriu e encerrou as sessões em que falava o padre Lebret, aqui no Centro Dom Vital, em 1947, por ocasião da primeira viagem do dominicano ao Brasil, mostrara-nos quanto a doutrina de *Economia e humanismo* o havia atingido.

Bernanos o afastara da direita. O Maritain do *Humanismo integral*, dos *Direitos do homem*, de *Cristianismo e democracia*, que Alceu traduz e prefacia, o reconciliara com o ideal democrático. Para essa identificação com a democracia concorrera o sofrimento da França, sob o domínio nazista. Alceu logo se colocou ao lado da França e da Inglaterra, contra o nazismo e o fascismo. Seu longo prefácio ao livrinho de Maritain, *A Travers le Désastre*, que ele traduziu como *Noite de agonia em França*, prefácio mais longo que o livro, nos revela um Tristão profundamente identificado com a democracia (contra o nazismo).

O encontro com Lebret veio aproximá-lo da esquerda, em sentido lato. Traduzirá, ainda, *O homem e o Estado*, e *A filosofia moral*, de Maritain. Guardará sempre fidelidade a Maritain, como intérprete moderno de Santo Tomás, mas divergirá dele a propósito de Teilhard de Chardin, atacado em *Le Paysan de la Garonne*. Alceu fica simultaneamente com Maritain e Teilhard.

Diz Henrique Cláudio de Lima Vaz que "Jackson dificilmente teria orientado o catolicismo brasileiro no sentido de uma fundamentação teórica de bases metafísicas. Alceu, que recolhe a herança de Jackson, é de temperamento diferente. A extraordinária lucidez e o equilíbrio ingênito do seu espírito orientam-no como que naturalmente para o tomismo, como para a forma mais viva e atuante do pensamento metafísico clássico. Foi então quase por força de uma harmonia preestabelecida que a reflexão de Alceu encontrou no tomismo, tal como se revelava na obra de Jacques Maritain, seu ritmo e sua amplitude. É sobretudo através de Amoroso Lima que Maritain vem exercendo na renovação cultural do catolicismo brasileiro uma influência profunda e decisiva. Amoroso Lima não é um filósofo no sentido estrito, não criou uma obra filosófica de caráter técnico. Mas é justamente sua ação doutrinadora — num amplo raio que vai da crítica literária à sociologia — que está criando para o tomismo brasileiro o clima próprio ao amadurecimento de autênticas criações filosóficas". ("O pensamento filosófico no Brasil de hoje", *in Noções de história da filosofia*, de Leonel Franca, p. 364.)

Em artigos de fim de 1925, *Essência e evanescência*, Alceu coloca o problema da sua agitação interior, que o fecundava nesses dias de correspondência freqüente com Jackson, o maurrasiano. "Eis a essência que o darwinismo e o evolucionismo mecanicista ou haeckeliano quiseram excluir da vida recolocada pela biologia mais moderna no próprio coração da realidade. A vida não é apenas um contínuo. O movimento incessante de transformação já não pode compreender a experiência da ciência mais desinteressada como sendo a substância mesma da vida. O que vemos, ao contrário, é a volta periódica às constantes. A vida não é um simples fluxo. As formas se reformam. A vida é um perene apelo às coisas essenciais. A natureza não inventa incessantemente. O delimitado é o seu domínio. Apesar de dentro dele se desenrolar o ilimitado das formas. O plano, o orgânico, a relação de partes, a articulação, a estrutura são seu milagre. O que há de maravilhoso nela não é tanto a eterna criação, mas a eterna coordenação. Essa lei de coexistência e harmonia fundamental decanta as contradições e faz da vida uma vitória da unidade sobre a multiplicidade, da essência sobre a evanescência."

A carta a Sérgio Buarque de Holanda é de 1928. *Tentativa de itinerário*, seu primeiro livro depois da conversão, é de 1929. Em carta a Otávio Tarqüínio de Sousa, de julho de 1928, dizia Alceu: "O homem nem é impermeável à verdade, nem esgota a verdade. Deus não é inacessível, nem é acessível de todo. A vida nem é inexplicável, nem é evidente. A filosofia do ser salva o poder da inteligência sem nos entregar à tirania da inteligência." Essa carta serve de posfácio à tradução do *Rubaiá*.

Na carta a Sérgio Buarque, tão fraterna e íntima, dentro da perene tendência às idéias gerais que caracteriza o autor, vemos a síntese da problemática dessa conversão.

As novas gerações cultivam o subconsciente, quando a verdade está no supraconsciente, dizia Alceu a Sérgio Buarque.

A primeira fase há de ser direitista, ou jacksoniana, como se houvesse um compromisso entre ele e a memória do amigo morto. Fase que se estende ao limiar da Segunda Guerra, com vários livros significativos como *O problema da burguesia*, que é a sua ruptura com a ordem burguesa, em 1932, ou *No limiar da idade nova*. A leitura do artigo de Congar, *Dieu est-il à droite?*, será para ele uma revelação, por volta de 1935. O convívio com Bernanos, convívio pessoal aqui no Brasil, a evolução de Maritain e o contato com Lebret farão o resto, isto é, a sua passagem da direita à esquerda.

Em *Indicações políticas*, de 1936, ainda aparece muito claramente o direitismo do jovem mestre, seu entusiasmo pela Espanha franquista, pelo Portugal salazarista, ou pelo integralismo brasileiro. Sua síntese é profunda: "É o integralismo o reflexo brasileiro da grande e sadia reação nacionalista que partiu da Itália e se estendeu a vários países, da Europa, e até ao Novo Mundo, pois o *New Deal* é uma forma norte-americana de fascismo, contra o suicídio do Ocidente pelo cepticismo liberal e pelo individualismo democrático-burguês."

A vitória da democracia, com os admiráveis discursos de Pio XII sobre cristianismo e democracia, fará com que Alceu de fato se reconcilie profundamente com o ideal democrático, na linha do livro de Maritain *Cristianismo e democracia*. Alceu lerá no Itamarati uma conferência sobre o mesmo assunto, "A democracia e a Igreja", página magistral, de síntese, publicada no *Jornal do Comércio*.

Curioso que o primeiro a dar-lhe notícia de uma renascença católica, de um renascimento espiritual, Léon Bloy, Péguy, Huysmans, foi Eddy, Eduardo Álvares de Azevedo Macedo, seu amigo de mocidade, católico maurrasiano, tradicionalista. Discutiam. Tanto aqui como em Paris, 1913.

Entre 1938 e 1947, Alceu abandona o seu direitismo, que se estendera de 29 a 38, para se lançar numa perspectiva nova, condensada nos seus artigos do *Diário de Notícias*, de 1947 a 1966, sob o título geral de *Letras e problemas universais*. Abandonara a crítica literária militante em 1945, depois de um quarto de século de exercício dela, e com que dignidade altiva, justamente na curva do fim da Guerra e da democratização do Brasil, para se dedicar, logo dois anos depois, a um apostolado ideológico, aberto e flexível, sob a influência de Lebret, Congar, Maritain, como crítico de idéias, ou filósofo social, não mais como simples crítico literário.

Fase ideológica que dura dezenove anos, até acabar-se o suplemento literário do *Diário de Notícias*, em julho de 1966, logo depois de ter ele publicado os luminosos artigos sobre Benedetto Croce, a devoção da sua mocidade crítica. No *Jor-*

nal do Brasil, desde 1958, mantém uma colaboração política e polêmica, de abertura.

Poucos intelectuais no Brasil dispuseram de formação universal como Alceu. Estudou música com Alberto Nepomuceno. Estudou literatura no Ginásio Nacional com Coelho Neto. Foi aluno de Sílvio Romero, na faculdade de Direito. Inglês de Sousa, Sousa Bandeira, Afonso Celso foram seus professores. Leu Shakespeare aos quatorze anos. Conviveu com Afonso Arinos. Viajou pela Europa, rapazinho. E ouviu as aulas de Bergson sobre Spinoza e as Conferências de Léon Daudet. Conversou com o general Díaz, do México, que era seu companheiro de Hotel Majestic, o das conferências de paz do Vietnã. Freqüentou os salões de Sousa Bandeira, Inglês de Sousa e Rodrigo Otávio, os últimos salões do Rio. Foi amigo de Ronald de Carvalho, Paulo Inglês de Sousa, Henrique de Toledo Dodsworth. Foi colega de faculdade de Leônidas de Rezende. Aos vinte e cinco anos, começava a sua carreira de crítico literário.

Teve, assim, antes de converter-se, uma vasta experiência humana, social. Sempre se caracterizou por uma paixão — a da leitura. Lê tudo. E, assim, formou uma cultura universal, das maiores de nossa história, só talvez ultrapassada por dois outros leitores terríveis, Rui Barbosa e Pontes de Miranda, mais metódicos do que ele, mas também mais especializados ou limitados.

Se Anatole France foi o ídolo literário da sua juventude, Marcel Proust foi o grande autor da sua mocidade. Escreveu sobre Proust uma página clássica, que está na segunda série de *Estudos* e termina com um paralelo notável entre Proust e Claudel. Os mestres da sua formação foram, além de France e Croce, Remy de Gourmont, os Goncourts, Jules Lemaitre.

Leu toda a obra de Anatole. Os três grandes mestres da sua geração, eminentemente literária, foram Anatole, Eça e Machado.

Seu clima interior tinha de ser o cepticismo. No Hotel Daniel, em Veneza, viveu mesmo um instante de grande angústia, aos vinte anos, quando se interrogou a respeito do seu próprio destino no mundo. *Jeunesse dorée*, como disse em página severa Guerreiro Ramos, buscava um sentido para a vida, em livros, autores, viagens, conferências. O contato com a personalidade intrépida, viril, de Jackson abriria perspectivas insuspeitadas ao jovem diletante, rico e generoso, que não se satisfazia com a ausência de um sistema.

"Vejo no alto da montanha ao longo do caminho percorrido e ao mesmo tempo um pouco por toda parte, marcando a trajetória de inúmeras peregrinações semelhantes a esta, vejo três concepções da vida, três formas de compreensão do mundo, que podemos denominar — o espírito libertário, o espírito totalitário e o espírito trinitário. O primeiro é a caricatura da liberdade humana. O segundo, o decalque monstruoso da totalidade divina. O terceiro é o próprio arcano do universo, o Pai, o Filho e o Espírito Santo, ou, em linguagem menos enigmática, Deus, Cristo e Igreja. Abandonei-me longamente ao primeiro, como posso ver tão claro lá no fundo do vale e até quase ao meio da encosta. Namorei de longe o segundo, como entrevejo vagamente lá por meados da ascensão. Entreguei-me definitivamente ao terceiro, quando nele reconheci o Caminho, a Verdade e a Vida." Palavras, estas, de Alceu, ao completar cinqüenta anos, em dezembro de 1943, no Centro Dom Vital, no seu *Adeus à mocidade*.

Deu-nos ele admiráveis paralelos, em sua obra, entre Amiel e Marx, Claudel e Proust, Anatole France e André Gide. Nunca reduziu a literatura a um divertimento, a um adorno, a um jogo, a um diletantismo, a um sorriso, a um instrumento de partido, grupo, carreira pessoal. Não reduziu a literatura nem por subestimação, nem por sobreexaltação. Não fez da literatura uma religião. A literatura, para ele, é relativa. A literatura nunca é absoluta.

A obra de Alceu abrange oitenta volumes. É uma das mais extensas de nossa literatura contemporânea. A parte propriamente literária me parece pequena, no conjunto de tal obra. O livro de estréia, em 1922, sobre Afonso Arinos, com o belo estudo a respeito do sertanismo, as cinco séries (em seis volumes) de *Estudos, O espírito e o mundo*, seu melhor livro de um ponto de vista puramente literário, livro homogêneo, de crítica, *Contribuição à história do modernismo*, reeditado como *Primeiros estudos, Poesia brasileira contemporânea, Três ensaios sobre Machado de Assis, A estética literária, O crítico literário*, a que se juntam *Problemas de estética, Introdução à literatura brasileira, Quadro sintético, O teatro claudeliano, Bilac e Bandeira*. Em 1966, apareceram os *Estudos literários*, reunindo os *Primeiros estudos, política e letras* e *Afonso Arinos*.

Parte de sua obra de crítico ainda permanece inédita, pois os *Estudos* foram uma seleção, apenas. Há muito material posterior a 1933, o que seriam os *Últimos estudos*. Escrevia para jornal com fidelidade hebdomadária.

Foi um incansável doutrinador, exatamente através de artigos de jornal. Sua obra está presa à circunstância. Um crítico do mundo moderno, assistemático, vivo, não-programático, aberto, atento, voraz, de ilimitada voracidade intelectual, inquieto, como o próprio mundo em crise. Guerra, Revolução, Crise, as notas mais típicas, segundo ele, deste mundo em transição, em mudança, que nos coube compreender e reconstruir. Mais um depoimento do que um julgamento. Mais um testemunho. Sempre numa linha de busca ou pesquisa de uma plenitude ou uma totalidade. Essa procura da totalidade na liberdade é o traço mais profundo e constante do escritor-pensador, tão prolífico.

Inquietação, mobilidade, agilidade, insatisfação consigo mesmo, uma como que ansiedade ou procura contínua, um desejo de não fixar-se, ir adiante, em busca da verdade integral da plenitude absoluta e transfiguradora. Uma obra circunstancial, mas que transcende o jornalismo e se integra, pelo seu valor intrínseco, artístico, filosófico, propriamente cultural, na perspectiva perene da literatura.

Teses para concursos — *Introdução à economia moderna, Economia pré-política, Introdução ao direito moderno* e *O crítico literário*. Coletâneas de conferências — *Preparação à sociologia*, conferências na Escola Nacional de Belas-Artes, no Rio, em 1931, *Problema da burguesia*, conferências no Teatro Municipal de São Paulo, 1931, *Política*, série de conferências em Belo Horizonte, 1932, *Pela união nacional*, conferências em São Paulo, 1942, *A estética literária*, conferências na *Gazeta de São Paulo*, 1943, *Voz de Minas*, conferências em Belo Horizonte, 1944.

Idade, sexo e tempo, o livro de maior êxito, doze edições, é uma série de conferências em Santiago do Chile, Buenos Aires e Montevidéu, 1937. Os livros, que escreveu propriamente como livros, são — *Mitos do nosso tempo*, 1943, *O problema do trabalho*, 1947, *Manhãs de São Lourenço*, 1949, *Mensagem de Roma*, 1950, *A realidade americana*, 1954, além do volume de estréia sobre Afonso Arinos, de 1922.

Aliás, *Manhãs de São Lourenço* é um texto fragmentário, pois se compõe de textos esparsos, escritos na fazenda de São Lourenço, no Estado do Rio, perto de Friburgo, fazenda maravilhosa de seu amigo Henrique Ferreira de Morais, onde Alceu se refugiava anualmente.

Wagner, Débussy e Proust, eis os deuses da sua mocidade intensamente literária (e musical). Maritain será o grande mestre da maturidade, sequiosa de verdade, unidade, sistematização filosófica. Alceu Amoroso Lima foi um puro esteta, que fez o sacrifício de sua vocação estética à ação católica, ao apostolado católico, ao ensaísmo filosófico. Se a sua conversão religiosa foi, para ele, pessoalmente, uma plenitude, o encontro com a liberdade, a explicação do mundo, uma Causalidade absoluta e uma Causa a que consagrar a vida, foi também um sacrifício, uma renúncia, o holocausto de um destino puramente literário.

Política e letras, de 1924, *O cardeal Leme*, de 1943, e *O espírito e o mundo*, de 1936, são os livros mais harmoniosos que escreveu. Em *O cardeal Leme*, deixou que livremente falasse o coração, nesses artigos e alocuções por ocasião da morte de seu grande amigo.

Em 1930, aparecia em *O Jornal* um artigo assinado por Gilberto Amado com o título de O *Brasil e a renascença católica*. O mesmo Gilberto que fizera o elogio cativante do cardeal Arcoverde, em 1930, e de Carlos de Laet, em 1927, da tribuna do Senado.

Que dizia o senador Gilberto Amado?

"Qual dos homens daquele tempo, há vinte anos passados, com responsabilidade mental, fora naturalmente dos círculos eclesiásticos, poderia pensar em fazer uma conferência destinada a propor as doutrinas católicas como solução aos problemas sociais e políticos?" O positivismo comtiano, o spencerismo, o constitucionalismo inglês, o liberalismo americano, o enciclopedismo, o cepticismo voltairiano, o cepticismo renaniano, o cientificismo tainiano, tudo afastara da doutrina católica.

"Falava o Sr. Tristão de Ataíde contra tudo que constituíra esse passado, por onde andáramos. A metafísica nunca estivera tão viva como agora. Ruíam, sob o aríete do pensador católico, as instituições liberais, o romantismo político, o materialismo dialético, o agnosticismo. Ao nosso lado, na conferência do Sr. Tristão de Ataíde, sentava-se justamente o professor Nélson Romero, filho de Sílvio Romero, e católico tomista."

E Gilberto Amado concluía: "Por toda parte, a revivescência católica se acentua. Entre nós, reflete-se o movimento. A Igreja não é mais o refúgio das beatas e dos carolas, objeto da indiferença dos pensadores."

Gilberto Amado, Nélson Romero, Oswaldo Aranha iam ouvir o jovem pensador tomista, ali no salão da Escola Nacional de Belas-Artes, naquele ano de 1930, 1931.

Com Alceu, a obra de Jackson chegava a uma projeção cultural e social muito significativa. Alceu traz para o Brasil, através de seus artigos semanais, de suas análises objetivas, serenas, Claudel, Péguy, Bernanos, Bloy, Marcel, Mauriac, Thomas Merton, o monge trapista por quem tanto se apaixonou já na década de 50.

Comentarista infatigável dos problemas universais, das letras universais, disserta com a mesma facilidade sobre Lebret ou Garric, sobre Ducatillon ou Du Bos, sobre Gilson ou Journet, Penido, Maritain, Béguin, Alfonso Reyes, Chesterton, Fulton Sheen, Papini, a beleza e o número, o cinema, a música em Stendhal e Proust, São Francisco de Assis, Keyserling, Erasmo e o humanismo, o problema do romance católico, Julien Green, Graham Greene, Newman, o drama da beleza, o itinerário da poesia.

Dois pólos que sempre o atraíram — a interpretação do Brasil, a civilização brasileira, o humanismo brasileiro, e a interpretação do mundo moderno, a integração no espírito moderno.

Um homem que, independentemente de qualquer partido, tomou sempre posição em face dos problemas de seu tempo. Foi o intérprete do mundo moderno. Um espírito universal, clássico, harmonioso, católico, duplamente, a um tempo lógico e lírico, desejoso de tudo compreender e anotar. Um líder, uma presença católica, uma testemunha da revelação. Não há, na história cultural do Brasil, outro exemplo, outro caso, um testemunho tão longo e profundo de fidelidade ao espírito.

Em 1937, Ivan Lins lhe propunha a criação de uma frente única de positivistas e católicos para defender os valores da civilização. Alceu responde *non possumus*. Em 1942, Jorge Amado lhe pede uma frente única de comunistas e católicos, contra o fascismo. Alceu responde *non possumus* (ver a carta a Jorge Amado, em *Mensagem de Roma*, 1950).

Ao fundar-se em 1932 o Instituto Católico de Estudos Superiores, ouviu-se a voz de Alceu, ao lado da voz do padre Franca. Ao criar-se, em 1941, a Universidade Católica (ainda, Faculdades Católicas), de novo se ouvia a voz de Alceu, com Leonel Franca e Afonso Pena Júnior.

Na Academia, em discurso da maior significação, na posse de Viana Moog, Afonso Pena Júnior, Augusto Meyer, Gilberto Amado, José Américo de Almeida, na recepção a

Senghor, Alceu o que propõe é sempre o humanismo cristão, quer dizer, a defesa da pessoa, a primazia da inteligência e da contemplação, o amor da liberdade, a promoção da justiça e da mulher, a ascensão do proletariado, o fim do colonialismo, a primazia do trabalho, a sociedade a serviço do homem, a imprevisibilidade da história (como liberdade), a importância da Ásia e da África, a não-identificação do cristianismo com as civilizações transitórias, a paz como um valor a ser defendido por todos os homens.

Sabe, e no-lo disse em *O existencialismo*, que toda filosofia ou todo conjunto de sistemas filosóficos é produto de quatro elementos: uma corrente histórica, o espírito do tempo, uma ou várias personalidades geniais e a maior ou menor adequação à verdade.

O pensamento polêmico

Leonel Franca ainda pertence à fase das polêmicas. Foi um polemista de alto nível. Apologética da erudição. Felizmente, era um contemplativo, amava Lallemant e Surin. Conciliou essa dupla vocação, de polemista e homem de oração e de vida interior.

Terá sido, como o reconhece Luís Washington Vita, na sua *Antologia do pensamento social e político no Brasil*, a expressão mais alta da inteligência católica brasileira, ao lado de Penido, que é mais um europeu, e de Tristão de Ataíde, mais crítico literário.

Suas *Obras completas*, em quinze tomos, são uma apologia da Igreja. Escreveu sobre temas protestantes. Seu primeiro grande livro — *A Igreja, a Reforma e a Civilização* — é uma réplica a Eduardo Carlos Pereira, o gramático de São Paulo. Leonel Franca o escreve como simples estudante de Teologia, em Roma. Esse livro o revelou de repente ao Brasil. Jackson, Laet, Alceu o saudaram com entusiasmo. Era o ano de 1922.

A *História da filosofia*, de 1918, obra de cunho didático, fruto de seu magistério no Santo Inácio, de 1916 a 1920, está hoje em 21ª edição. Enriqueceu-a em 1928 com um ensaio sobre a Filosofia no Brasil, de Monte Alverne a Farias Brito. Leonel Franca é um tomista, aberto às correntes modernas de renovação. Leu Maréchal, voltado para Kant e o problema crítico, Sertillanges, Maritain, Gilson, Rousselot. Foi, na Gregoriana, aluno brilhantíssimo.

Da polêmica protestante, resultaram *Catolicismo e protestantismo* e *O protestantismo no Brasil*. Polemizou com Otoniel Mota. *Relíquias de uma polêmica* é a sua discussão teológica sobre o modernismo — com José Oiticica. Três gramáticos, com tendências teologicizantes... A polêmica com Oiticica vem da morte de Mercier, por quem Franca guardava um carinho especial.

Nem tudo é para rejeitar, depois de Descartes, pensava o padre Franca. Seu tomismo era aberto, assimilação vital, orgânica. Amava o contraste das discussões científicas. Seu propósito, seu fim era defender a Igreja, a doutrina, a história, o patrimônio. As tendências do pensamento filosófico brasileiro, no período de Leonel Franca, resumiu-as Miguel Reale: quanto ao objeto, problemática político-social, de preferência às questões ontológicas; quanto ao método, certo ecletismo fundamental, que não exclui a confrontação das doutrinas; quanto ao sentido da pesquisa, o brasileiro, o autóctone, o peculiar começa a aparecer, com a adaptação de doutrinas para fins imprevistos e a utilização de autores menores, de pensadores menores; quanto à atitude dos intelectuais, o espírito de polêmica domina amplamente, com a prevalência do tom agressivo. Jackson de Figueiredo e Leonel Franca pertencem a esse ciclo, que se prolonga até a Segunda Guerra Mundial. Podemos dizer que a polêmica de Franca encerra esse ciclo.

Parecia que as indagações filosóficas devessem terminar em condenação ou aprovação — dos sistemas. Di-lo Miguel Reale, com verdade. Leonel Franca é o fim de uma fase que teve em João Gualberto do Amaral outro representante ilustre. Sem dúvida nenhuma, o livro mais profundo e complexo do padre Franca é *A crise do mundo moderno*, de 1940, livro da maturidade, escrito exclusivamente como livro, sem aproveitamento de textos, aulas ou conferências. Ensaio de grande vulto, "o mais bem-sucedido ensaio brasileiro no plano da filosofia da cultura", como disse Henrique Vaz, estuda a evolução ideológica do Ocidente nos últimos quatro séculos. Já não se trata de espírito polêmico, mas de síntese compreensiva.

Dois ensaios o tornaram famoso entre nós — o estudo sobre o divórcio e o livro (talvez, no fundo, seu livro mais humano) sobre a psicologia da fé religiosa. São conferências que deu para o centro Dom Vital. Traduziu o *Ratio Studiorum*, com longo prefácio, sobre humanismo e humanidades, a *Imitação de Cristo* e o *Livro dos Salmos*. Deixou inéditos — e logo se publicaram — alocuções, artigos, doutrinais, estudos sobre a existência de Deus, liberdade e determinismo, a formação da personalidade.

Fundou e por oito anos dirigiu a Universidade Católica do Rio, a primeira do Brasil. Foi um conferencista importante, nas décadas de 1920 e 1930, quando falava para auditórios repletos, em que se viam Epitácio Pessoa, Ismael Nery, Murilo Mendes, Sobral Pinto, Alceu Amoroso Lima. Pedagogo, apologeta, mestre espiritual, viveu para a história da filosofia e a filosofia da história.

Nele, o diretor espiritual e o conferencista erudito se completavam, harmoniosamente. Francisco Leme Lopes chamou-lhe o padre espiritual da inteligência brasileira. Leitor de Vieira e de Rui, escrevia como um clássico. Filósofo da cultura, nada lhe era estranho, na vasta perspectiva dos estudos filosóficos. Tinha uma formação rigorosamente sistemática. E o misticismo dava a esse conjunto — saber e ascese — uma dimensão propriamente sedutora.

O estudo, que publicou em *Verbum*, sobre *Catolicismo e totalitarismo*, em plena Guerra, 1944, dá-nos a medida da sua extraordinária capacidade de resumir doutrinas, expor textos filosóficos, discutir idéias. Foi um expositor. Tinha a clareza, a concisão, a precisão dos grandes analistas, que são ao mesmo tempo espíritos de síntese. Esse artigo, em que expõe o comunismo, o fascismo e o nazismo e os confronta com o catolicismo, indica um raro poder de síntese.

Em *Verbum*, a sua revista, escreveu ainda a bela introdução, no primeiro número, além de notas bibliográficas, de primeira ordem, como a sobre o livro de estréia no Brasil do padre Penido, *O corpo místico*, comentário à encíclica *Mystici Corporis Christi*. Em *A Ordem*, publicou notável artigo sobre a Companhia de Jesus, no seu quarto centenário, 1940, que coincide com a criação das faculdades católicas. É uma página em que ao filósofo se alia o jesuíta no seu amor à Ordem. Foi de fato um jesuíta fiel, marcado pelos Exercícios espirituais, pela *Ratio Studiorum*, pela *Imitação de Cristo* e pelos escritos de Surin e Lallemant, a corrente contemplativa da Companhia.

Deu em *A Ordem*, ainda, a introdução de *A crise do mundo moderno*. Se produziu relativamente pouco, em cinqüenta e cinco anos de vida, devemos atribuí-lo à doença cardíaca, que desde os quinze o afligira. No entanto, publicou uma quinzena de livros, fundou uma universidade, dirigiu-a nos anos iniciais tão difíceis e dirigiu incansavelmente no confessionário muitas almas, sequiosas de verdade e de amor.

Combateu, pois, o agnosticismo, o protestantismo, o divorcismo e se empenhou a fundo na obra de conversão da elite brasileira, através da cultura universitária. Sua alocução quando a universidade recebeu o título de Pontifícia, em 1947, é um dos textos mais belos que já se escreveram no Brasil — discurso sobre a vocação de uma universidade católica. Breve e profundo. O último tema da sua vida foi a democracia, como se vê através do texto da conferência *Rumos da democracia*, de tanta densidade doutrinal. Preocupava-o a reconstrução do mundo, ou seja, a obra de criação da paz.

Foi um humanista de cativante harmonia. Falando sobre o tomismo em duas conferências, que estão em *Alocuções e artigos*, mostrava-nos a sua fidelidade a Santo Tomás, entendido não como um marco, mas como um farol. Sobre Tristão de Ataíde escreveu uma página vigorosa, em 1943, no livro *Testemunho*, obra coletiva em que se reuniram os depoimentos dos amigos e admiradores do crítico. Um dos capítulos mais fascinantes da história espiritual do Brasil é o da amizade que uniu Leonel Franca e Alceu Amoroso Lima, ao longo de vinte anos, do que dá solene e comovida prova o discurso feito por Alceu à beira do túmulo de Leonel Franca, em setembro de 1948.

Leonel Franca representou o equilíbrio no grande movimento de renovação do catolicismo brasileiro, depois da Primeira Guerra.

Entre junho e agosto de 1928, foi ele quem acompanhou na intimidade o debate interior de Alceu consigo mesmo, na hora da conversão da disponibilidade ao engajamento religioso.

Do padre Franca, há o prefácio tão belo ao livro *Confiteor*, de Paulo Setúbal, ao *Ascensões da alma*, de Pandiá Calógeras, de 1934, à tradução da *Suma teológica*, de Alexandre Correia, à vida de Elisabeth Leseur por seu marido.

Dom Leme o teve como seu teólogo. Especialmente, durante o Primeiro Concílio Plenário Brasileiro, de 1939.

Três amizades cultivou o cardeal Leme, todas numa perspectiva altamente intelectual: a de Tristão, a de madre Maria José de Jesus, a filha de Capistrano que foi priora do Carmelo de Santa Teresa, e a do douto jesuíta Leonel Franca. Alceu era, para Dom Leme, o mundo no sentido da cultura literária e das questões político-sociais. Madre Maria José era a oração. (Além de ser a poesia.) E o padre Franca era a sabedoria. A pedido de Dom Leme, a madre compôs a Oração de consagração do Brasil ao Cristo, na inauguração do Cristo Redentor no Corcovado.

Membro do Conselho Nacional de Educação, desde a fundação em 1931, o padre Franca era extremamente metódico, minucioso. Pertenceu também ao Conselho de Estatística. Ao receber, através do padre Leme Lopes, porque estava doente, o Prêmio Machado de Assis, da Academia Brasileira, pelo conjunto da obra, era já um nome arquiconsagrado de nossa cultura. Não foi da Academia porque não quis. Dom Leme fez tudo para que se candidatasse. E ele sugeriu o nome de Alceu, que assim sucede a Miguel Couto, na cadeira 40, que foi de Eduardo Prado e Afonso Arinos, o tio.

Três fatores o modelaram, tal como aparece a nossos olhos — a formação ascético-mística da sua Ordem, o temperamento introvertido e a enfermidade.

Viveu entre a vida e a morte, como uma figura de vitral. Foi um ser angélico. A doença o transfigurou ou o libertou de si mesmo. As notas espirituais, tão profundas e precisas, publicadas depois de sua morte, o que indicam é um espiritual, no sentido católico, um homem de intensa e exigente vida interior, vivida longamente em plenitude. *Vir Dei*. A visão mística do mundo viera dar acabamento, harmonia, consumação plena ao que havia de filosófico nesse espírito extremamente sério.

Schmidt levou Francisco Campos ao padre Franca, em 1931, para que acertassem o ensino religioso. Schmidt editou o livro de Franca a respeito, em que este nobremente expõe, com riqueza de pormenores históricos e sociológicos, o problema. Quem redigiu a exposição de motivos para o decreto que instituiu o ensino religioso foi Leonel Franca.

Houve um momento em que reuniu na sua universidade nascente uma equipe que era realmente uma elite — Paul Siwek, mestre em Spinoza, psicólogo, Pierre Charles, brilhante jesuíta, Eduardo Magalhães Lustosa, ágil na ironia, Yerzy Zbrozek, com sua filosofia do direito haurida em Louvain, Sebastião Tauzin, mestre em Bergson, com o livro prefaciado por Tristão de Ataíde, *Bergson e Santo Tomás*, Pedro Secondi, Roberto Alvim Correia, Penido, que nunca assumiu sua cadeira de psicologia. E Dom Abade Tomás Keller, que nunca chegou a assumir a de teologia.

João Camilo observa muito bem, na *História das idéias religiosas no Brasil*, que "o estabelecimento de base solidamente intelectual para a cultura brasileira deve muito a um sereno jesuíta do Rio, reitor da PUC, filósofo, educador, cuja ação pessoal era um motivo de encantamento, que todos, afinal, que o conhecemos, acabamos venerando como santo" (p. 198).

E, comentando *A psicologia da fé*: "Na pobreza da bibliografia brasileira, podemos considerá-lo como de notáveis proporções, e de qualquer modo era um livro de excelentes qualidades, lúcida monografia."

A revelação do valor teórico ou cultural do catolicismo, eis a missão do padre Franca. O tema das relações entre a existência e a fé, quem o colocou entre nós com mais acuidade? No estudo sobre o divórcio, esgota o tema do ponto de vista jurídico e sociológico. Insiste menos no aspecto teológico. Pois destinava o ensaio a crentes e não-crentes e queria de preferência colocar-se na perspectiva da história, das questões legislativas e sociológicas. Menotti del Picchia insurgiu-se contra o livro e mereceu-lhe uma réplica mordaz.

Os textos da polêmica protestante — sobretudo o grande livro clássico *A Igreja, a Reforma e a Civilização*, de 1922 — estão longe obviamente da nova situação dita ecumênica. São da fase anterior ao ecumenismo, pelo menos no seu apogeu ou expansão. Exprimem uma situação polêmica, de tensão mútua, com o desejo de converter, convencer com argumentos o adversário. A perspectiva é claramente apologética.

Não se trata nunca de originalidade. Mas de fidelidade doutrinal, exposição bem-feita de doutrinas, transcrição das críticas, um vasto aparato de erudição, conforme o gosto do tempo, de argumentar com modelos, citações. Livros eruditos, copiosos, bem escritos, de muita honestidade intelectual, em que análise e síntese se equilibram, tudo num clima de grande rigor com o adversário.

Elegância na polêmica, sim, mas certa severidade, muito do tempo, certo empenho de demolir o inimigo, reduzi-lo, o que é sempre a tentação da polêmica. Parece-me que, com Farias Brito, mesmo com Sílvio Romero, por exemplo, há nele certo excesso na dureza da crítica.

Os artigos de grande fervor, que Alceu Amoroso Lima escreveu por ocasião da morte do padre Franca, em 1948, um no suplemento de *A Manhã*, outro no suplemento do *Diá-*

rio de Notícias, além do texto, publicado pelo *Jornal do Comércio*, do discurso à beira do túmulo, ou ainda o artigo em *Verbum*, nos desvendam a importância dessa presença intelectual, na renovação do catolicismo brasileiro.

Na Bahia, por ocasião do Congresso Eucarístico Nacional de 1933, fez o padre Franca importantes conferências, muito concorridas e aplaudidas, e essa viagem à terra das suas raízes humanas, pois era de família baiana, sobrinho de Dom Macedo Costa, foi a única viagem triunfal da sua vida, o único momento de pura exaltação do seu destino severo. Fê-la com Alceu Amoroso Lima e o cardeal Leme.

Ouçamos Alceu a respeito do lado místico de Leonel Franca: "Na missa das seis e meia da manhã, no Santo Inácio, esse homem que mal pesava sobre a terra e era só olhos, num corpo moreno e translúcido, esse homem que nas discussões era ágil como um esgrimista e lógico como um escolástico, que tinha o estilo de Rui e o coração de Anchieta, que organizava laboratórios de Física e fundava uma universidade, que se pendurava nos estribos de bonde e conhecia os caminhos mais recônditos do coração humano, na missa de manhãzinha, era um místico, e a sua missa era dita de tal maneira que uma aura misteriosa já parecia cercar de luz essa cabeça precocemente desguarnecida, que deu à nossa geração o sentido profundo da ordem sobrenatural." (*Companheiros de viagem*, p. 62.)

Alceu assistiu cotidianamente a essa missa das seis e meia, na Igreja de Santo Inácio, ao longo de vinte anos, de 1928 a 1948.

Igreja, aliás, a que iam com freqüência, nessa época, duas outras figuras — o embaixador Jefferson Caffery, dos Estados Unidos, e o escritor Plínio Salgado, líder da Ação Integralista Brasileira.

Teve o padre Franca relevante papel, como consultor do cardeal para questões sociais, na atitude por este assumida em face do integralismo. Alceu, Franca e Plínio se reuniram para debater o apoio da Igreja ao movimento. Alceu e Franca transmitiram a posição do cardeal, que era de não-recomendação do integralismo pela Igreja como tal.

Alis nil grave. Às asas nada é pesado. Eis o lema que Franca escolheu para sua Universidade.

No seu diário de 1932, dia 1º de maio, lemos o seguinte: "Hoje, domingo, às três e meia, procurou-me o Dr. Pontes de Miranda, para comunicar-me a publicação do anteprojeto da Introdução ao Código Civil, elaborado pela Comissão, que havia substituído para a discriminação dos direitos da família o critério do domicílio ao da lei pessoal. Disse-me ainda que o Dr. Francisco Campos, atualmente ministro da Justiça, e ele iriam redigir um contraprojeto, a ser apresentado ao chefe do Governo. Pediu-me, por último, a colaboração da Igreja, numa questão que tão de perto interessa à organização da família.

"Fui imediatamente ao cardeal comunicar-lhe o ocorrido. S. Emª encarregou-me de redigir uma carta que seria enviada ao Dr. Getúlio, e outras personagens influentes.

"Redigi a carta e enviei-a logo ao cardeal pelo padre Crespo."

Como se vê, teve ele papel de relevo, em negociações das mais significativas. Foi o primeiro padre assim ouvido e acatado, no Brasil, pelos círculos governamentais, não na qualidade de político, deputado ou senador ou ministro, mas na de padre.

Ainda do seu diário íntimo: "1946, dezembro, 20 — Visita de Epitácio Pessoa Cavalcanti, que me veio propor aceitasse a candidatura a senador pelo Distrito Federal, em nome do Dr. Getúlio Vargas, como chefe do Partido Trabalhista. Respondi-lhe declinando o convite, que a minha profissão religiosa não permitia aceitar."

Este cartão do cardeal Leme diz bem quanto estimava o ainda jovem padre Franca, S. J.:

> "Rio, 8 de abril de 1933.
> Meu caro padre Franca,
>
> De coração, lhe agradeço o exemplar de *Catolicismo e protestantismo*. É obra digna da Igreja e do padre Franca. Já agradeci a Deus mais esse presente do Céu. Aqui, à puridade, lhe digo que fiz intenção habitual que sempre renovo de na santa missa pedir ao Rei Divino que nos conserve o padre Franca. Pedir e agradecer. Sebastião, cardeal arcebispo."

Na Bahia, em 1933, falara sobre materialismo científico, ciência e fé, temas tão caros ao seu coração de apologeta. Tentará sempre esclarecer as inteligências no sentido da conciliação entre a religião revelada e pesquisa experimental, a razão e a fé, a cultura e a Igreja. Já dizia em 1922 em carta ao padre Madureira que seria esse o seu caminho, o do apostolado universitário.

Grandes amigos seus na Companhia foram os padres Madureira, Luís Yabar, Luís Gonzaga Cabral, o fino escritor português, que logo descobriu a vocação literária de Jorge Amado, através de uma página sobre o mar, Pedro Veloso, Eduardo Lustosa.

Diligite homines, interficite errores, a palavra de Santo Agostinho se cumpria nele.

A reforma do ensino de 1942 foi feita sob a orientação do jesuíta.

Lemos no seu diário:

> "1942, março, 19 — De tarde, chamado do Capanema. Estivemos mais de três horas reunidos, o ministro, Lourenço Filho e eu, discutindo pontos da nova reforma do ensino. Várias sugestões feitas anteriormente foram aceitas.
> 26 — Nova entrevista com o ministro da Educação.
> abril, 5 — Pela tarde, chamou-me o Dr. Capanema, para mostrar-me a redação definitiva da Lei Orgânica, do currículo, e da Lei de adaptação.
> abril, 6 — Páscoa — O Dr. Capanema passou pelo colégio, à tarde. Apresentei-lhe as últimas observações, que foram aceitas."

Vasta influência pessoal e direta, na vida político-social, na política cultural do governo. Uma ação que se multiplicava por várias organizações, como na Comissão Censitária Nacional, de que foi membro. Ou na Comissão do Livro Didático.

Foi Gustavo Capanema que lhe pediu traduzisse do latim a *Ratio Studiorum*. A sugestão fora de Afrânio Peixoto a Capanema.

Que era para ele a Universidade Católica?

"Queremos uma universidade capaz de totalizar e hierarquizar o saber, fundir numa unidade orgânica o pensamento e a vida, depositária fiel de todo o patrimônio intelectual que constitui uma das maiores riquezas de nosso povo, orientadora segura nas dificuldades, cada vez mais complexas, do progresso da civilização cristã." Palavras suas de 24 de maio de 1932, ao inaugurar-se o Instituto Católico de Estudos Superiores.

Cristianismo e civilização, eis o tema por excelência de tão nobre vida. A 8 de maio de 1941, Alceu Amoroso Lima falava na Academia sobre *A crise do mundo moderno*, que acabava de sair: "Uma dessas obras que marcam um ano literário e honram a inteligência e cultura de todo um povo."

Sucede a Dom José Gaspar de Afonseca e Silva no Instituto Histórico, em 1944. Para ele, a cultura é a realização integral da verdade na vida. Apologista da verdade. Foi a cabeça mais organizada de sua geração, sua lógica era de cimento armado, como observara Murilo Mendes. De tal modo impressionou os contemporâneos, que um deles, Tristão de Ataíde, pôde escrever no suplemento de *A Manhã*, de 12 de setembro de 1948, nove dias depois da morte do padre Franca: "Foi, no plano filosófico-teológico, o que Rui foi no plano político-jurídico. Um florete de analista invencível, nas mãos de um lutador de cultura inabalável e profunda."

Jackson o comparara a Carlos de Laet.

Franca sabia que as grandes inteligências ordenam, concentram e unificam.

Prefaciando *Ciência e religião*, do cônego Salim, de São Paulo, ou *A família cristã*, de Angelo Brucculeri, era Leonel Franca o mesmo espírito meticuloso e digno, atento aos pormenores e voltado para as grandes sínteses. Como dizia Tristão à beira do túmulo de Leonel Franca, "ele foi um sinal luminoso da serenidade, da harmonia, do equilíbrio".

Seu pensamento polêmico tendeu sempre à unidade e à tranqüilidade. Pois o lema fundamental dessa vida era realizar plenamente a verdade na caridade.

"Vá conversar com o Franca. A só presença dele é já uma grande luz", escrevia Jackson a Alceu, em carta de 22 de novembro de 1927. (*Correspondência*, p. 139.)

ANEXO I

Calógeras

Uma das maiores dificuldades de Pandiá Calógeras, ao aproximar-se da Igreja, foi a Eucaristia. Quem abrir o livro minucioso de Gontijo de Carvalho, *Calógeras*, 1935, encontrará muitos subsídios, no capítulo O *cristão*.

De julho de 1926 a julho de 1927, o estadista João Pandiá Calógeras, antigo ministro da Guerra, da Agricultura e da Fazenda, engenheiro eminente, parlamentar, mantém com o jesuíta padre Madureira uma correspondência em que há matéria sobre sua dificuldade quanto à Presença Real. Cartas eruditas, sérias e simples, que impressionam ainda mais quando nos lembramos do ambiente de generalizado indiferentismo religioso, cepticismo, agnosticismo.

Calógeras já amava a Igreja. Mas pedia ao padre Madureira que o esclarecesse a respeito da transubstanciação e seus problemas teológicos. Não queria cair no psitacismo religioso. Na repetição vaga de fórmulas. Não era papagaio. Queria saber teologia. Sua vasta cultura universal indicava-lhe o caminho da penetração teológica. O sábio Madureira sugeriu que Calógeras estudasse o livro de Hugon, dominicano famoso, a respeito da Eucaristia. Mandou-lhe o exemplar da biblioteca dos jesuítas de Friburgo. O político e humanista percorreu a obra. O jesuíta recomendou-lhe também o estudo do padre Lebreton. Calógeras elabora um extenso resumo do estudo de Lebreton. Altino Arantes, um dos poucos que leram esse resumo, elogia-o vivamente.

Hugon, Lebreton, um trecho de Sertillanges, que Madureira lhe revelara. E, sobretudo, as cartas do jesuíta Madureira, de 30 de junho e 16 de julho de 1927. Duas aulas de teologia. A 5 de agosto de 1927, Calógeras faz sua Primeira Comunhão. O padre Madureira ofereceu-lhe um *Missale Romanum*, pois Calógeras lia perfeitamente latim.

Curioso é aqui evocar um episódio desse processo de conversão. O encontro de Calógeras com o livro de Leonel Franca, *A Igreja, a Reforma e a Civilização*, de 1922. O estadista ficou impressionado. Em matéria de polêmica doutrinal, não havia obra mais perfeita no Brasil. E Leonel Franca escrevera o livro como estudante de teologia, com menos de trinta anos. Calógeras espantou-se.

Como católico, Calógeras escreveria sobre Feijó, Dom Vital, o divórcio, os jesuítas, o padre Madureira, a Ordem de São Bento e a civilização, o conceito cristão do trabalho.

Faria ele a oração inaugural do Cristo Redentor do Corcovado, diante do presidente Vargas e do cardeal Leme.

E, em 1928, como paraninfo do Mackenzie, proferiria um discurso altíssimo, quase sensacional, sobre o sentido da vida. *Ascensões da alma* aparece em 1934, logo depois de sua morte, com prefácio do padre Leonel Franca.

O cardeal Leme quis entregar a presidência da LEC, em 1933, a Pandiá Calógeras. E assim foi. A secretaria-geral coube a Tristão de Ataíde, que realmente dirigiu os trabalhos dessa importante organização apolítica, de tão larga influência em 1933-34. Os postulados católicos foram respeitados pela Constituição de julho de 1934. União, em 1824, separação, em 1891, colaboração, em 1934.

Penido, um europeu exilado

Curioso fenômeno da vida cultural brasileira é o da não-integração, ou o da pouca integração, de Maurílio Teixeira-Leite Penido, que depois de vinte anos continuou a ser o mesmo europeu que era, ao desembarcar, em 1938, no Rio de Janeiro. Um europeu exilado no Brasil. Ou, mais exatamente, um francês.

Adaptou-se pouco. Não chegou a integrar-se em nossa vida cultural. Intimidado talvez por aspectos menos simpáticos de nossa atmosfera intelectual, recolheu-se. Desambientado e introspectivo, regeu, por dezoito anos, uma cátedra de Filosofia, na Faculdade Nacional de Filosofia, onde o colocou a solícita indústria de Alceu Amoroso Lima.

Podemos dizer que se limitou quase à preparação minuciosa, cotidiana e exemplar das suas aulas. Foi sempre um mestre meticulosíssimo, preso às fichas. Não admitia improvisação. De tal modo que, ao chegar certa vez à faculdade sem a pasta, que desventuradamente esquecera em sua mesa do apartamento da rua Fernando Mendes, em Copacabana, não quis dar aula. Instaram, porém, os poucos alunos para que a desse de improviso. Deu-a, e foi a melhor das suas aulas, fluente, viva, não menos erudita, nem menos densa. É um dos fenômenos mais estranhos da cultura brasileira essa desintegração do padre Maurílio Teixeira-Leite Penido. Essa pouquíssima participação, que o torna afinal um desconhecido em seu próprio país.

Pois esse europeu, esse francês, nasceu em Petrópolis. E foi menino para a Europa. Lá, viveu trinta anos, sem vir ao Brasil. Sua mãe, que sonhava trazê-lo de volta um dia, acostumou-se a conversar com ele em português e exigiu dele que freqüentasse os clássicos de nossa língua. Se Vieira o irritou pela excessiva riqueza verbal, frei Tomé de Jesus e o padre Manuel Bernardes logo o encantaram, literalmente. Refere-se a frei Tomé de Jesus com ternura. Essa intimidade com a língua permitiu-lhe retornar ao Brasil como se daqui nunca se tivesse afastado: falando o mais perfeito português. Esse filósofo escreve e fala com uma elegância, uma clareza, uma concisão de grande escritor. E grande escritor, ele o é, com efeito. Maneja a língua um pouco ao modo dos clássicos, de que se impregnou, mas com a rapidez dos modernos. Essa fusão de classicismo e modernidade é um dos encantos da sua prosa, como em Laet e João Ribeiro. Uma prosa ágil, dúctil, plástica. De vez em quando, um francesismo inocente vem denunciar-lhe a formação francesa. Era inevitável.

Para superar esses resquícios, pôs-se a ler, aos cinqüenta anos, Machado de Assis. Capitu fascinou-o. O filósofo tomista, freqüentador dos clássicos em que Machado de Assis bebera a língua, deixou-se entusiasmar, arrebatar pelo romancista profundo, pelo sutil analista, pelo perscrutador implacável da trilogia famosa. Prefere Machado a Proust, que também leu minuciosamente. O que há de britânico no padre Penido e fê-lo mergulhar em Newman identificou-se com o *humour* machadiano, como já se identificara, na mocidade, com a ironia de Bremond. Pouca gente sabe que Penido teve no *Abbé* Henri Bremond um dos fecundadores da sua juventude. A longa história literária do sentimento religioso nas letras francesas foi uma das suas leituras de cabeceira. Bremond, irônico, lépido, exerceu uma decisiva e poderosa influência no espírito e também no estilo de Penido.

Europeu exilado no Brasil, sua própria terra, apesar da intimidade lingüística e de certa identificação afetiva com a paisagem mineira de Juiz de Fora e com a de Petrópolis, esta mais européia do que aquela, ambas tão ligadas à sua infância, o padre Penido é quase um clandestino na vida editorial brasileira. Poucos lhe conhecem o nome. No entanto, ninguém mais indicado para orientar a vida intelectual do Brasil. Perdemos, já agora, essa oportunidade singular. O padre Penido faleceu com setenta e cinco anos, tocado pela enfermidade, e já sem sair do seu pequeno apartamento no Seminário Arquidiocesano de São José, onde regeu a cadeira de teologia dogmática. Afastou-se da Universidade do Brasil. Na Universidade Católica, nunca chegou a exercer a cátedra, que, desde a fundação em 1941, lhe pertencia, por indicação do seu admirador Leonel Franca: a de psicologia. A Santa Sé concedeu-lhe, em janeiro de 1956, o título honorífico de monsenhor, em reconhecimento aos seus trabalhos de ordem cultural.

Monsenhor Penido é, simultaneamente, tradicional e moderno. Conseguiu harmonizar em si a mais rigorosa formação tomista e a mais aberta e ousada modernidade. É um escolástico e um homem do seu tempo, da problemática da sua geração. Sua curiosidade intelectual, espantosa. E sua atualização, em filosofia, em sociologia, em literatura, em teologia, simplesmente inacreditável. Nem a doença lhe diminuiu a fidelidade à pesquisa. Mas uma pesquisa lúcida, arejada, moderna, em contato com a vida. Rigor e abertura. E essa conciliação profunda entre a formação tomista rigorosa e a capacidade de diálogo com o pensamento moderno vem a ser um dos segredos fascinantes da sua personalidade, internacionalmente famosa.

Porque Penido é um nome internacional. E é o único brasileiro que regeu, durante dez anos, regularmente, uma cátedra universitária na Europa. Se no Brasil podemos dizer dele que é quase um desconhecido, mesmo nos meios universitários, ou entre leitores de suplementos e freqüentadores de livrarias, seu nome na Europa circula amplamente nas bibliografias filosóficas, talvez como o de nenhum outro brasileiro, entre vivos e mortos. Seu nome, que os europeus — como me dizia o saudoso Zbrozek — supunham de um espanhol (da douta Salamanca), está nos livros de Jacques Maritain, de Régis Jolivet, de Jacques Chevalier, de Etienne Gilson. Por mais de uma vez, Maritain o cita na obra-prima, de 1931, *Les Degrés du Savoir*, cujo capítulo sobre a analogia o filósofo francês teve a delicadeza de submeter, nos originais, à apreciação do filósofo brasileiro. Mais de uma vez, o jovem padre Penido celebrou na capela dos Maritains, na célebre casa de Meudon, onde se reuniam homens como Cocteau, Gide, Stravinski, Mounier (ali nasceu a revista *Esprit*), Mauriac, Du Bos, Gabriel Marcel, toda aquela geração que madame Raissa Maritain evocaria em *Les Grandes Amitiés*.

Quem folhear a *Revue Thomiste*, entre 1930 e 1940, encontrará uma série de longos artigos de *Abbé* M. T. L. Penido. Não só erudição, mas — sobretudo — inteligência. Aqui, nos fala do problema da conceituação da filosofia cristã (1934). Ali, disserta sobre o nosso conhecimento de Deus (no número de 1935 dedicado ao cardeal Caetano, doutor da analogia). Depois, estuda a teodicéia de Bergson, que publicara *Les*

Deux Sources de la Morale et de la Réligion. Mais além, um artigo definitivo sobre psicologia religiosa. Outro, sobre o livro do beneditino Dom Anselmo Stolz, de quem o padre Penido divergia: *Teologia da mística*, 1936. Esse artigo é modelo de elegância em polêmica doutrinal. O nosso filósofo diz tudo que desejava dizer, mas com que dignidade, com que delicadeza, com que respeito pelo adversário. Apontou, com razão, duas sérias imperfeições no famoso livro: a oposição entre psicologia e teologia mística e a oposição entre a teologia patrística grega e a latina. Duas oposições arbitrárias, criadas por Dom Stolz. Creio que foi o último trabalho de Penido na *Revue Thomiste*. Saiu em 1937. O seu autor veio para o Brasil, definitivamente, em 1938.

Mas, folheando as coleções da *Revue Thomiste*, não deparamos só artigos doutos de Penido. Vemos artigos sobre Penido. Um, de Gustave Thibon, sobre o livro de M. T. L. Penido, *La Conscience Religieuese*. Outro, de Jacques Maritain, sobre *Dieu dans le bergsonisme*, ensaio publicado por Penido em 1934. O dominicano Benoit Lavaud, por muito tempo prior do célebre Convento de Saint Maximin, saúda — em 1931 — a aparição do maior livro do nosso filósofo brasileiro: *Le Rôle de l'Analogie en Théologie Dogmatique*. Lavaud elogiava com entusiasmo a profundidade do livro e o admirável estilo do jovem autor.

Mas não basta consultar a *Revue Thomiste*, fundada em 1893 por Mandonnet, Gardeil e Sertillanges. Em outras revistas européias, Penido anda solto, à vontade. Lá está ele, nas coleções de *Nova et Vaetera*, de Charles Journet: um estudo sobre a conversão de Newman, que é uma de suas paixões maiores. Escreveu, também, para a *Revista de Filosofia e Teologia* da Universidade Católica de Louvain: sempre sobre temas teológicos. Citado como mestre, incorporou-se à cultura filosófica e religiosa européia. É um nome familiar. Essa notoriedade contrasta com a quase-ausência de biografia brasileira sobre Penido. Enquanto Charles Journet o cita no seu estudo monumental e recente sobre eclesiologia, os nossos livros contêm poucas referências à obra de monsenhor Penido, pouquíssimas.

Quem o revelou ao Brasil foi Alceu Amoroso Lima, através das páginas de *A Ordem*, onde fez publicar, precedida de nota elogiosa, uma crônica do jovem padre Penido sobre o encontro de filósofos — em 1934 — a respeito da filosofia cristã. Penido participou desse encontro com Maritain, Gilson e outros pensadores de primeira grandeza. Essa nota discreta é a primeira obra de Penido publicada no Brasil, e em português. Tinha ele, então, trinta e nove anos. Que eu saiba, existe apenas uma referência ao nome de M. T. L. Penido em texto brasileiro, anterior à publicação do artigo em *A Ordem*: a de Castro Néri, em livro. Ao chegar ao Brasil em 1938, Penido era um estranho entre nós. Sua glória internacional não chegara ao Brasil.

Nunca chegaria. Até agora, não se estudou ainda a obra múltipla desse *scholar*, que é, sem favor nem exagero, nossa maior expressão no plano da filosofia. Seu principal discípulo brasileiro, o Dr. Eduardo Prado Mendonça, dedicou-lhe artigos em suplementos literários. Tristão de Ataíde ocupou-se dele em artigos de jornal, depois reunidos no volume *A vida sobrenatural e o mundo moderno*, 1957. Artigos sobre dois estudos de Penido — "O itinerário místico de São João da Cruz" e "O mistério da Igreja". Em toda a obra de Tristão de Ataíde, sempre tão atento às realidades espirituais, há só duas outras referências ao nome de Maurílio Penido: em *O espírito e o mundo*, de 1936, a respeito de *Dieu dans le bergso-*

nisme, e em *Meditação sobre o mundo moderno*, de 1942, no capítulo sobre o existencialismo, reproduzido no ensaio de 1951 — "O existencialismo" — e reeditado em 1956: *O existencialismo e outros mitos do nosso tempo*. Referências a que se junta uma outra rapidíssima, quase acidental, em *Quadro sintético da literatura brasileira*, de 1956, no capítulo sobre a literatura católica neomodernista. O eminente historiador mineiro João Camilo de Oliveira Torres também o cita em seu livro monumental *A democracia coroada*, de 1957. Falta — porém — um estudo mais acurado, uma análise da contribuição penidiana à crítica filosófica do nosso tempo.

Penido publicou na Europa quatro livros de raro valor. Nesses quatro ensaios, revela-se mestre. Ele teve a fortuna de estudar filosofia e teologia na Universidade de Friburgo, na Suíça, numa fase de intensa fermentação cultural. Doutorara-se em letras pela Universidade de Paris e, aos dezenove anos, chamado ao sacerdócio católico, iniciava o currículo filosófico na Universidade Gregoriana, em Roma. Residia no Seminário Francês de Roma. Era um seminarista de Paris... Mas logo se transferiu para Friburgo. A fama da jovem universidade o atraíra. Foi aluno de três dominicanos famosos, em Friburgo: Allo, exegeta; Norberto Del Prado e Francisco Marín-Sola, teólogos tomistas de grande reputação. Del Prado revelou-lhe Santo Tomás, iniciou-o na *Suma teológica*. A sua fidelidade ao tomismo vem desse curso austero com Prado e Marín-Sola. Tudo que nos falta habitualmente — a solidez, a coerência, o equilíbrio, a penetração, o gosto das minúcias, das dificuldades, o contato direto com as fontes — ele o teve abundantemente. Mas foi, a de Penido, uma formação sistemática aberta, atualizada, sem estreiteza. A morte de Del Prado fez com que o nosso Penido se voltasse exclusivamente para Marín-Sola, o autor de *La Evolución Homogénea del Dogma*, que exerceu — como professor — a mais funda influência na evolução do teólogo brasileiro. Marín libertou Penido da influência de Garrigou-Lagrange, bem mais fechado. Foi o encontro e o convívio com Marín-Sola que deu à cultura teológica de Penido a sua amplidão, a sua flexibilidade, a sua plasticidade notabilíssima. A Igreja lhe aparecia como "evolução homogênea", tal como Vicente de Lerins, no século V, e Newman, no século XIX, já haviam notado.

Doutor em filosofia em 1918, Penido consagrou a Bergson a sua tese de doutorado: *La Méthode Intuitive de Bergson*, alentado volume de duzentas e vinte páginas. Tinha vinte e três anos. Quem editou esse livro magistral (em 1918) foi o próprio editor de Bergson e Blondel-Alcan. Compõe-se o ensaio de duas partes: a expositiva e a crítica. O jovem doutor critica o antiintelectualismo de Bergson. Depois de fazer-lhe justiça, com Maritain (*La Philosophie Bergsonniene*, 1913), depois de reconhecer o que há de positivo na crítica bergsoniana ao transformismo, ao mecanismo, ao evolucionismo, ao platonismo, ao kantismo, ao espírito positivista — mutilador da realidade, Penido defende a inteligência, que Bergson sacrificara, justamente ao pretender afirmar os direitos do espírito. O filósofo de *Evolution Créatrice* queria reabilitar o antigo espiritualismo, revelar que liberdade, imortalidade, espiritualidade, Divindade não são conceitos ultrapassados, mas eternos. Denunciara a concepção falsa de ciência e de filosofia, a inexata colocação das relações entre ambas, o sacrifício do fato à mera hipótese e — sobretudo — descobrira o tempo, como Proust, que lhe carregara as alianças no casamento, como Bergson informou a Jacques Chevalier. Mas o mestre comprometera a inteligência, confundira-a com a imaginação estática, o conceito com a imagem, sem perceber que entre o conceito e a imagem mesmo geral há uma diferença não só de grau, mas de natureza.

Penido quis esclarecer esses equívocos do pensamento bergsoniano. E o fez magistralmente. Com ingenuidade perguntava: "O discípulo não deve mostrar-se mais exigente que o mestre?" Mostrou-se exigentíssimo. Dissecou Bergson. Submeteu-lhe o método intuitivo a severa sondagem. Anotou logo que Bergson passara indevidamente do relativo ao absoluto. A crítica bergsoniana da inteligência — o seu antiintelectualismo — vale contra certo intelectualismo, não contra todo intelectualismo, não contra a inteligência, como a vê, objetivamente, o realismo aristotélico-tomista. Bergson não sintetiza. Não admite a unidade da multiplicidade, a continuidade da diversidade. Sacrifica o ser ao vir-a-ser. A metafísica da causalidade parece-lhe incompatível com a evolução. Tendo de optar entre Heráclito e Parmênides, escolhe Heráclito, o fluxo, o *devenir*, a evolução permanente e irresistível. Desconheceu Aristóteles. O dilema bergsoniano é entre a estabilidade do ser e a evolução. Opta por esta e recusa a lógica da identidade. Ou a intuição libertadora, ou a deformação do real. O bergsonismo, no fundo, é uma forma de nominalismo.

E Penido chega, finalmente, ao núcleo da questão: "A inteligência não deforma as coisas, ainda que, nas coisas, haja mais que no conceito. Causalidade não é identidade, a causa não é o efeito, o efeito não é idêntico à causa, não pode reduzir-se à causa. A existência causal não é atual, porém virtual. Deixamos larga porção ao novo, à expansão do ser, ao dinamismo. Afirmamos a inefabilidade do indivíduo, mas não a deformação do real pela inteligência." E belamente: "Imagina-se, porque as idéias são necessárias, intemporais, que para pensar o tempo é preciso torná-lo intemporal, que para atingir o particular é necessário torná-lo intemporal, que para atingir o particular é necessário torná-lo universal. Concebendo o tempo, concebo-o como fluente, dinâmico, mas o concebo de maneira eterna, universal, necessária. Pensar o *in fieri* não é pensá-lo como já foi feito, pois, como contraditório. Mas pensando o *devenir*, penso-o como *devenir*, não como repouso. A inteligência tem por função afirmar, no caso da mudança, caso particular, que a mudança é, universalmente, eternamente, necessariamente, particular, temporal, contingente." Contra Bergson, Penido defendia a legitimidade da inteligência. E recusava a oposição entre intuição e inteligência. Louvava em Bergson o esforço de reintroduzir a noção de Absoluto nos conhecimentos humanos, a capacidade de acreditar numa metafísica do Absoluto. Mas concluía que o genial filósofo exagerara a fragilidade da inteligência discursiva e o poder da intuição. "A dialética é necessária", observava Penido, "para dilatar a intuição, assegurar-lhe pontos de referência." O espírito filosófico é espírito de síntese. E o jovem mestre aconselhava, conciliador: "Considerar o discurso como criador de conceitos fluidos, cuja relatividade conhece — e não como jogo de imagens imobilizadas e mortas, mecanizadoras do real. Vivamos nosso pensamento e, para isto, saibamos pensar nossa vida."

Não sei qual a reação de Bergson em face desse livro de 1918. Sei, porém, qual sua reação diante do outro livro de Penido sobre o pensamento bergsoniano: *Dieu dans le bergsonisme*, 1934. Chevalier nos informa que o livro causou desgosto a Bergson: era contra demais. (*Entretiens avec Bergson*, 1959.) De fato, o jovem crítico, exigente e lúcido, denunciava que Bergson tentou introduzir uma dissociação entre mística e

Teologia, subordinou o misticismo a uma concepção imanentista, ameaçada de panteísmo, e não estabeleceu distinção entre a natureza e a Graça. Evidentemente, Bergson não é uma plenitude, não é um ponto de chegada; é um ponto de partida. Diante da implacável análise de Penido, Bergson chamou-lhe teimoso. E zangou-se. Parece, aliás, que a tendência dos próprios católicos é esquecer o ensaio de Penido sobre a teodicéia bergsoniana, pois não mais foi reeditado, ao contrário do que ocorre com *La Conscience Religieuse*.

São os três planos em que Penido se tornou uma autoridade mundial: Bergson, psicologia religiosa e analogia. Mas, dos quatro livros da fase européia do seu magistério (o de 1918 e o de 1934 — sobre Bergson; o sobre a analogia em teologia, de 1931; o sobre a psicologia religiosa, de 1934), o que ainda circula é *La Conscience Religieuse*, ensaio sobre tipologia das conversões, mística e patologia, com uma refutação de Pierre Janet, que equiparava santidade e loucura. Esse admirável ensaio conserva, ainda hoje, quarenta anos depois de seu lançamento, a mesma atualidade. É empolgante.

Penido especializou-se em psicologia da mística e da conversão. Opôs a uma psicologia limitada, estreita, linear, a psicologia profunda dos estados místicos. Analisou a santidade nas suas manifestações complexas de ordem ascética e mística. E revelou-nos Maria da Encarnação, a famosa mística francesa — missionária no Canadá, em torno de cujo itinerário místico escreveu o quinto e último capítulo de *La Conscience Religieuse*. Penido veio mostrar-nos que santidade é fecundidade e não esterilidade, que os santos são perfeitamente normais, supernormais, e não subnormais.

Mais, porém, do que *La Conscience Religieuse*, *Dieu dans le bergsonisme*, *La Méthode Intuitive de Bergson*, o livro que lhe deu extraordinária celebridade nos meios filosóficos e teológicos foi o estudo sobre a *Analogia* (Vrin, 1931), obra clássica, citada por todos que se referem ao tema analogia. Não se escreveu nenhum livro tão perfeito sobre tal assunto. É o ponto culminante. Valeu-lhe uma fama internacional de sábio. Aqui o temos traduzido por Dinarte Duarte (Vozes, 1946) e revisto pelo seu glorioso autor. A modernidade de Penido aparece mais nitidamente do que em nenhum outro ensaio no que dedicou ao cardeal Newman, em 1946. Gilberto Freyre considera esse livro como o melhor livro escrito por padre no Brasil. O que há em monsenhor Penido de avançado em matéria social transparece nesse livro, composto por sugestão de Alceu Amoroso Lima. O anticonservadorismo, o anti-reacionarismo, o anticlericalismo, a largueza, a compreensão do mundo moderno, o desejo de uma reforma social de estruturas. Amigo íntimo de Maritain e de Journet, Penido concebe os problemas da cidade temporal com lucidez, coragem, maleabilidade. Não há nele nenhum univocismo.

Diante da sua vasta obra de pensador moderníssimo — quatro volumes em francês, cinco em português — temos de assumir uma atitude de carinho e respeito. É o testemunho de um sábio exigente consigo mesmo, diante das realidades espirituais. Nada vago ou impreciso. Nada diletante ou apressado. Tudo sereno, profundo, lento, mas de uma lentidão que é amor à Verdade, e nunca mediocridade ou fria erudição. Tudo caloroso, vivo, apaixonante. Uma alma ardente, em face dos apelos e dos desafios do real. Nenhuma improvisação. Nenhuma afetação. Nenhuma retórica. Nenhuma superfluidade. Tudo essencial. Os livros que escreveu no Brasil, todos por sugestão de amigos íntimos, prolongam aquele clima de seriedade intelectual e modéstia dos seus quatro ensaios-europeus: *O corpo místico*, comentário à Encíclica *Mystici Corporis Christi*, de Pio XII, 1944; *O cardeal Newman*, 1946; *O itinerário místico de São João da Cruz*, 1949; *O mistério da Igreja*, 1952; *O mistério dos sacramentos*, 1954.

O itinerário místico está pedindo uma tradução francesa, que leve para fora de nossas difíceis fronteiras esse pensamento sutilíssimo, todo entregue à pura contemplação.

… Dez livros em trinta anos

"A cerimônia começa dizendo o padre-mestre ao abade que ali estão alguns seculares que vieram bater à porta do mosteiro para pedir alguma coisa. Pergunta então o abade aos hóspedes o que pedem eles, e todos, com uma só boca, recitam o pedido da fraternidade na regra beneditina. Depois desses preliminares e já vestidos com o escapulário, segue-se uma cena particularmente importante.

"O leitor há de estar lembrado que em outros tempos andei em rodas marxistas e nietzschistas, hesitando entre a sociedade sem classes e a grande raça caucásica, não sabendo se deveria levantar a mão direita dura como um dardo ou a esquerda com o punho fechado em sinal de revolta. Pois agora, diante do abade, que representava outro Pai, eu já não tive que hesitar porque levantei as duas mãos. E todos nós, os doze oblatos novos, levantamos as mãos como as orantes antigas, cantando as palavras decoradas: *Suscipe me, Domine, secundum eloquium tuum...*

"E aí está, leitor amigo, como acaba esta história, um pouco no gosto das novelas policiais, estando eu desarmado, *hands up*, entregue inteiramente como um prisioneiro de Deus."

Assim acaba *A descoberta do outro*, o livro de estréia de Gustavo Corção, de 1944.

A 31 de dezembro de 44, em *O Jornal*, Tristão o saudava como uma revelação, um livro machadiano, que levaria para fora de nossas difíceis fronteiras um pensamento e uma sensibilidade invulgares. Era um homem em surdina.

Corção estava com seus quarenta e oito anos. Escrevera artigos para a revista *A Ordem*, a partir de julho de 1939. E o primeiro desses artigos, assinado por G. Corção, era contra a literatura infantil de Monteiro Lobato. O futuro polemista ali estava, na mordacidade e na veemência.

Os artigos iniciais revelam um liturgismo beneditino, um antiburguesismo fundamental e uma extrema flexibilidade ou agilidade. Tratava-se de um escritor.

A descoberta do outro é uma autobiografia espiritual. História de uma alma, foi escrita sob a influência do vitalismo de Dom Martinho Michler, padre-mestre no Mosteiro de São Bento do Rio, monge alemão, formado em Roma, que exerceu influência em várias gerações.

Dom Tomás Keller foi o primeiro a ministrar Teologia no recém-fundado Instituto Católico de Estudos Superiores, a convite de Alceu. Pela primeira vez, um padre dava Teologia num curso regular para leigos, entre nós. Mas Dom Tomás foi eleito abade. Era o ano de 1933. E Dom Martinho, que chegara ao Brasil em 1930, substituiu Dom Tomás nesse curso.

Divulgou o liturgismo e o vitalismo de Beuron e Maria Laach, as abadias da renovação litúrgica na Alemanha. Trouxe para cá a Teologia do mistério, de Casel. O que Corção, convertido, ouviu foram essas vulgarizações liturgicizantes e patrísticas, de fundo platônico e plotínico. Dom Martinho impressionava pela novidade. Suas aulas de Teologia continham gráficos coloridos, esquemas. Num ambiente onde catolicismo se resumia a simples apologética tradicional, mostrar a concordância entre Ciência e Fé, provar a existência de Deus pelas cinco vias, dissertar sobre a conveniência da castidade, em suma, os argumentos de uma apologética repetida, sediça, rala e fastidiosa, o impacto do liturgismo vitalista de Dom Martinho foi uma revolução. Entre 1933 e 1938, o curso teológico do Centro Dom Vital renovou a mentalidade católica de muitos, dilatando e purificando. "De doutores a monges", eis o título de um artigo de Alceu, em que ele falava de toda uma geração de rapazes, jovens médicos, advogados e engenheiros, de famílias da alta burguesia alguns deles, que se tornaram monges por causa de Dom Martinho.

Corção integra-se nessa atmosfera espiritual, ao converter-se. Dom Martinho o orientou, em várias conversas no mosteiro. Foi um cartão de Alceu que lhe abriu as portas do mosteiro. Natural que o livro da conversão, em que narra as peripécias de seu destino, tivesse a marca martiniana, o vitalismo alemão, de Casel, de Herwegen, de Peter Wust, de Karl Adam, que Gustavo Barroso traduzira.

A descoberta do outro está impregnada de uma visão patrística do mundo. As homilias de Dom Martinho, na Igreja Abacial, ou em reuniões litúrgicas mais íntimas, eram pura patrologia. Esses dados constituem o fundo da *Descoberta*, que é um grande testemunho de conversão.

Corção lera Eça e Machado. São os dois autores que formaram o seu estilo. Ao tempo da viuvez, leu muito Maritain e Chesterton. Os mestres da sua conversão. Percebe-se que, ao contrário de Alceu, que lera tudo, Corção leu pouco, antes de converter-se.

Carlos Chagas Filho o apresentara a Alceu. Este o encaminhara aos monges. Corção tornou-se oblato, com o nome de Paulo. Mais tarde, Alceu receberia o nome de João Batista. O segundo livro é o pagamento de uma dívida. Aos cinqüenta anos, 1946, publica um ensaio sobre Chesterton, *Três alqueires e uma vaca*. É uma antologia de grandes textos chestertonianos traduzidos por Corção, com uns comentários soltos, irônicos e ágeis. Chesterton é um extraordinário dissociador de idéias.

Três alqueires e uma vaca é mais frágil que a *Descoberta*. Apesar disso, já em 1953 chegava à terceira edição. Biografia interior de Chesterton escrita à maneira de Chesterton. Argúcia, agilidade, ironia, um estilo literário que logo o situava entre os melhores escritores do Brasil. As idéias do humorista — eis o que nos traz Corção, o mistério, a fidelidade, o distributismo, o respeito à pessoa, aos cabelos de uma menina.

Luís Delgado escrevia no Recife: "Esse livro, de tão elevado teor poético, tem também um sentido por assim dizer prático, de salvação do homem."

No fim de 1951, Corção publica uma espécie de romance, *Lições de abismo*, seu livro de maior êxito, hoje em décima terceira edição, ganhador do Prêmio do Instituto Brasileiro de Educação, Ciência e Cultura. O discurso, aliás, com que Corção agradece o Prêmio é uma de suas páginas mais felizes.

Álvaro Lins criticou severamente *Lições de abismo* e lhe negou a condição de romance. O livro é o diário de um canceroso, com quem o autor se identifica. Trata-se de um livro entre o diário e o ensaio, sem a força do romanesco, o poder específico da ficção. Corção é mesmo, por natureza, um ensaísta de idéias.

Lições de abismo é um livro sombrio, negativo muitas vezes, com a sedução da morte, do nada, que é a característica maior de seu autor. Aos cinqüenta e cinco anos, e com apenas sete de literatura, Corção se alçava ao primeiro plano das letras brasileiras. Tornou-se conferencista solicitado. Desde 1949, escreve uma crônica na *Tribuna da Imprensa*.

Em 1952, houve o concurso para provimento da cadeira de Filosofia do Colégio Pedro II, a que concorreram Eduardo

Prado de Mendonça, Júlio Barata e Euríalo Canabrava. Corção muito se interessou pelo concurso e teve mesmo uma polêmica com Euríalo Canabrava, através do *Diário de Notícias*. A partir de 1953, escreve regularmente para esse matutino carioca, onde fica até 1967. Foram quatorze anos de colaboração polêmica e prevalentemente política.

Opôs-se ao governo Juscelino e à construção de Brasília. Desde a eleição de Vargas, em 1950, Corção se voltou para a política de modo absorvente, como uma forma de participação apostólica na vida concreta, real. Ao puro ensaísta ideológico, todo voltado para a especulação filosófica, sucede o comentarista político, amargo, severo. O moralismo udenista encontra nele um profeta apaixonado, sobretudo na campanha pró-Jânio.

Depois de *Lições de abismo*, que devia chamar-se apenas Abismo, Corção não deu nenhum grande livro. Reuniu artigos de jornal, em *Dez anos*, 1956, *Claro-escuro*, 1958, *O desconcerto do mundo*, 1961, o melhor deles, sem dúvida, *A tempo e contratempo*, 1969, salvando, assim, uma obra esparsa, de crítico e comentarista. Publicou em 1967 um livro alentado, em dois volumes, *Duas cidades, dois amores*, com amplo aproveitamento do material de suas conferências de militante católico e artigos. Livro que pretende ser uma análise da crise do mundo moderno, na linha dos *Trois réformateurs*, de Maritain. Livro profundamente antimoderno, a prenunciar o pessimismo de *O século do nada*, de 1973, estudo polêmico, em que disseca o que se considera o catolicismo de esquerda.

Um dos livros mais humanos de Corção, ainda da sua velha fase, é o *Fronteiras da técnica*. Alceu planejara uma série de depoimentos sobre as diversas profissões, a ser editada pela Agir. O próprio Alceu escreve *O crítico literário*. Everardo

Backeuser publica *O professor*. Corção daria *O técnico*. Mas não deu o livro propriamente, mas uma coleção de conferências e artigos a que chamou *As fronteiras da técnica* (1953).

O itinerário de Corção foi da esquerda para a direita, do catolicismo litúrgico e antiburguês, de inspiração chestertoniana (Chesterton era um liberal), para um catolicismo intensamente anticomunista, de tipo reacionário. Um artigo de 1947, em *A Ordem*, a propósito do existencialismo de Cândido Mendes e outros moços da PUC, já revelava um Corção negativo, moralizante e severo. No entanto, um estudo, no mesmo ano, na mesma revista, a respeito do monaquismo, página vigorosa como que compensava ou anulava o aspecto rebarbativo do seu moralismo.

Por ocasião dos sessenta anos de Alceu Amoroso Lima, escreveu um artigo no suplemento do *Diário de Notícias*, dezembro de 1953, em que já se sente uma farpa. Por ocasião dos quarenta anos de crítica, do mesmo Alceu, em junho de 1959, o tom do artigo ainda será mais sombrio, ou restritivo. Uma ruptura se preparava, lentamente.

Com a renúncia de Jânio e o governo Goulart, o antagonismo entre Alceu e Corção se torna mais fundo. Eram duas posições político-sociais opostas. Corção deixa o Centro Dom Vital em 1963. Alceu lhe escreve uma carta, particular, dizendo que as portas do Centro estavam abertas para ele e que uma simples divergência de idéias não era suficiente para uma ruptura. Admitia o pluralismo ideológico. Corção não o admitia.

Assim, partiu para a fundação de um movimento próprio, de cunho integrista, ou antiprogressista, *Permanência,* com revista, reuniões, conferências. O movimento fundou-se em 1968. Mas não progrediu. Em 1967, passou Corção a colaborar em *O Globo*, sempre numa linha de antiprogressismo, exasperado. Atacando Alceu e o arcebispo de Olinda e Recife, Dom Hélder Câmara, firmou uma posição de anti-socialismo severo e sarcástico. Veio colocar a serviço da sua polêmica um estilo mordaz e intolerante. Na agressividade costumeira, ultrapassou um Laet e um Jackson. A polêmica católica no Brasil não atingira nunca um tal nível de virulência ou audácia. De qualquer modo, algumas reações se fizeram ouvir, como a do cardeal Sales, a de frei Pedro Secondi, a de Sobral Pinto e a de Dom Basílio Penido, que, em página inteira do *Jornal do Brasil*, criticou a irreverência de Corção.

O centro da sua ideologia, hoje, é um anticomunismo exaltado, um antiprogressismo, uma obsessão de defender a Igreja, que estaria na iminência de autodemolir-se. Sente-se que o articulista se identifica, até certo ponto, com Santa Catarina de Sena, sobre quem, outrora, escreveu uma bela conferência, interpretativa, publicada em *A Ordem*.

O melhor Corção, amplo, lúcido, aberto, é o do estudo sobre o monaquismo, 1947, o da conferência sobre Catarina de Sena, o do artigo sobre Georges Bernanos, 1947, o de certas páginas da *Descoberta* ou de *Lições de abismo*, o da análise da obra de Machado, pois se trata de um machadiano genuíno e nos deu um ensaio interpretativo sobre Machado num dos voluminhos *Nossos clássicos*.

Influenciado por Dom Irineu Pena, com quem fez um curso regular de filosofia tomista, em São Bento, 1949, 1950, o seu catolicismo se endureceu. Tornou-se tomista em sentido estrito. Estudou pelo *Cursus Philosophicus*, de João de Santo Tomás. Exatamente desse tempo é que data a ruptura de Corção com o pensamento de Dom Martinho, antitomista, intuitivo e quase panteísta.

"Não há repouso verdadeiro a não ser no Sangue", esta palavra de Catarina de Sena impressionou muito Gustavo Corção. Como também o livro célebre do padre Bruno sobre São João da Cruz. Afastando-se de Dom Martinho, ficou ligado a Dom Lourenço de Almeida Prado, seu confessor por muitos anos, monge de tendência oposta a Dom Martinho, quero dizer, tomista, leitor de Garrigou-Lagrange, contrário ao vitalismo.

Dom Irineu e Dom Lourenço formam, no mosteiro, a ala mais tradicionalista, a que também se prendem Dom Odilon, Dom Marcos e Dom Justino. Todos, muito vinculados a Corção, como também Dom Leão Matos, que acompanhou o abade Dom Tomás Keller à Europa, quando renunciou em 1947. Essa influência tomista e tradicionalista mudou muito a fisionomia espiritual de Corção, por volta de 1951.

Curioso é que há em Corção um lado anárquico, ou boêmio, ou antiburguês, na linha mesma de seu temperamento, de poeta, pintor, artista, muito diferente do Corção tradicionalista, defensor da ordem e da autoridade, inimigo ferrenho do progressismo. Há estranhas contradições entre existência e ideologia.

Hoje, afasta-se mesmo de Maritain, cujo democratismo lhe parece espúrio, ou suspeito. Renega explicitamente a democracia, que tanto exaltou ao tempo da Resistência Democrática, de que fez parte, com Fernando Carneiro, Sobral Pinto. E abomina o *teilhardismo*, que lhe parece moeda falsa espiritual, como diz Maritain em *Le Paysan de la Garonne*. O Maritain, que hoje lhe agrada em cheio, é o do *Paysan* — contra Teilhard — ou o do *Antimoderne*.

Corção volta à *Action Française*, a Charles Maurras, a Léon Daudet, ao reacionarismo integral. Está apto a escrever o livro sobre Joseph de Maistre, que Jackson não chegou a redigir. Sua evolução é, assim, oposta à de Alceu Amoroso Lima.

Alceu se volta para o futuro, na linha de João XXIII. E escreve todo um livro — de cartas à filha monja e artigos de jornal — sobre o grande papa. Corção se volta para o passado. E escreve todo um livro para dizer que o século XX é o século do nada. Alceu chega à democracia social. Corção renega o ideal democrático. Alceu quer unir socialismo e liberdade. Corção combate o socialismo. Alceu admira Paulo VI e sua política internacional, de diálogo, paz, afirmação de um bem comum universal, que exige a promoção da justiça social em termos internacionais. Pois a *Populorum Progressio* é a *Mater et Magistra* em termos universais. Corção, ao contrário, é a desconfiança diante da ONU, a oposição à ONU, tão apoiada por Paulo VI, que a visitou pessoalmente, para nela fazer o Seu apelo em favor da Paz. Alceu escreve um livro para comentar a *Populorum Progressio*, que é a doutrina social da Igreja no plano mundial. Corção, diante do tom lebretiano da Encíclica, se aborrece e não mostra o menor entusiasmo. Alceu comenta em livro a *Mater et Magistra* e a *Pacem in Terris*. Corção se horroriza com a mão estendida, a repetir o pavor dos fascistas diante da *politique de la main tendue*. Alceu é todo esperança, alegria de viver, juventude, vibração. Aos oitenta anos, escreve uma "Meditação do Ocaso" que é um documento de grande beleza. Corção se fecha aos apelos do futuro, assustadiço e cansado.

Vai longe o tempo em que G. Corção escrevia todo um artigo sobre Maritain, Bernanos, Bloy, Péguy, contra o velho Mesquita Pimentel, que nas *Vozes*, de Petrópolis, representava o catolicismo devoto, bolorento, tradicional, não-arejado. Corção foi de uma violência terrível com Ascânio Mesquita

Pimentel nesses dias de 1947. Gozou-lhe o nome Ascânio e os termos como *Deletrear perfunctoriamente*... Mas era, a de Corção, uma linha de vanguarda, de renovação, e não saudosista.

O problema dos intelectuais católicos brasileiros, no começo do século, era o das relações entre ciência e fé. Spencer reinava. O positivismo se impunha (a matemáticos, militares e engenheiros). A ciência lograra destruir Deus e a metafísica. Tratava-se, pois, de restaurar os direitos de uma metafísica do ser.

Alceu divulga Maritain, que formula uma doutrina democrática de inspiração católica. É a esse grupo ideológico, democrata, litúrgico, militante no sentido de uma Ação Católica (como a propôs Pio XI) que Corção se liga, na década de 40, depois de rondar as reuniões marxistas e de deixar-se fascinar pela personalidade de Evandro Pequeno, que lia *O capital* em alemão. Hoje, está ele mais perto de Plínio Correia de Oliveira, o líder da TFP, de São Paulo, que, em artigos sucessivos na *Folha de S. Paulo*, assume uma posição nitidamente integrista, como a formula o jornal *O Catolicismo*, de Campos, cujo bispo, Dom Antônio de Castro Meyer, é hoje o único bispo a apoiar a TFP no Episcopado brasileiro. TFP que Dom Clemente Isnard, de Friburgo, veementemente condenou.

Corção e Plínio Correia encarnam — hoje — o catolicismo tradicionalista no Brasil. Não admitem o mínimo diálogo com os marxistas, nem a doutrina de Teilhard de Chardin, o jesuíta. A Questão Social hoje é o subdesenvolvimento. A questão filosófica é a do homem como ser situado. Eis o que Corção não pode admitir.

O problema das relações da Igreja com a história, eis o problema que a Constituição Apostólica *Gaudium et Spes* tenta equacionar. Visivelmente, Corção, como Doellinger, se opõe ao Concílio. Sua posição é anticonciliar. Nem a *Pacem in Terris*, nem a *Populorum Progressio*, de 1967, nem o Concílio o entusiasmaram. Não admite a viagem ou a evolução do tomismo a Teilhard de Chardin. Como jamais admitiu o humanismo econômico do padre Lebret. A situação dialógica lhe escapa. Porque o seu destino é o monólogo.

"*Politique d'abord*", a mudança operou-se em Corção quando ele se impôs este lema maurrasiano, a política acima de tudo. Parece que hoje para ele a política, ou seja, o anticomunismo, está de fato acima de tudo.

A Igreja é uma realidade sujeita à história. E não uma realidade imóvel. A Igreja não é excêntrica ao mundo. Mas uma realidade viva, dialógica. Não é uma estrutura jurídica. Mas uma vida. O leigo participa da Igreja. Isto é, o leigo é o povo de Deus. Contra o conceito de Povo de Deus se insurge Corção, no seu integrismo. Não quer a Igreja povo. Quer a Igreja autoridade.

Com que veemência, todos o recordam, atacou ele o dominicano Cardonnel, em 1960, quando se publicaram os primeiros artigos do autor de *O século do nada* contra Alceu. Surpreendentemente, Alceu jamais respondeu de forma explícita aos ataques constantes e ferinos de G. Corção. Alceu, ao contrário dele, não ama a polêmica. Tem tédio à controvérsia, como diz Machado. E teme o caráter excessivamente pessoal dos escritos de Corção.

O duelo, no íntimo de Corção, é — como em qualquer integrista — entre o caráter perfeito da revelação e o caráter catastrófico da história. O polemista se foi transformando em panfletário. E deixou para trás o gosto do paradoxo.

Leitor de Julián Marías e de Ortega y Gasset, faltou a Corção um pouco mais de contato com Gabriel Marcel, Louis

Lavelle, o pensamento existencial, ou mesmo Newman, para dar-lhe maior flexibilidade ao espírito. Fechando-se numa posição de anti-socialismo sistemático, perdeu ele a visão chestertoniana, que era o supremo encanto da sua prosa.

Relendo Alceu, em sua introdução ao livro de Nabuco, *Minha formação*, de 1900, encontro uma passagem em que nos fala das antinomias de Nabuco: "Vejo seis antinomias ao longo destas páginas, todas elas admiravelmente superadas e integradas na unidade final, soma de variedades parciais, justamente por aquela recusa às opções categóricas, traço porventura mais marcante do exemplo que Nabuco nos deixou — antinomia entre senhores e escravos, entre aristocracia e democracia, entre nacionalidade e universalidade, entre monarquia e república, entre literatura e política, entre fé e cepticismo."

Dicotomia por dicotomia, superou-as o homem e o escritor, a cada uma dessas antíteses, a cada uma dessas polarizações.

Não haverá no íntimo de G. Corção uma terrível crise de fé religiosa?

Será que a causa da passagem do trabalho livre ao trabalho justo, ou do trabalho nominalmente livre ao trabalho realmente livre, não é capaz de fascinar, arrebatar o autor de *A descoberta do outro*?

Corção não devia imitar nem o exemplo de Eduardo Prado, nem o de Raul Pompéia, com seus radicalismos. Mas o de Joaquim Nabuco.

O primeiro, aliás, a dar-nos aqui no Brasil uma síntese da doutrina social da Igreja foi Perilo Gomes, em seu livro de 1920, *Penso e creio*, cuja problemática central é a das relações entre a ciência e a fé.

A biotipologia medieval e Freud

Dizia Tristão, na sua *Tentativa de itinerário*, de 1929, que a suprema liberdade do filho em face do Pai é servir.

Hamilton Nogueira foi o precursor entre nós de uma ciência experimental integrada numa síntese católica.

Uma biologia que se subordine às ciências que se ocupam da vida em seus planos superiores, pois a biologia é a ciência particular da vida em seu primeiro plano, de contato ainda imediato com a matéria inanimada. Em 1933, Hamilton Nogueira publicava em colaboração com Alceu Amoroso Lima e uma equipe de jovens universitários um livro pioneiro: *Ensaios de biologia*. Entre esses rapazes, estava Nelson de Almeida Prado, que seria depois Dom Lourenço. Estudos de biologia, em que se mostra a perfeita continuidade entre a natureza no sentido de realidade fisiológica e a lei moral, em que se afirma a pluralidade, a complexidade do conceito de vida, porque o conceito relativo de vida, como escreve Tristão, "acreditou concentrar em si, como simples atributo mecânico da matéria, todas as modalidades de vida, no seu sentido integral", quando a vida abrange outros planos que a biologia está longe de esgotar.

A respeito dessa redução, observava Alceu: "O conceito de vida sofreu com o naturalismo, o positivismo, o materialismo moderno a mesma deturpação que o conceito de lei, ciência, natureza." A única lei seria a física. A única ciência seria a ciência natural. A única natureza seria a natureza exterior. O determinismo anularia a finalidade. A natureza exterior anularia a interior. A introspecção. A vida profunda. A Biologia seria ciência primacial, *rectrix*.

Para uma exata compreensão da ciência numa síntese católica, teve muito relevo o trabalho de Hamilton.

Fez ele uma descoberta interessante: a da coincidência da biotipologia de Santo Alberto Magno — medieval — com a proposta por Pende. Confrontando os quatro temperamentos estudados por Santo Alberto Magno no século XIII com quatro dos temperamentos mais típicos descritos por Pende, o que vemos é uma concordância. Alberto Magno, tal como fazem hoje os biotipologistas, relaciona temperamento e caráter a fatores endócrinos.

A tese de Hamilton está publicada em *A Ordem*, setembro de 1938, *Doutrina dos temperamentos de Alberto Magno*. Compulsou farta bibliografia especializada, na órbita científica e na filosófica, por exemplo, o estudo de Barbado, na *Revue Thomiste*, de fevereiro de 1931, sobre "Le Temperament et le Caractère d'après Saint Albert le Grand et la science moderne".

Hamilton nos assevera que na obra de Alberto Magno as descobertas, as antecipações, as hipóteses mais audazes se vêem confirmadas pelas autoridades da ciência moderna. A sua cosmologia é notável. A caracterologia de Klages, sobre a qual Alceu Amoroso Lima escreve um ensaio em *O espírito e o mundo*, de 1936, está em Alberto Magno. As correspondências entre Alberto e Pende são dignas de nota: entre o temperamento colérico e o hipertiroidiano, o melancólico e o hipo-supra-renálico, o fleumático e o hipotiroidiano, o sangüíneo e o hipersupra-renálico. Antecipações tanto mais notáveis quanto sabemos que as pesquisas endocrinológicas não existiam.

Hamilton reabilita a Idade Média, à maneira de Comte e de Ozanam. Nos compêndios de biotipologia, mesmo aqueles que se referem mais pormenorizadamente à parte histórica desse ramo da biologia humana, notam-se apenas ligeiras referências, diz Hamilton, aos estudos medievais, como se nessa época a cultura humana tivesse sofrido um eclipse total e dominasse no mundo o desinteresse pelos estudos científicos. Semelhante atitude, conclui ele, é um reflexo da mentalidade sectária que dominou durante algum tempo a cultura dos países ocidentais e que, no seu negativismo sistemático, diante da força civilizadora do cristianismo, procurou ocultar ao mundo moderno todas as conquistas da inteligência no decorrer da Idade Média.

Hamilton integra o espírito científico numa síntese filosófica.

O método indutivo não é novidade de *Novum Organum*: já Alberto Magno o praticava.

Em 1933, Hamilton publica o ensaio *Freud e a renovação da psicologia*. São dois ensaios na mesma direção, o de Alceu, *Freud*, de 1929, e o de Hamilton, quatro anos depois. "A doutrina psicológica de Freud é o mais ousado desafio proposto ao mistério do homem", diz ele.

Freud não foi apenas um cientista: foi um artista. Como Leonardo da Vinci, que ele tão meticulosamente interpretou. Em *Gog*, Papini nos dá uma entrevista imaginária com Freud: "Não nasci para a ciência, nasci para a arte"... Essas palavras, que têm o valor de uma sátira, revelam uma verdade, diz Hamilton.

Freud cientista-artista, o paralelo entre Freud e Proust, as relações do mundo freudiano com o mundo bergsoniano, William James como precursor de Freud, no capítulo dos instintos e hábitos, eis algumas das perspectivas do ensaio de Hamilton, que foi o primeiro homem de ciência a se empenhar no Brasil em apostolado católico, ou ação católica. Hamilton considera com objetividade o problema da absorção de descobertas fundamentais de Freud numa síntese católica. Ou seja, o problema das relações de nosso pensamento católico e Freud.

Na época em que escreveu o estudo, uma das críticas mais autorizadas que se fizeram a Freud — do ponto de vista católico — foi a de La Vaissière: *La Théorie Psychanalitique de Freud*. Baseia-se Hamilton no livro de La Vaissière, válido ainda como análise objetiva e crítica do freudismo.

O que Freud não conseguiu vislumbrar como homem de ciência foi o abismo entre instinto e espiritualidade. A distinção entre eles. Supôs que a inteligência é mera resultante de um aperfeiçoamento do instinto. O equívoco foi concluir que as faculdades espirituais se reduzem a simples transformação do instinto. Viu no homem apenas instintividade. Ora, isto é uma visão anticientífica do humano. A sua descoberta — do inconsciente dinâmico — foi comprometida por essa redução.

É pena, di-lo Hamilton, que a visão ampla, a visão sintética do mundo interior, não se aliasse a uma filosofia profunda, objetiva, integral. Faltou a Freud uma filosofia autêntica. O que teve de positivo, no plano do simples método terapêutico, e até no plano da psicologia como tal, foi prejudicado pela sua metafísica, inconsciente e inexata. "Custa crer que o mesmo homem que tangenciou a verdade dos problemas mais sutis da vida do espírito, o mesmo que assinalou a transcendência dos fenômenos psicológicos, resvalasse nos erros de uma metafísica materialista, num hipotético e contraditório evolucionismo, cujos princípios logicamente desenvolvidos vão confinar, quando aplicados ao mecanismo dos atos humanos, superiores, naquela fisiopsicologia combatida por ele." (p. 23.)

A atividade científica de Freud está cerceada pelas premissas naturalistas da sua metafísica informulada, latente, subjacente a toda a sua obra, como o observava Tristão, em 1929. Uma concepção do homem, instintivista, antifinalista. Pois o homem não é só animalidade, mas espiritualidade e liberdade.

Tristão, citado por Hamilton Nogueira, diz que Freud limita a origem e a natureza das coisas ao campo biológico e psicobiológico, restringe a metafísica a uma metapsicologia materialista. As interpretações mecanicistas de Freud lhe comprometem a psicologia e rapidamente o envelhecem como autor. Sua tragédia foi não perceber que as tendências artísticas e filosóficas não se reduzem a uma só expansão biológica do instinto sexual. Acima do sensitivo, há tendências que não logrou analisar com objetividade.

Em *Quatre Essais sur l'Esprit dans sa Condition Charnelle*, Maritain pouco depois apoiaria essas teses, numa crítica minuciosa a Freud.

Aliás, o texto dessa conferência foi lido por ele aqui no Rio, na Academia Brasileira de Letras, quando passou por aqui em 1936. Na Academia, saudou-o Tristão de Ataíde. Ao falar no Centro Dom Vital, Maritain leu o texto sobre *Action et Contemplation*, que está em *Questions de Conscience*.

A propósito dessa conferência sobre Freud, de 1936, há o episódio das lágrimas de Corção. O Sr. Gustavo Corção estava em sua casa na rua Marechal Pires Ferreira, no Cosme Velho, quando ouve pelo rádio do vizinho, que era sua mãe, a voz do filósofo cuja entrevista lera no jornal. Ligou o rádio. Desligou o rádio. Ficou a olhar para o retrato que ilustrava a entrevista, uma entrevista como as outras. E de repente chorou. Sentiu medo daquela voz que lhe vinha pelo rádio. Por causa de Freud e psicanálise, alguém chorou, no vale verde das Laranjeiras, num fim de tarde.

O grupo do Centro Dom Vital foi, assim, cumprindo a missão de integrar a cultura numa visão cristã do mundo. "Nada de mais tonificante para a alma do que nos sentirmos empenhados em uma grande campanha", dizia Alceu no prefácio ao livro de Perilo Gomes sobre o *Liberalismo*, 1932. "A restauração do sobrenatural no mundo moderno."

"Já não é mais possível a atitude de desencanto. Já não pode satisfazer a amplitude das nossas ambições a eterna recusa às opções necessárias, a indiferença perante os grandes problemas que se levantam no horizonte", são palavras de *Tentativa de itinerário*, de 1929.

Reintegração na Igreja, eis a perspectiva do Centro Dom Vital. *Omnia in Christo*, o lema escolhido por Jackson era todo um programa de ação. Roger Bastide fala de um novo catolicismo urbano, em *Brasil, País de contrastes*, p. 148: "O nome de um sociólogo do Rio, amigo de Maritain, está ligado intimamente ao movimento renovador: Tristão de Ataíde." E o boliviano Francovich nos diz em *Filósofos Brasileños* que "Amoroso Lima tomou sem a violência e o ardor político de Jackson o posto ocupado por este na vida espiritual do Brasil e em torno dele se agrupa grande número de escritores, alguns dos melhores com que o Brasil conta hoje e que animam o vigoroso e brilhante renascimento do espírito católico brasileiro" (p. 134).

"Não é de entusiasmo gesticulador que precisamos, mas de entusiasmo interior, dessa força de convicção que se traduz em atos e cujo esplendor é a perseverança", observa o autor de *Tentativa de itinerário*.

Durante uns quinze anos, Alceu dá um curso de Ação Católica no Centro Dom Vital, de que resultou o volume *Elementos de ação católica*, 1938, que pela segurança doutrinal e nitidez de exposição é um livro clássico. Reeditou-o a Agir, em 1946, com segundo volume. (*Pela cristianização da idade nova*.)

O único movimento em que o grupo de intelectuais católicos se empenhou com unanimidade, em torno de Alceu, foi o da democratização do Brasil, em 1945. Aí, houve unidade, coesão. Alceu recusa o posto de senador, que a UDN lhe oferece. E indica o nome do médico Hamilton Nogueira, professor catedrático de higiene da Faculdade Nacional de Medicina da Universidade do Brasil, onde sucedeu a Afrânio Peixoto.

Hamilton representa no Senado o Distrito Federal, junto com Luís Carlos Prestes, com quem discute veementemente. Chega a levar livros em alemão para a tribuna da Constituinte, porque, tendo citado Tristão de Ataíde, o senador Prestes replicou-lhe que não era fonte suficientemente autorizada.

No grande comício da UDN, na Esplanada do Castelo, 1945, Alceu Amoroso Lima faz um discurso de intensa participação político-social. Vai a Montevidéu para fundar, com Dardo Regules, Manuel Ordoñez, Eduardo Frei Montalva e Rafael Caldera, o movimento democrata-cristão na América Latina. Quando Vargas se candidata em 1950, ainda o grupo do Centro Dom Vital está unido na oposição. Vargas cita Amoroso Lima no seu discurso de Petrópolis sobre a Questão Social.

Depois de ter escrito um livro maistriano sobre a Ordem, Hamilton publica em 1935 um estudo sobre Dostoievski, editado por Schmidt (e agora reeditado pela José Olympio, 1974). Posteriormente, nos daria um ensaio sobre Conrad e uma novela, *Clandestinos*, de fundo autobiográfico. A biografia espiritual de Jackson de Figueiredo (1928) merece reedição, porque se trata de um livro meticuloso e probo.

A temática do maritainismo domina essa fase e apaixona a intelectualidade católica brasileira. Desse debate, como disse Cândido Mendes, decorreria o relevo de um vigoroso pensamento do laicato católico brasileiro e a conquista do direito à polêmica, no âmbito de uma posição claramente confessional (*Memento dos vivos*, p. 40). Estamos diante das polêmicas exemplares. Mas havia um contraste entre a extrema riqueza da linha universalizante desse pensamento e a sua debilidade quanto aos problemas do desenvolvimento nacional ou da realidade concreta do Brasil. Atualidade do pensamento, numa dimensão confessional em termos universais, e relativa alienação, como inteligência crítica brasileira. Eis o divórcio nítido, apontado por Cândido Mendes.

O grupo de Alceu foi, por certo, o mais expressivo de um autêntico pensamento cristão na sucessão das gerações brasileiras anteriores ao desenvolvimento, são palavras de Cândido Mendes. Numa atitude lúcida, mais lúcida que criadora, foi o grupo de *A Ordem* responsável pela irradiação das grandes doutrinas católicas, das polêmicas fundamentais, dos lances fecundos da Igreja no século XX. De outro lado, quanto à específica realidade nacional, havia a defesa de valores absolutos diante de um processo histórico, uma falta de investigação de conteúdos, que lhe conferisse representatividade como análise de um contexto (p. 38). O livro de Alceu *Mitos de nosso tempo* é bem expressivo a esse respeito.

A geração de Alceu limitou-se — pelo menos até 1964 — a uma atitude ética, por demais genérica, diante do processo histórico brasileiro. Foi uma visão pouco histórica, ou não suficientemente participante. Qual a sua apreensão da realidade? Auscultou ela bastante o dinamismo novo da comunidade-circunstância? Afonso Arinos já fizera esta restrição ao pensamento de Amoroso Lima, num artigo de 1943, *Fruto de outono*, sobre a *Meditação* que a José Olympio editara em 1942, *Meditação sobre o mundo moderno*. Temas menos gerais e mais nacionais. Temas menos culturais e mais sociais. Menos dogmáticos e mais críticos. Menos metafísicos e mais concretos. Era esta em suma a crítica de Arinos. "Gostaria de ver a abundância deste pensador, nesta terrível crise da civilização, derramada diretamente, objetivamente, sem intermédios abstratos, sobre os problemas." Palavras justas de Afonso Arinos, diante de um livro universal como *Meditação sobre o mundo moderno*.

Voz de Minas seria um sinal da evolução de Alceu no sentido da concretude crescente ou da participação.

De qualquer modo, a geração do Centro Dom Vital abandona por completo a doutrina da ordem e se volta para a democracia representativa. Hamilton renega o seu livro de 1925. Alceu apresenta o padre Lebret ao Brasil, em 1947.

Vozes as mais diversas e contraditórias se fazem ouvir no Centro Dom Vital, no sobradão da Praça Quinze (e o *Adeus à Praça Quinze* é uma das mais belas páginas de Tristão): Pierre Deffontaine, Antônio Correia de Oliveira, Bernanos, Robert Garric, Cerejeira, Pontes de Miranda, Alfonso Reyes, o próprio Maritain, Lebret, Penido, Ducatillon, Désobry, Riquet,

Carlos Lacerda, na memorável conferência da sua conversão, em maio de 1949, Hélder Câmara, Murilo Mendes, Augusto Frederico Schmidt.

Durante vinte anos, o Centro Dom Vital, com Alceu, com Hamilton, foi uma encruzilhada do pensamento brasileiro. Ali, surgiu a AUC, Ação Universitária Católica, com Álvaro Vieira Pinto, Américo Jacobina Lacombe, Paulo Sá, Luís Augusto de Rego Monteiro. Ali, o movimento litúrgico iniciou a sua expansão no Brasil. Ali, Dom Martinho se encontrou com os rapazes e moças que iriam povoar o Mosteiro de São Bento e a Abadia de Santa Maria, no maior movimento monástico da história espiritual do Brasil. Ali, frei Pedro Secondi deu o seu curso de metafísica tomista. Ali, nasceu a Ação Católica Brasileira, em 1935, sob a presidência de Alceu Amoroso Lima. Ali, surgiram as Equipes Sociais de Garric. Ali, instalou-se o Instituto Católico de Estudos Superiores. Ali, falaram Voillaume e Mendes Correia.

Dali, saiu a *Coluna do Centro*, por vinte anos mantida em *O Jornal*. Ali, fundou-se a Agir editora. Ali, criou-se a revista *Vida*, em que, de 1934 a 1937, os aucistas se entregaram à responsabilidade de escrever. Daquela tribuna falaram Otávio de Faria, Barreto Filho, João Mangabeira, Fernando Magalhães, Hildebrando Leal, Hildebrando Acióli, Vieira Coelho, Carlos Chagas Filho, Joaquim Ribeiro de Oliveira, Joaquim da Costa Ribeiro, Jorge de Lima, Afonso Pena Júnior, Amando Fontes, Virgílio Melo Franco, Fernando Carneiro, Sobral Pinto, o cardeal Leme, Louis Soubigou, Philipon.

Em *Notas para a história do Centro Dom Vital*, na revista *A Ordem*, Alceu nobremente resumiu a evolução do Centro, de Maurras a Lebret. São quarenta anos de discussões, artigos e conferências, um diálogo humano e cristão, em que se envolvem personalidades tão díspares como Wagner Antunes Dutra, por quinze anos secretário de Alceu, e José Carlos de Melo e Sousa.

Resumindo a atuação do Centro, escrevia o cardeal Leme que "o Centro Dom Vital é a maior afirmação da inteligência cristã no Brasil". E estava certo. Para lá das contradições, ficava o testemunho — único em nossa história — de integração da vida sobrenatural no mundo moderno.

A preocupação social das Equipes de Robert Garric vinha continuar a ação de um Carlos Alberto de Meneses, que, em pleno milnovecentos brasileiro, e em Pernambuco, afirmara pioneiramente a doutrina da *Rerum Novarum*. De 1891 a 1904, esse industrial desenvolveu notável ação social de inspiração católica.

Fundou a Federação Operária Cristã, de Pernambuco. Inseriu nos estatutos de sua empresa princípios do cristianismo social, na linha de Leão XIII. Atuou precursoramente em áreas precocemente industriais. Fez surgir as primeiras cooperativas brasileiras. No Congresso Católico de Pernambuco, junho de 1902, apresentou uma tese sobre a necessidade de fundar-se um centro de doutrina, de estudo e direção. Em 1903, organizou os primeiros Grupos de Estados Sociais no Brasil. Na vanguarda do movimento social-trabalhista no Brasil, está essa figura de engenheiro e industrial, ao lado de homens como Joaquim Tosta, Antônio Muniz Machado, Luís Correia de Brito e Pierre Collier.

Seria ainda um católico, um leigo católico, o principal sistematizador do começo da legislação operária, o deputado Antônio Vicente de Andrade Bezerra, precedido de Joaquim Inácio Tosta. (Ver Gilberto Freyre, *Ordem e progresso*, p. 279.)

Outra interessante e pioneira experiência social prática foi a dos trapistas de Tremembé, em Taubaté, São Paulo, uma das experiências mais fecundas do Brasil milnovecentista. Que significou essa experiência social trapista no Vale do Paraíba? Foi um centro de irradiação de idéias católicas francesas de proteção ao trabalho e à gente rural. Os trapistas se instalaram em Tremembé em 1903. Em 1911, o padre Gaffre visitou a fazenda deles e no livro *Visions du Brésil* nos descreve o esforço dos trapistas não só no sentido agrícola, mas no sentido social. Gilberto Freyre, que focaliza e louva o trabalho dos trapistas em Tremembé, se baseia no testemunho de Gaffre e no de Joseph Burnicbon, jesuíta, em *Le Brésil d'aujourd'hui*, a respeito da sua visita de 1908. Numa subárea paulista, houve preocupação com problemas sócio-econômicos e Gilberto Freyre chega a falar em verdadeiro triunfo técnico na agricultura tropical. Tamanha a importância do empreendimento que Dom Chautard, o superior-geral da Trapa, autor do célebre *L'âme de tout apostolat*, veio várias vezes a Taubaté, para inspecionar o trabalho dos monges trapistas em Tremembé.

Se Pernambuco foi pioneiro em matéria de catolicismo social, foi também precursor na linha da Ação Católica em geral, com Dom João Portocarrero Costa e Luís Sucupira, que escreveram sobre a doutrina da Ação Católica, de Pio XI.

Não se deixe de mencionar a influência do catolicismo social na legislação trabalhista.

Oliveira Viana, primeiro consultor jurídico do novo Ministério do Trabalho, criado por Vargas em 1931, reuniu uma equipe de advogados católicos, militantes, discípulos de Alceu, Rego Monteiro, que reorganizou o nosso direito sindical por volta de 1940 e seria um dos autores da Consolidação das Leis do Trabalho, de 1943, Francisco Karam, poeta místico, autor de *Levíticas*, Valdemar Falcão, que seria ministro do Trabalho de 1938 a 1941, Moacir Veloso Cardoso de Oliveira, relator do projeto da Lei Orgânica da Previdência Social.

Essa geração infundiu caráter cristão ao direito do trabalho, entre nós.

Cite-se também o movimento dos Círculos Operários, do padre jesuíta Leopoldo Brentano, a afirmar a possibilidade de um diálogo entre Igreja e classe operária. Ou seja, a presença da Igreja no mundo do trabalho. A reforma social na linha das Encíclicas, por evolução, e sem caráter de violência social.

Alceu Amoroso Lima foi sempre o incomparável animador de todos esses movimentos sociais, como as Equipes de Garric e os Círculos de Brentano. De Alceu dizia Leonel Franca, em página de 1943, no volume *Testemunho*: "Devia de lhe ter custado imenso renunciar de todo ao diletantismo sem compromissos de seus primeiros anos e dizer para sempre adeus à disponibilidade. Mas esse adeus ele o disse ansiosamente, do fundo d'alma. Grande foi o sacrifício. O que ele é, é sempre e em toda parte; através da sua crítica literária, ouve-se o eco da Comunhão de cada manhã."

Tomistas de hoje e de ontem

Antes de considerar os tomistas de hoje, direi uma palavra sobre dois tomistas de ontem, que tiveram um papel discreto, mas profundo, na vida intelectual brasileira. Refiro-me a Jônatas Serrano e João Camilo.

Jônatas, morto em 1944, foi antes e acima de tudo um professor. Faleceu a 17 de outubro de 1944, dois anos depois do cardeal Leme, exatamente. Foi um espírito extremamente rigoroso, no trabalho intelectual, nos livros, nas pesquisas, nas aulas, nas conferências. Mas liberal, em política.

Nasceu em 1885. Formou-se em Direito, 1907. E foi catedrático do Pedro II. Escreveu um estudo sobre Farias Brito, outro sobre Júlio Maria, mais interpretação global do que biografia. Deixou uma *História da filosofia*, uma *Filosofia do direito* e uma *História do Brasil*. Foi eminentemente um homem do equilíbrio, entre liberdade e autoridade, entre progresso e tradição, entre passado e futuro. Na página 101 de seu livro substancioso a respeito da *Escola nova*, de 1932, colocou um subtítulo, que lhe define o espírito e a obra: "Nem extrema esquerda, nem extrema direita." Foi o antiextremista. Foi o antifanático. Foi o anti-sectário. O herói da vida de Jônatas foi Júlio Maria.

Legou-nos o testemunho da sua serenidade. Soube distinguir a fé do fanatismo. Não era um convertido. A fé religiosa, nele, foi uma luz que nunca se apagou. A fé, para Serrano, não veio a ser nem uma conquista árdua, nem uma iluminação súbita. Mas um longo convívio. Não quis ser um reacionário, nem um revolucionário.

João Camilo de Oliveira Torres morreu monarquista, como vivera. O principal teórico do governo régio no Brasil. Monarquismo doutrinal e lúcida análise do Império. Tínhamos Oliveira Lima e Oliveira Viana. João Camilo concilia as tendências de seus predecessores, a visão de historiador e a de sociólogo. E lhes acrescenta um dado novo: a formação filosófica. Aprendeu Filosofia com Penido. Gilberto Freyre e Tristão de Ataíde, eis os seus pólos. Escreveu O *positivismo no Brasil*, 1944, por sugestão de um helenista, Frei Damião Berge. Depois, voltou-se para a teoria política do Império.

Seus dois grandes livros, *A democracia coroada* e *Teoria geral da história*, dão testemunho do seu valor intelectual. O pensamento franciscano o seduzia, como a Gilberto Freyre e a Maria do Carmo Tavares de Miranda. Esse historiador-sociólogo, *doublé* de filósofo-teólogo, preparava uma *História das idéias políticas no Brasil*, de que nos deixou vários volumes. Mergulhava no estudo direto das fontes. Valorizou Brás Florentino Henriques de Sousa, o autor do Poder Moderador. E Paulino José Soares de Sousa, o visconde do Uruguai. Humanista, irmão de um humanista, Luís Camilo, nosso autor soube valorizar os autênticos humanistas do Brasil.

O padre Castro Nery, de Campinas, onde nasceu em 1901, foi professor de Filosofia na Universidade Católica de São Paulo. Formou-se pela Gregoriana. Escreveu quatro livros importantes: *O problema céptico à entrada da gnoseologia*, 1929, *Filosofia, sumário e dicionário*, 1931, *O problema do conhecimento*, 1932, *Evolução do pensamento antigo*, 1936.

Seu pensamento se vincula ao de Marcier, De Wulf, Gilson e Grabmann. O problema céptico abrange duas teses — uma sobre a teoria do conhecimento e outra sobre Bergson.

Nélson Romero, professor do Pedro II e filho de Sílvio, publicou *Os grandes problemas do espírito*, 1939, com estudos de crítica filosófica e religiosa, entre 1918 e 1929.

O padre Roberto Sabóia de Medeiros, S. J., foi um blondeliano, apesar da sua rigorosa formação tomista. A filosofia blondeliana é um realismo concreto. Seu artigo "Mestre Biondel", em *Verbum*, 1949, pp. 256-261, é uma tentativa de conciliação entre a metafísica clássica e o ativismo blondeliano. O padre Sabóia foi o diretor da Faculdade de Engenharia Industrial de São Paulo e homem de vasta ação social.

Frei Sebastião Tauzin escreveu um ensaio sobre Bergson e Santo Tomás, com prefácio de Tristão de Ataíde. Tomista fiel, sua atitude é de abertura diante das correntes modernas. Foi o primeiro provincial dominicano do Brasil, em 1952. Escreveu muitos artigos filosóficos para *A Ordem*. Vive hoje em Bordéus.

Frei Pedro Secondi não deixa obra escrita. Tem horror a escrever. Foi professor de filosofia no Instituto Católico de Estudos Superiores e na PUC. Leciona ainda na Faculdade Santa Úrsula. Ortodoxamente tomista, tem paixão a Teilhard de Chardin. E concilia seu tomismo com o teilhardismo evolucionista. Escreveu admirável artigo sobre Bernanos em *A Ordem*, no número consagrado ao romancista francês.

Dom Tomás Keller, abade de São Bento no Rio, entre 1933 e 1948, publicou longo estudo sobre a *Teodicéia*, de Leibniz, em *Verbum*, 1946, pp. 363-398.

O padre Paul Siwek foi professor da Gregoriana e, durante a Guerra, professor da PUC. Especialista em Spinoza. Publicou *L'âme et le Corps d'après Spinoza*, 1930, *La psychologie humaine d'après Aristote*, 1930, *Psychologia Metaphysica*, 1932, *Aristotelis de anima libri tres graece ac latine*, 1933, *Spinoza et le panthéisme réligieux*, 1937, *Le problème du mal*, Rio, 1942, *Em busca de Deus*, São Paulo, 1944, *Psicologia experimental*, São Paulo, 1949, *Au cœur du Spinozisme*, 1952, além de artigos como "O livre-arbítrio segundo Spinoza", em *Verbum*, 1944, "Tendência para o belo", em *Verbum*, 1946, "O otimismo no mundo de Leibniz", em *Verbum*, 1946, pp. 468-487, "A consciência do livre-arbítrio", em *Anais* da Faculdade de Filosofia Sedes Sapientiae, 1944.

Fez muitas conferências no Brasil.

O padre Pedro Cerrutti, S. J., nascido em 1898, publicou *A caminho da verdade suprema*, em dois tomos, 2ª ed., 1956, em que expõe, como professor de apologética, uma síntese da teologia católica. É uma suma dos seus cursos de doutrina católica na PUC do Rio. Espírito silogístico.

O padre Francisco Leme Lopes, S. J., de 1912, doutor em Filosofia, escreveu uma *Introdução à filosofia*, 1956, além de artigos em *Verbum*, de que é diretor. Professor de filosofia, é um tomista estrito. Seus artigos versaram sobre "Um problema de lógica formal", 1951, "O pensamento cristão em face do transformismo", 1955, "Variações sobre o tema da legítima defesa", 1956, "A pena de morte", 1957, "Psicologia especulativa", 1958, "Assim falou Vieira sobre filosofia", 1958.

O beneditino Dom Ludgero Jaspers, de São Paulo, falecido em 1937, traduziu a *Suma contra os gentios*, de Santo Tomás. E ainda publicou um *Manual de filosofia*, 1926, uma *História da filosofia*, 1930, e *Filosofia existencial*, 1937.

O padre Fernando Bastos de Ávila, sociólogo, nos propõe o solidarismo, na linha do grande padre Pesch. Veja-se o seu manifesto social *Neocapitalismo, socialismo, solidarismo*. O solidarismo define-se como um reformismo. Não pretende constituir-se de negações. Rejeita o capitalismo e o socialismo, insiste nos conceitos de pessoa e comunidade. Não é uma experiência histórica viva. É uma posição de centro. O padre Ávila publicou uma alentada e erudita introdução à Sociologia, com sua experiência de Louvain, e textos comentados dos pensadores sociais cristãos antes de Marx, como Ozanam, Lamennais, Lacordaire ou Montalembert.

Joaquim da Costa Ribeiro, físico, poeta, dedicou-se à filosofia da ciência. Preocupava-o o problema da reformulação da filosofia diante da evolução da física moderna. Escreveu para *Verbum*: "Tendências modernas do pensamento científico", 1952.

Jerzy Zbrozek, professor de filosofia do direito e ética, era polonês e formara-se pela Universidade de Louvain. Foi um tomista severo. Dele temos dois artigos significativos em *Verbum*: "A concepção cristã do direito", 1950, "Meditação sobre a encíclica Aeterni Patris", 1954. Publicou no *Jornal do Comércio*, de 1946, notável conferência sobre os fundamentos metafísicos do direito. Fundou no Rio o Instituto Interaliado de Alta Cultura.

Eduardo Prado de Mendonça, herdeiro espiritual de Penido, nasceu em 1925, converteu-se ao catolicismo em 1947 e é professor da UFRJ. São de sua autoria: *O princípio de identidade e o pensamento realista*, tese, 1949, *O critério da história da filosofia no estudo do sistema de Descartes*, 1950, *O valor ontológico dos primeiros princípios*, 1953, *A atitude filosófica segundo Bergson*, 1955, *O problema do conceito de filosofia*, 1961, "Introdução ao estudo da verdade", em *Kriterion*, 1951, "Lógica e logística", *Verbum*, 1952. "Colocação do problema da causalidade", *Kriterion*, 1953, "O artista como problema estético", *Convivium*, 1965, "Pascal e o argumento da aposta", *Revista Brasileira de Filosofia*, 1966, *O mundo precisa de filosofia*, 2ª ed., 1973.

Prepara um estudo sobre o socratismo cristão. Fez uma conferência de grande penetração sobre Jackson e Pascal, no Centro Dom Vital, do Rio, a 4 de novembro de 1973. E outra sobre Santo Tomás, na sessão comemorativa do seu sétimo centenário. Publicou no *Osservatore Romano* um artigo sobre "Santo Tomás e o pensamento contemporâneo" (28 de abril de 1974). Marcado por Bergson e Santo Tomás, é um tomista aberto, disposto ao diálogo com a filosofia contemporânea.

Geraldo Pinheiro Machado, de São Paulo, nascido em 1918, publicou *A noção de ser em Maritain e Heidegger*, 1955, um ensaio sobre a filosofia no Brasil, como apêndice à *História da filosofia contemporânea*, de Hirscheberger, 1963, e uma tese sobre o trabalho de Gonsalves de Magalhães *A crítica filosófica* e o livro *Fatos do espírito humano*. Maritainista, extremamente dialógico.

Leonardo Van Acker, belga, nascido em 1896, doutor pela Universidade de Louvain. Sucessor de monsenhor Sentroul na Faculdade de São Bento, em São Paulo. Autor de livros importantes como *Introdução à filosofia da lógica*, 1932, e *A filosofia bergsoniana*, 1959. Discípulo de Mercier, Gredt e Hugon. Especialista em Bergson, Blondel e Dewey. Escreveu sobre o naturalismo de Dewey, os valores na filosofia de Dewey, a epistemologia de Maurice Blondel, a filosofia e a religião segundo Blondel, um estudo sobre Santo Tomás e a Escola Nova, em *A Ordem*, 1931.

Monsenhor Charles Sentroul veio lecionar filosofia na Faculdade de São Bento, fundada por Dom Abade Miguel Kruse a 15 de julho de 1908, primeira faculdade de filosofia no Brasil. Sentroul aqui esteve de 1908 a 1917. A faculdade era agregada, a partir de 1911, à Universidade de Louvain. A aula inaugural deu-a Sentroul sobre *Qu'est-ce que la Philosophie?*. As aulas eram em francês. Formado em Louvain, em 1905, aos vinte e nove anos, sua tese era sobre *L'Objet de la Métaphysique selon Kant et selon Aristote*. Republicou-a em livro, 1913, *Kant et Aristote*.

A guerra criou uma incompatibilidade entre os monges alemães e monsenhor Sentroul, belga. Este retirou-se para Roma, em 1917. E veio a morrer na Bélgica, em 1933.

A obra de Sentroul divide-se em três fases:

— a fase social, com monografias como *Le Socialisme et la reforme agraire*, de 1896;

— a fase epistemológica, dominada pela tese de doutorado, sobre Kant e Aristóteles, de 1905;

— a fase estética, *La Fontaine, fabuliste*, 1913, *La vérité dans l'art*, 1908, *Le romantisme français*, 1916.

Em nossa língua, publicou "A lei dos três estados de Comte", 1909, "O lugar de Santo Anselmo na história da filosofia", 1910, nos anais da Faculdade, e um *Tratado de lógica*, 1909, onde publicou como apêndice *O que é a Filosofia*, a aula inaugural.

O cardeal Arcoverde editou em 1918 uma sinopse de lógica, a melhor no gênero editada no Brasil, segundo Leonel Franca. Foi monsenhor Fernando Rangel quem se encarregou da edição. Trata-se das aulas de Joaquim Arcoverde quando professor do Seminário de Olinda, para que foi nomeado por Dom Vital, em 1878.

Alexandre Correia é um tomista rigoroso. Nascido em 1890, doutorou-se em Filosofia e em Direito. Traduziu a *Suma teológica*, em 1944, pela Faculdade *Sedes Sapientiae*, com prefácio de Leonel Franca. Alexandre Correia estuda Santo Tomás diretamente na fonte. Seus grandes estudos, ricos de erudição, equilíbrio e fidelidade ao tomismo, são "O conceito de Jus Naturale, Gentium e Civile no direito romano", 1934, "Conceito tomista do direito", em *Revista da Faculdade de Direito da* USP, vol. 35, 1939, vol. 36, 1941, vol. 39, 1943, "Santo Tomás de Aquino e Aristóteles", anuário da Faculdade de Filosofia *Sedes Sapientiae*, 1943, "Definição tomista da lei", em *Verbum*, 1944, 1945, "O natural e o sobrenatural em Santo Agostinho", RBF, 1954, "A universidade medieval", anuário da Faculdade de Filosofia *Sedes Sapientiae*, 1961, "A revolução segundo Santo Tomás de Aquino", *Convivium*, 1965.

Saudou o cardeal Spellman, em memorável discurso feito em latim, 1951, na Faculdade Sedes Sapientiae.

Armando Câmara, professor da Universidade do Rio Grande do Sul, diretor da revista de cultura *Estudos*. Publicou em *Estudos* "Transcendência e espiritualidade do psiquismo humano", 1940. "A gênese do pensamento filosófico", 1944. "O espiritualismo e a psicologia experimental", 1946.

O problema da salvação está no centro das suas preocupações filosóficas. É um tomista que lê Blondel.

Teve atuação política. Foi senador (contra João Goulart).

Artur Versiani Veloso, mineiro, de 1906, foi sempre um professor de filosofia. Seus livros são: *A filosofia e seu estudo*, 1947, *Introdução à história da filosofia*, 1947, *A qüididade do real*, 1948, *A vida de Kant*, 1956, e publicou vários artigos em *Kriterion*, como "Ser e conhecer", 1947, "Idealismo crítico e realismo crítico", 1948, "O outro Sócrates", 1948, "O outro Platão", 1948, "A propósito do sesquicentenário de

Kant", 1954, "O Kant de Ruysen", 1955, "O positivismo lógico do Grupo de Viena", 1956.

Compara Santo Tomás e Kant. O problema crítico o preocupa. Situa-se entre o tomismo e o neokantismo. Lê Maréchal, Sertillanges, Rousselot. Quer conciliar o idealismo de Kant e o realismo crítico tomista. Artur Veloso continua a meditação de Sentroul e José Negreiros de Castro Nery ou monsenhor Pedro Anísio, em *A filosofia tomista e o agnosticismo contemporâneo*, Paraíba, 1928, cujo tema é o problema crítico.

Orlando Vilela, padre inquieto, mineiro, professor de Filosofia em Belo Horizonte, nascido em 1914. Apaixonado pelos estudos de filosofia da arte. Chamou-lhe Alceu o nosso Henri Bremond, pois, como o *Abbé* Bremond, é um esteta. Publicou *Realidade e símbolo*, 1947, *Alma criadora de símbolos*, 1953, *Iniciação filosófica*, 1961, além de um livro de memórias, 1973. Maritainista, considera a arte uma realidade noturna.

Maria do Carmo Tavares Miranda, da Faculdade de Filosofia do Recife, doutorou-se em filosofia pela Universidade de Paris. Estudou no Instituto Católico de Paris e na Universidade de Friburgo.

Espírito franciscano, publicou *Théorie de la vérité chez Edouard le Roy*, 1957, tese de doutorado na Sorbonne, *Pedagogia do tempo e da história*, 1959, além de artigos — "O mistério do ser", *Lumen*, Recife, 1951, "Sobre uma participação da verdade, nos anais do Congresso Internacional de Filosofia, São Paulo, 1954, "Sentido da contingência e da finitude", *Anuário* da Faculdade de Filosofia, Recife, 1956, "Este problemático homem", *idem*, 1958, "Meditação sobre a filosofia", *Revista Portuguesa de Filosofia*, 1959, "Caminho e experiência", *Symposium*, Recife, 1960, "O pensar e o ser entre", *Revista Filosófica do Nordeste*, 1961, "Antropologia filosófica e teoria da formação humana", em *Revista da Escola de Belas-Artes de Pernambuco*, 1961, "Missão do filósofo e missão do professor de filosofia", em *O Esteta*, Recife, 1961, "Formação do homem e processo da verdade", em anuário da Faculdade de Filosofia do Recife, 1961, "Técnica e arte", em *O Esteta*, Recife, 1961.

Há uma densa impregnação existencialista nesta vigorosa pensadora que, em seu livro de 1969, *Os franciscanos e a formação do Brasil*, já nos falara desse humanismo de encarnação que dominou a evangelização do Brasil.

Tarcísio Meireles Padilha é um laveiliano. Professor de filosofia, minucioso e preciso, não se define como tomista, mas se integra perfeitamente na tradição da metafísica clássica. Seus livros revelam uma inequívoca e séria vocação filosófica: *A ontologia axiológica de Louis Lavelle*, 1955, *Dialogue métaphysique et Monologue idéologique*, 1973, numa linha existencial, de que os artigos dão também testemunho: "O platonismo da filosofia de Louis Lavelle", *Verbum*, 1956, "O existencialismo de Heidegger em face da morte", *Verbum*, 1955, Anais do Congresso Int. de Filosofia, São Paulo, pp. 239-244.

Henrique José Hargreaves, no seu retiro de Juiz de Fora, estuda o pensamento de Kierkegaard: "O existencialismo kierkegaardiano", em *A Ordem*, sete artigos, entre julho-dezembro de 1958 e janeiro-julho de 1959. Também "Conflito, equívoco, tragédia", em *Kriterion*, 1947. No número de *A Ordem* dedicado a Maritain, em 1946, Hargreaves compareceu com longo artigo sobre "Iniciação à filosofia política de Maritain".

Carlos Lopes de Matos, paulista de 1910, deu-nos uma tese sobre a teoria do conhecimento em Santo Tomás: *Um capítulo da história do tomismo, a teoria do conhecimento de Santo Tomás de Aquino e sua fonte imediata*, 1959. Escreveu, ainda: *Heidegger e o problema da filosofia*, 1954, *Vocabulário filosófico*, 1957, *O pensamento de Farias Brito*, 1962, *Farias Brito, Inéditos e dispersos*, 1966. Seus artigos são: "Spinoza, intérprete de Descartes, RBF, 1955, "As Auctoritates, de Alberto Magno e Tomás de Aquino", *ibidem*, 1956, "A moral provisória de Descartes e o método", *ibidem*, 1957, "Introdução ao problema da realidade", *ibidem*, 1958, "O passo inicial da filosofia da realidade", *ibidem*, 1959, "O mistério da realidade", *ibidem*, "Dialogando com Descartes", *ibidem*, 1960, "O ensino de filosofia no curso secundário", *ibidem*, 1961, "Da objetividade e subjetividade da filosofia", *ibidem*, "Dialogando com Heráclito", *ibidem*, 1963, "Farias Brito", *ibidem*, 1964, "A realidade dialética", *ibidem*, 1966.

Ubaldo Puppi, 1923, licenciou-se pela Universidade de Paris em Filosofia. Tomista de feição maritainiana. Foi secretário particular de Maritain por algum tempo. Publicou *Itinerário para a verdade*, 1955, *Prius Natura, das origens da filosofia grega a Tomás de Aquino*, 1960, *Intuição intelectual e existência*, 1966, tese para concurso na Universidade do Paraná, "Da palavra à coisa moral", anais do III Congresso Nacional de Filosofia, São Paulo, 1959, "A liberdade intelectual de Jacques Maritain", em *A Ordem*, 1962, "A inautenticidade das categorias autênticas, RBF, 1963. Apóia-se em Maritain, Penido, Garrigou-Lagrange, Gilson, Labourdette.

Evaldo Pauli — professor de Filosofia em Florianópolis — nasceu em 1924 e é padre secular. Dedica-se à estética. Publicou *Estética geral*, 1963, *Tratado do belo*, 1963, *Que é pensar, Teoria fundamental do conhecimento*, 1964, *Primei-*

ras luzes do pensamento, Crítica fenomenológica do conhecimento, 1965.

Não define a arte como Maritain ou Orlando Vilela. Mas a define pela mimese, à maneira de Aristóteles.

Ernâni Maria Fiori, professor de Filosofia no Rio Grande do Sul, nos deu *A filosofia atual, propriedade viva e propriedade morta*, 1958, "A experiência primeira na metafísica e na religião", em anais do III Congresso Nacional de Filosofia, São Paulo, 1959, *Interioridade e crítica*, 1961.

Influenciado por Miguel Sciacca, Louis Lavelle e Nicolas Balthasar, professor de Louvain. *A filosofia atual* é a aula inaugural dada por ele, em 1956, na Faculdade de Filosofia do Rio Grande do Sul. Não estritamente tomista, Fiori é um pensamento de grande vigor e se inspira por certo no tomismo.

Edgar de Godói da Mata Machado, mineiro, nascido em 1913, é maritainiano convicto e polêmico. Publicou em *Kriterion* um longo estudo sobre "A filosofia como saber autônomo", 1952. No número de *A Ordem* consagrado a Maritain, escreveu um artigo: "Nosso mestre Maritain", 1946.

Alfredo Lage escreveu notável artigo em *A Ordem*, 1946, no número consagrado a Maritain, sobre "Da fundamental distinção entre indivíduo e pessoa na obra de Maritain". Tomista rigoroso, publicou dois livros polêmicos e significativos; *A revolução da arte moderna* e *A recusa de ser* (sobre a falência do pensamento liberal).

Escreveu vários artigos em *O Estado de S. Paulo* e *Jornal do Comércio*, numa linha de reacionarismo numinoso.

Barreto Filho (José), autor de um romance proustiano, *Sob o olhar malicioso dos trópicos*, 1934, integrou o grupo de Festa, modernismo simbolista. Escreveu um livro a respeito de Machado, *Introdução a Machado de Assis*, 1947, interpretativo, a melhor obra que se publicou sobre o tema, ao lado do ensaio de Augusto Meyer. Barreto Filho escreveu ainda admirável prefácio à Correspondência de Jackson de Figueiredo, longa introdução crítica, de caráter filosófico. Publicou um estudo sobre "Filosofia e ciência" em *Estudos*, 1941. Reacionário em política, sua linha filosófica é um existencialismo de inspiração tomista. Como Olivier Lacombe, Louis Massignon, Louis Gardet, tem especial interesse pela mística oriental.

Fernando Carneiro (José), cearense, 1908, exerceu a medicina aqui no Rio e em Porto Alegre, onde morreu em 1968. Foi tisiologista ilustre. Foi tomista e publicou um livro de raro valor, em 1946, *Catolicismo, revolução e reação*, estudos e artigos de filosofia social, numa linha que se aproximava da de um Ducatillon e um Maritain. Fernando Carneiro era um estudioso de John Henry Newman, sobre cujo pensamento fez uma conferência no Centro Dom Vital. Estudou em volume a poesia de Jorge de Lima. E a obra de Von Koseritz, que já merecera a atenção de Sílvio Romero. Seu último livro, póstumo, *Psicologia do brasileiro*, reúne ensaios diversos. Fernando Carneiro foi uma inteligência florentina e, ao que parece, evolveu no sentido da reação. Polemizou, em alto nível, com o padre Leme Lopes sobre a eutanásia.

No plano da filosofia da educação, temos Theobaldo de Miranda Santos, autor de um *Manual de filosofia*, 1946, e um *Manual de filosofia da educação*, 1962.

O padre Hélder Câmara, depois arcebispo, escreve um artigo no primeiro número da REB, março-junho de 1941, sobre a "Orientação filosófico-religiosa da legislação educacional brasileira". O mesmo Hélder Câmara nos dá um artigo na *Revista Brasileira de Pedagogia*, 1937, IV, nº 36-37, p. 5, sobre "John Dewey e o problema religioso".

Há que lembrar os livros de Alceu — *Debates pedagógicos*, 1932, *Humanismo pedagógico*, 1944. E de Leonel Franca, *Ensino religioso e ensino leigo*, de julho de 1931.

Sílvio Elia, em *A Ordem*, 1946, publicou um estudo sobre "Maritain e a questão pedagógica".

Em 1931, Alceu Amoroso Lima se opunha à Escola Nova e seu Manifesto. Escrevendo depois no volume coletivo em homenagem a Lourenço Filho, já em 1959, evolvia no sentido de estabelecer algumas distinções fundamentais, sem repúdio global. O que Alceu deplorava em 1931, 1932 é que não se conhecesse o pensamento pedagógico católico, De Hovre etc. No capítulo *Filosofia pedagógica II*, Tristão formula a sua crítica serena ao pragmatismo educacional. Neopragmatismo, biologismo e sociologismo. Mas Lourenço evolve no sentido do primado do ético sobre o biológico. Psicologia científica e psicologia naturalista já não serão sinônimos. Durkheim e Natorpe estão longe.

A educação não se reduz ao hábito e este ao reflexo condicionado, como quer o mecanicismo. Não basta o método. Precisamos de uma filosofia de vida. Alceu combate a visão naturalista e determinista. Não podemos separar o problema do método do problema da finalidade. O problema do fato do problema da interpretação. Carecemos de uma filosofia moral.

O *logos* heraclítico

Frei Damião Berge, O.F.M., publicou três textos filosóficos de importância: "A filosofia existencial de Martin Heidegger", em *A Ordem*, 1937, pp. 201-219, "A estrutura fundamental do sentimento religioso à luz da psicologia experimental", em *A Ordem*, 1939, pp. 125-150, estudo de psicologia da religião, e *O logos heraclítico*, livro monumental, ed. INL, 1969.

Citado por Mondolfo e pelas bibliografias especializadas, o livro do franciscano brasileiro honra a nossa cultura. Frei Damião Berge é um especialista em Heráclito e quis dedicar-lhe a sua tese para a cátedra de grego na Universidade do Brasil.

Frei Berge pertence à linhagem de padres eruditos e discretos, silenciosos, apagados, como Tardif de Moidrey, autor da *Introdução ao livro de Rute*, que Claudel publicaria, Pouget, o lazarista cego, amigo de Jean Guitton, Clérissac, autor do livrinho *Mystère de l'Eglise*, com prefácio de Maritain, Penido, o mestre da analogia, frei Tomás Borgmeier, mestre na entomologia, ou João Gualberto.

No Convento de Santo Antônio, do Rio, a 14 de setembro de 1969, frei Berge recebia o primeiro exemplar de sua obra já impressa, *O logos heraclítico*, depois de esperar vinte anos, citado já pelos helenistas do mundo inteiro, que o conheciam através da edição mimeografada. Trata-se de uma das mais sérias contribuições à bibliografia do pré-socrático.

Efetiva-se em 1948 na cátedra de língua e literatura grega através dessa tese sobre *O logos heraclítico, estudo dos fragmentos*, 324 páginas mimeografadas, com a biografia do filósofo, a sua crítica (a bibliografia comentada ocupa 24 páginas), capítulo sobre o logos, sobre o ser da physis, o ser do logos, os fragmentos de Heráclito, a tradição biográfica, a doxográfica, e notas ao longo de quarenta e três páginas, imenso aparato crítico.

A edição de 1969, pelo INL, abrange 452 páginas, com oito capítulos, um epílogo, apresentação dos fragmentos, autênticos, dúbios, apócrifos, adulterados, dois anexos divididos em cinco séries, notas e bibliografia atualizada.

Análise filosófica e filológica. Tudo que se disse de Heráclito aqui se recolhe. Membro da Société des Etudes Grecques, de Paris, da The Hellenistic Society de Londres, da International Phenomenological Society, do Archaelogical Institute of America, professor emérito da Universidade Federal do Rio de Janeiro. Publicou um estudo sobre a semiologia da palavra *Spiritus* em Coimbra, uma biografia de Heráclito, em *Verbum*, um ensaio sobre a lírica barroca de Tiago de Balde. Tem inéditos *Manuscritos iluminados* (600 páginas datilografadas) e um ensaio sobre as relações entre São João Crisóstomo e a filosofia pagã.

Conhece teologia, filosofia, filologia, literatura, música, arqueologia, artes plásticas, sociologia, psicologia, história. Especializou-se em história da filosofia e em grego. Sua conferência sobre Martin Heidegger provoca o convite para ser professor de história da filosofia na Universidade do Distrito Federal, quando era reitor Alceu Amoroso Lima. Quem o indicou foi Euríalo Canabrava. Em 1944, passa para a cadeira de grego, por sugestão de Santiago Dantas.

No belo capítulo final de O *logos heraclítico*, Frei Damião Berge propõe um paralelo entre Heráclito e Paul Klee, o pintor das harmonias ocultas. O descobridor da ordem secreta. Berge admite que os filósofos pré-socráticos têm muito da cultura oriental.

E antes da carreira de professor universitário? Como se cumpriu a formação intelectual de Damião Berge?

A partir de dezembro de 1932, frei Berge trabalhou na Igreja da Paz, em Ipanema. Antes, ensinara letras clássicas no Seminário da Ordem, em Rio Negro, Paraná, desde 1930. Doutorou-se com uma tese sobre a *Demonologia* de Marcos Minúcio Félix, escritor do século I, em 1928, na Universidade de Friburgo, na Alemanha.

Viajou pela Alemanha, Holanda e Itália, antes de voltar ao Brasil, definitivamente. Em Friburgo, foi aluno de Rudolf Pfeiffer, mestre em filologia alexandrina, comentador de Erasmo. E ainda de Immisch e Dragendorff, apaixonado pela arqueologia e especialmente pela cerâmica grega.

Estudou na Universidade de Bonn e na de Friburgo, na Floresta Negra. As primeiras férias universitárias, viveu-as na França. Foi aluno de Friedrich Marx, catedrático de latim e grego. Estudou antigüidade clássica, a abranger línguas, literaturas, história das idéias políticas, história da filosofia e da arte. Escolheu simultaneamente antigüidade clássica e psicologia teórica e experimental. Seus superiores fizeram que optasse pela cultura clássica, com sacrifício da psicologia, que foi sempre uma sua paixão.

Estudou detidamente as fontes da tragédia grega.

Mergulhou nessas minúcias estético-filológicas da ciência da antigüidade clássica, com o intuito de vir depois lecionar entre nós, nos cursos da Ordem. Sua cultura universitária é alemã. Tem nos mestres germânicos as principais fontes de seu amplo saber. Foi o primeiro a ocupar-se com Heidegger no Brasil. E tem pela psicanálise um interesse constante. Mística e psicanálise, Santa Gertrudes e São João da Cruz, eis as suas pesquisas prediletas.

Nasceu no Rio, em antigo solar do Rio Comprido, a 29 de agosto de 1895, filho de um arquiteto alemão, ainda jovem, Emílio Oto Berge, que, depois de morar em São Paulo, veio fixar-se no Rio, onde morre subitamente em 1898, com quarenta e dois anos. O menino é criado pela madrinha, em Petrópolis. Aluno da escola primária dos franciscanos de Petrópolis, cedo se deixou envolver pelo misticismo. Estudou música, foi organista. A madrinha, alemã, convertida ao catolicismo, fora luterana. Era muito austera. Foi o menino mandado em 1906 para Blumenau, onde cursou o Seminário dos franciscanos. Em 1912, depois dos estudos clássicos, faz o noviciado e, em 1914, inicia os estudos filosóficos, em Curitiba. Em 1917, os votos solenes. Os estudos teológicos, vem fazê-los em Petrópolis; 1920, passa-o em Florianópolis. 1921, em Blumenau, ensinando letras clássicas. Em 1923, vai para Rio Negro, onde leciona até setembro de 1925, quando a Ordem o manda para a Alemanha, a fim de doutorar-se em letras clássicas pela universidade de Bonn.

Destino ligado à universidade e pesquisa filológica e filosófica. Na Universidade do Rio, primeiro a do Distrito Federal, depois a do Brasil e a Federal, lecionou durante vinte e oito anos consecutivos. Foi quem sugeriu a João Camilo que escrevesse o estudo sobre o positivismo no Brasil. Com Penido dirigiu o departamento de filosofia da Universidade do Distrito Federal. É leitor geral jubilado da Ordem Franciscana, o maior título da Ordem.

Considera-se um servo inútil. "Ainda que o coração nos acuse, Deus é maior que o nosso coração" (I, 3, 10). Na linguagem bíblica, *coração* designa não a vida emotiva, mas o centro consciente do homem. Dizia o padre Pio, o capuchinho, por quem Damião Berge tem particular veneração, que à misericórdia entregava o passado, ao amor o presente e à providência o futuro...

Sua vida consumiu-se nas pesquisas eruditas. Foi a vida de um *scholar*, que soube ser ao mesmo tempo um espiritual, um mestre de vida interior, um homem de oração e de contemplação. Em entrevista ao *Correio da Manhã*, em dezembro de 1969, Berge falou ao repórter das relações entre a cidade de Deus e a cidade dos homens, os problemas espirituais e os problemas temporais, naquela que acabou sendo a mais profunda e palpitante das entrevistas sobre o *habeas corpus* ou a liberdade.

Quais os autores que mais recomenda? John Newman, Gerard Manley Hopkins, Blondel, De Lubac, Bremond, Marie Noël, por quem tem especial ternura, Romano Guardini, Martin Heidegger, Rainer Maria Rilke, que era o autor preferido de frei Mansueto, Hans Urs Von Balthasar, João Guimarães Rosa.

Aos setenta e nove anos, declara: "Aproxima-se a infinita eternidade. Aliás, presente sempre. Porque a temporalidade não passa de nuança do eterno, para uso terrestre"...

Sua visão do mundo é existencial. Heidegger é um filósofo que aprecia deveras. Considera-o o maior filósofo vivo.

Existencialismo cristão, ou vitalismo, eis a linha de frei Damião Berge, tão marcado pela cultura alemã e pelo helenismo da sua formação clássica e do seu longo magistério universitário.

Há anos, a fama de erudito de frei Berge corre o Brasil. Lembro-me de artigo magistral de Augusto Meyer, no *Correio da Manhã*, "Os pré-socráticos", 21 de abril de 1956, depois coligido em Preto e Branco. Que dizia o arguto Meyer? "Não se esqueça da tese de frei Damião Berge sobre o *Logos heraclítico*, que é de 1948, prata da casa e do melhor peso. Este grosso caderno mimeografado, que ainda não achou editor, é uma espiga cheia de grãos de ouro. O obscuro, o sibilino, o inquieto, o irritado e soberbo Heráclito revive; é contra nós que ele filosofa."

Sim, a harmonia oculta é preferível à harmonia aparente. Há uma secreta harmonia sutil das tensões opostas. Sob a contraditória aparência das realidades em conflito, existe a harmonia. Teses fundamentais do pensamento heraclítico, tão caras ao frade. A mesma luta é uma harmonia. Há unidade na diversidade ou multiplicidade.

Que mais cristão do que isto, esta unidade no múltiplo?

"Connais moi, si tu peux, connais moi.
Je suis ce que tu crois et suis tout le contraire:
La poussière sans nom que ton pied foule à terre
Et l'étoile sans nom qui peut guider la foi."

São versos de Marie Noël, Marie Rouget. Estão em *Les Chansons et Les Heures*. Com essas palavras poéticas de Marie Noël, abre-se o livro do insigne helenista brasileiro, que tanto honra a sua Ordem dos Franciscanos. Erudição e poesia, história e filologia, filosofia e teologia, tudo aqui se dá as mãos, em síntese rara.

O aparato crítico, a riqueza da bibliografia, a atenção às minúcias, o senso da complexidade, tudo é de um admirável pesquisador, exigente consigo mesmo, preciso.

"Connais moi. Connais moi. Ce que j'ai dit, le suis je?
Ce que j'ai dit est faux, et pourtant c'est vrai.
L'air que j'ai dans le cœur, est-il triste ou bien gai?
Connais moi, si tu peux. Le pourras tu? Le puis je?"

O livro termina com estes versos heraclitianos de Marie Noël.

A evocação da arte de Paul Klee me surpreende. Trata-se de revelar a ordem interior da realidade. A ordem invisível é superior à ordem visível.

Entre os antigos, Heráclito é o que está mais perto de mim, escreveu Berdiaev no ensaio de metafísica escatológica. A filosofia de nosso tempo, que começa com Hegel, vê em Heráclito de Éfeso o precursor longínquo. A harmonia através da tensão dos contrários ou contrapostos é a tese por excelência dos fragmentos heraclíticos. Mais do que a fluidez de tudo. O perene fluxo. Veja-se a presença de Heráclito neste trecho de Albert Béguin em seu livro clássico sobre *L'âme romantique et le rêve*: "*Heraclite se demandait pourquoi en rêve chacun avait son univers particulier, tandis qu'à l'état de veille tous les hommes ont un univers commun. Et c'est proprement à cette même question que répond la théorie freudienne des deux grands principes, de plaisir et de réalité.*"

O grande intérprete de Hölderlin, Bloy e Bernanos situa Heráclito entre os precursores de Freud. Tanto Hegel como Freud e como Karl Marx estão já em Heráclito. Consulte-se a esse respeito o livro iluminador do jesuíta francês padre Yves Calvez, *La Pensée de Karl Marx*.

Apesar da afirmação de Bergson, em *La Pensée et le Mouvant*, de que a sua evolução criadora não era heraclítica (*Comment a pu comparer cette doctrine à celle d'Héraclite?*), o *devenir* bergsoniano, o vir-a-ser é puro Heráclito. Dilthey o observou em palavras lapidares: "Heráclito, em meio ao alegre panteísmo das ilhas e do litoral da Jônia, deu poderosa expressão ao sentimento da transitoriedade contida no fluxo do tempo." Eis todo o problema da *durée* bergsoniana.

Roger Garaudy, no ensaio a respeito das *Perspectivas do homem*, afirma que "le marxisme recherche la source du mouvement de la matière même. Ce n'est pas une thèse nouvelle: c'était déjà celle d'Héraclite".

Russell considera que a física, vinculada outrora a Parmênides, e por tantos anos, hoje se anexa a Heráclito, e existe heraclitismo em Whitehead. Pois declara que a realidade se movimenta continuamente.

O mais estranho dos monges beneditinos do Brasil, Camilo de Monserrate, biografado por Ramiz Galvão, dedicou a Heráclito um estudo. O filósofo do movimento está em Gerard Manley Hopkins, poeta jesuíta, e em Saint-John Perse ou T. S. Eliot. Nietzsche o reivindica para o eterno retorno: "Sua atitude é a que mais se aproxima da minha"... E Hegel, na sua *História da filosofia*, admite que não há em Heráclito frase nenhuma que não haja adotado na lógica.

Veja-se a palavra de Hegel, durante uma sua conversação com Goethe, a 18 de outubro de 1827, sobre a natureza da dialética. Esta é o espírito de contradição, inato ao homem. Em 1809, nas *Afinidades eletivas* já Goethe escrevera: "Cada palavra proferida suscita o sentido contrário." Heráclito é o Proteu da dialética.

Lukács reconhece que o mestre de Éfeso descobriu o fato dialético da crítica da inteligência pela sua enantiologia. Diálogo e dialética vão buscar em Heráclito a sua genuína raiz filosófica. Di-lo expressamente o douto frei Damião Berge: "O problema da dialética é amplamente discutido na coletânea *Aspects de la Dialectique*, entre cujas colaborações se destaca a de Axelos, 'Le Logos fondateur de la Dialectique', sobre Heráclito."

Em outro lugar, frei Berge nos observa: "Mais perspicaz foi Lênin — Le dédoublement de ce qui est un et la connaissance de ses parties, contradictoires, voilà une des choses essentielles, une des particularités principales, sinon la principale de la dialectique" (*Lênin, Matérialisme et Empiriocriticisme*).

O estudo do frade versa apenas sobre o logos heraclítico. E não sobre a doutrina integral de Heráclito. Trata-se de uma tese de concurso, com todo o indispensável aparato de erudição. Que é o logos? Responde o autor: "Na interpretação desta frase, feita por Heidegger, aparece clara a posição-função do logos — falando, torna visível o invisível sobre o qual se pronuncia." Mais adiante, o autor se detém no logos-audição.

A biografia, que se encontra aqui, ele a publicara em *Verbum*, setembro de 1947. Biografia curiosíssima do filósofo, que termina com uma cirrose melancólica. O epílogo é de grande beleza formal, com aquela dignidade de estilo que caracteriza os sábios do tipo de frei Damião Berge, sempre tão rigoroso quanto a exatidão vocabular. É um livro definitivo, este. Enorme bibliografia heraclitiana, desde o fundamental estudo de Schleiermacher, de 1808, com que se abrem os estudos modernos de redescoberta ou revalorização do sutil Heráclito de Éfeso. Diante do livro severo e meticuloso do brasileiro Damião Berge, temos de dizer que se situa entre aqueles grandes livros de erudição que projetam a cultura brasileira em termos internacionais: *A função da analogia em teologia dogmática*, de Maurílio Teixeira-Leite Penido, *A crise do mundo moderno* e *A Igreja, a reforma e a civilização*, de Leonel Franca, e *Ontologia e história*, do padre jesuíta Henrique Cláudio de Lima Vaz, que adiante estudaremos.

"Serenamente, aguardo minha derradeira transferência para a infinita eternidade de Deus", nos diz frei Damião Berge, que logrou, como seu mestre Heráclito, atingir a suprema unidade.

Frei Damião Berge representa, na cultura brasileira, o espírito franciscano, todo voltado para o concreto, o experimental, o existencial. Veja-se o livro de Gilberto Freyre, *A propósito de frades*, 1959. Ou o ensaio de Maria do Carmo Tavares de Miranda, *Os franciscanos e a formação do Brasil*.

Um nominalismo crítico, como chamou Henrique Vaz ao pensamento de Pontes de Miranda, que também ele — e a convite dos franciscanos — analisou o franciscanismo, em conferência erudita. Frei Damião representa o cristianismo positivo, alegre, dominado por uma visão profundamente otimista do mundo. Abertura à vida e alegria, eis as notas típicas desse pensamento, que é antimaniqueísta.

João Camilo, em página clássica, focalizou muito bem o problema do maniqueísmo: "Nascendo o cristianismo em cultura infestada de maniqueísmo e gnosticismo, saindo por assim dizer de dentro do maniqueísmo (e Santo Agostinho foi efetivamente maniqueísta e a *Cidade de Deus* recorda modos de pensar dualista), o cristão está sempre correndo o risco de ser infeccionado pela doença hereditária. Se, raramente, tem havido casos de maniqueísmo consciente, o normal é um maniqueísmo oculto, que tem dominado até os mais ilustres espíritos, e tem sido, entre católicos e protestantes, entre orientais e ocidentais, quase a regra. O pessimismo de Berdiaev, como o de um Bloy — eis exemplos modernos em homens de altíssimo gênio. E a angústia de um Kierkegaard não estaria na mesma linha?" (*Interpretação da realidade brasileira*, pp. 139-140.)

Observação arguta. Posição condenatória, em tantos, clara ou indireta, larvar, dos valores naturais do homem. Vida prisão, ou castigo, ou exílio. A prisão do corpo, freqüente na literatura ascética. O problema das relações entre cristianismo e maniqueísmo deve ser aprofundado por lúcidos ensaístas que aliem a segurança ou solidez da doutrina a uma visão livre e objetivamente criadora das realidades históricas.

Frei Damião Berge representa o antimaniqueu, por excelência.

Foi sempre um espírito generoso e positivo.

O amor à infância é talvez o traço mais característico da sua psicologia. Se Penido representou o catolicismo francês, de Bremond (com sua história do sentimento religioso na literatura francesa), ligado ao tomismo aberto de Marín-Sola e Norberto del Prado, em oposição a Garrigou-Lagrange, se Franca significou a apologética da erudição, toda voltada para o problema da psicologia da conversão religiosa, para os grandes problemas sociais do divórcio e da educação, e sobretudo para as relações entre cristianismo e civilização, numa perspectiva tradicional, ou clássica, Berge, o franciscano, inspira-se numa simplicidade e numa alegria tão humanas que fazem dele o símbolo de um catolicismo nada dualista, mas possuído pela idéia da unidade.

Ninguém melhor do que frei Damião Berge, com seu franciscanismo integral, compreenderia o sentido profundo e patético desta palavra de Mário de Andrade, escrita em carta a Tristão de Ataíde, no dia 17 de junho de 1943:

> "A civilização vai mudar, Tristão. A civilização cristã chamada, e que não sei se algumas vezes você não confunde um bocado com o Cristo, está se acabando e vai ser um capítulo da história. Tudo isso nada tem que ver com o outro mundo. Nem eu sei nem quero a morte da Igreja imortal, e o desaparecimento da religião, nem a sempre por demais próxima chegada do Anticristo. Mas não haverá o perigo pra muitos e pra você de preferir a Igreja a Deus? Eu não ignoro não os perigos dos meus argumentos para o meu paracatolicismo em que me debato. Serão argumentos do diabo. Ou serão argumentos do orgulho. Mas eu quero bater a uma porta, mas essa porta não pode se abrir porque os que estão lá dentro não podem interromper o Te Deum. Então, eu solto um grande grito pra Deus escutar. E como eu quero que Ele me escute, Ele me escuta. Mas ainda não pude soltar o grande grito e me sinto sozinho. Porque os que deviam vir a mim, porque eu não vou a eles, não vêm até mim. E eu não sei se há de haver tempo pra eu soltar o grande grito."

Só a extrema liberdade interior de um Berge poderia responder a esse apelo pungente.

Ontologia e história

Em 1960, comparei Henrique Vaz a Leonel Franca, no *Jornal do Brasil*. O jovem pensador Vaz, mineiro sutil de Ouro Preto, voltava da Europa, onde fizera estudos sistemáticos. Seus primeiros artigos doutrinais apareciam em *Verbum*. Lembro-me de um sobre Ortega y Gasset, compreensivo e amplo.

Henrique Cláudio de Lima Vaz, S. J., nos vinha da Universidade Gregoriana e fora aluno do célebre e difícil Joseph de Finance, o jesuíta que nos visitou em 1965 e publicara um ensaio acolhedor sobre Maritain, no mesmo nível de um Etienne Gilson, um Charles Journet, um Yves Simon. A formação de Henrique Vaz foi rigorosamente tomista. A primazia da lógica. O raciocínio. Os argumentos de razão. O silogismo. A tese. A estrutura piramidal do pensamento discursivo. Os blocos de cimento armado.

Mas havia o seu helenismo, e o seu existencialismo. Vaz, como frei Berge, era um helenista. Um estudioso dos pré-socráticos. Heráclito o fascinara. E não é porventura o evolucionismo heraclitiano (nunca Parmênides) que está na raiz das ideologias do homem moderno? Vaz leu Maritain; justamente na época de sua formação romana, Maritain se preocupava com o existencialismo como doutrina filosófica e editava o grande estudo sobre a existência e o existente. Maritain era embaixador da França junto ao Vaticano.

Vaz deixou-se marcar pelo pensamento existencialista, a que os católicos, um Gabriel Marcel (convertido em 1929), um Emmanuel Mounier, um Louis Lavelle, deram a contribuição do seu teocentrismo, da sua procura do Absoluto, do seu humanismo de encarnação, do seu senso profundamente grego do pecado. Existencialismo e helenismo fecundaram o jovem pensador jesuíta, que nos chegava de Roma com a inquietação dos que olham para o futuro, desejosos de interrogá-lo.

Ontologia e história, o seu livro revelador, propõe-nos, além de uma visão basicamente existencialista e de um helenismo visceral, grave tomada de contato com a história e a ordem da civilização. Vaz tem consciência de que o cristianismo não é apenas uma doutrina, mas um fato. O cristianismo é profundamente fatual e histórico. O padre Vaz sabe que o humanismo cristão é um humanismo de encarnação, exatamente por ser um humanismo teocêntrico. A visão cristã é histórica e dinâmica.

Vaz se volta para o mundo e a história como processo. E sua filosofia se quer uma filosofia da *praxis*. O concreto, a ação, o destino do homem na história, a dimensão temporal, a ordem da civilização, o sentido coletivo, o que podemos chamar a premência da transformação do mundo, eis o que o preocupa. Pensador lúcido e contemporâneo.

Ontologia e história saiu em 1968, 340 páginas, ed. Duas Cidades. Vaz é um herdeiro de Romano Guardini, Louis Bouver e Jean Daniélou, filósofos cristãos da história. Seu livro reúne artigos doutrinais publicados antes em revistas de cultura, dez ao todo. E lhes acrescenta um capítulo final, O absoluto e a história. Trata-se de um itinerário da metafísica à história. Os capítulos que compõem o livro são — Dialética das idéias no sofista, Itinerário da ontologia clássica, Um esboço de filosofia religiosa, o *De Vera Religione*, de Santo Agostinho, Ortega y Gasset, Análise categorial e síntese dialética em filosofia da natureza, marxismo e filosofia, Cristianismo e consciência histórica e consciência e história. E nota histórica sobre o problema filosófico do outro.

O filósofo desce da sua querida especialidade de helenista e mergulha na filosofia da história. O amor dos seus anos de formação foi a filosofia grega. Nessa coletânea de ensaios, eruditos e profundos, o mais douto é o primeiro (e também primeiro no tempo, 1954), sobre a dialética das idéias no sofista. Pesquisa digna de um discípulo fiel de Paul Henry, o sucessor de Yves de Montcheuil, esse padre jesuíta Paul Henry, que é a maior autoridade em Platão e Plotino. O ensaio mais harmonioso é o sobre Ortega, o vitalista, germânico pela formação. O mais denso é o a respeito de cristianismo e consciência histórica, tema candente, notável estudo, com que se abre a segunda parte do livro — sobre a história. Temas de metafísica e temas de filosofia da história aqui se sucedem, numa integração crescente do autor na problemática de nosso tempo.

Trata-se de um dialético. Em tal sentido, um discípulo de Guardini. A propósito da técnica, Guardini lhe merece o seguinte reparo: "Com matizes muito mais finos de análise e sem ceder ao pessimismo de Berdiaev, o próprio Guardini prende-se ainda em certa medida a uma concepção mecanicista, que o leva a falar do homem de ciência como de homem não-humano." Vaz vai além de Guardini.

O otimismo de Vaz é radical.

Eis os cimos do pensamento católico no Brasil contemporâneo: Damião Berge, Henrique Vaz, dois helenistas.

Fulge neles o amor da verdade. Pairam muito acima da controvérsia.

Vaz é um autor vivo. Não vem dizer-nos que — depois da Idade Média e com o Renascimento, a Reforma e a Revolução, tudo se tornou antropocentrização dessacralizadora. Civilização do egoísmo, do homem-massa, do homem exterior e outras untuosas, oleosas bobagens, com que se comprazem, aleatoriamente, improvisados, inúteis vulgarizadores de uma falsa, ultrapassada filosofia da história. Estamos em plena segunda Revolução Industrial. Queiramos ou não, estamos em idade revolucionária. Que revolução? A técnico-científica. O resto são lamúrias vãs de uns desajustados empedernidos. Que, pois, continuem a chorar sobre as ruínas da Idade Média. Queremos refletir sobre a história, para construir a civilização do homem concreto, do homem solidário, do homem real, humano. A consciência do social nos fascina, empolga e conduz.

Arnold Toynbee escreveu que os Evangelhos e Heródoto se deram consciência da divina ironia dos problemas humanos, a mais tremenda lição da história. E acrescentou: "Eu próprio já imaginei qual será a mais relevante característica a atribuir-se ao século XX dentro de uns trezentos anos. O meu palpite é que de nossa idade histórica não se recordarão nem os crimes horrorosos, nem propriamente as invenções como tais, espantosas, mas o haver sido a primeira idade histórica, desde o amanhecer da civilização há mais de seis mil anos, em que o povo ousou pensar que seria possível realizar-se o ideal da felicidade para todos, não como simples sonho utópico, mas como finalidade prática."

O mundo moderno começa com a *Utopia* de Thomas Morus.

Mounier Lavalle e Teilhard de Chardin estão na origem do pensamento dialético de Vaz. Ele parte da situação dialógica. "O encontro com o Outro faz surgir, para além do sujeito singular, na comunidade mesma dos sujeitos, a figura do Absoluto, inscrita no plano dialético em que as consciências se afrontam no diálogo." Assim, pois, situa ele a questão do Absoluto.

A história, ao contrário do que diz Hegel, não é o Absoluto real; é apenas sua figura.

A comunicação se faz pela mediação do mundo. A história decorre da necessidade de transformar a natureza em cultura, através da comunicação dos homens. A relação intersubjetiva repõe como exigência básica o Absoluto real. E aqui Vaz resume luminosamente o problema central da filosofia da história: como liberação, a história exige o Absoluto; como possibilidade e risco, da alienação do sujeito em objeto, a história não se constitui no Absoluto.

O Absoluto a um tempo como imanente e transcendente, imanente à consciência de si e à relação intersubjetiva, transcendente à limitação dos sujeitos e à contingência do processo, é a exigência mesma, diz Vaz, de um sentido ou inteligibilidade a ser conferida à história como criação humana.

O cristianismo é a encarnação como evento e sentido. O que lhe marca a fulgurante originalidade é uma reinterpretação da história, dentro da perspectiva bíblica. O universal concreto normativo da história é o evento do Absoluto, é o Absoluto feito carne. A *Caritas* faz-se *caro*. Descobrir, afirmar o Absoluto, sem sair da história, mas na história.

A dimensão antropológica torna-se, nesta visão, a matriz última de uma interpretação da história. O homem é criador da história como sujeito ético. O universo é um processo de personalização. A história é liberdade. Não reduzimos a história ao desenvolvimento de uma totalidade ideal. A história é o drama da liberdade. Para lá das obras do homem cultural coletivo, há o destino singular da pessoa.

O problema é o da instauração de um mundo do homem. Queremos um universo de liberdades reais.

O pensamento é ação, abolição da ordem injusta, construção da cidade de homens livres.

Há uma densidade filosófica na obra de Henrique Vaz. Para ele, o processo histórico é que há de revelar o sentido da vida na sua concretude. O problema do homem se condensa no da existência histórica.

A questão básica é a da consciência histórica.

Que é a consciência histórica? É a razão na história. Escreve o nosso Vaz: "A consciência histórica exprime o sentido global em que se encontram as concepções e obras dos homens de determinada época histórica e determinado mundo de cultura. Sentido que pode apresentar-se elaborado de forma explícita e técnica (nas concepções religiosas ou na reflexão filosófica), ou encontrar-se difuso como vivência coletiva, mas que constitui a possibilidade mesma para os indivíduos daquela época e daquele mundo de estabelecer entre si uma forma histórica de comunicação na sua técnica, na sua ciência, nas suas instituições, na sua arte, e, portanto, de existir historicamente" (*O absoluto e a história*).

Vaz quer permanecer numa concepção decididamente realista. Não quer cair no idealismo. Para ele, a aventura humana, isto é, a aventura da liberdade, atinge a hora solar da autoconsciência. O homem toma nas mãos a direção do futuro.

Seu otimismo cristão é nitidamente teilhardiano.

Sua tese de 1953, *De Dialectica et Contemplatione in Platonis Dialogis*, está no centro de toda a sua já longa meditação filosófica. Seu método é o dialético. Usa ele a dialética dos opostos tanto na explicação da natureza como na compreensão do homem e da história, ou na interpretação da ordem moral. Ortodoxamente tomista, não cede nem ao hegelianismo, nem ao materialismo histórico. Vaz é, sem dúvida, o mais profundo tomista do Brasil contemporâneo.

Discípulo de Gilson e de De Finance, de Marc e de Maréchal, tem uma agudeza de pensamento que o notabiliza na história da filosofia no Brasil. Sabe unir admiravelmente tradição viva e progresso. A filosofia é um diálogo criador.

Escreveu Henrique Vaz ensaios importantes como *Antropologia filosófica*, 1965, *Cultura e universidade*, 1966, *Universo científico e visão cristã*, 1967, "O existencialismo", em *Verbum*, 1948, "Que é metafísica?", *ibidem*, "Eros e logos", *ibidem*, 1952, "Discrição e amor, a propósito da eleição inaciana nos exercícios", em *Verbum*, 1965, "O pensamento filosófico no Brasil de hoje", em *Revista Portuguesa de Filosofia*, 1961, reproduzido na *História da filosofia* do padre Franca, como apêndice, "Consciência e realidade nacional", em *Síntese*, 1962, *Bergson e a filosofia grega*, 1962, "A grande mensagem de João XXIII", em *Síntese*, 1963, "Moral, sociedade, nação", em RBF, 1964, *Situação do tomismo*, Vozes, 1965, *Ideologia e verdade*, *ibidem*, 1966, *O conceito de socialização*, *ibidem*, 1966, *Trabalho e contemplação*, *ibidem*, 1966, *O absoluto e a história*, Paz e Terra, 1966.

Obra vasta e profunda, séria. A transcendência do eu funda o método fenomenológico. O discurso filosófico é essencialmente o discurso sobre o ser, ontologia. A reflexão filosófica parte do eu tético. A revelação da intencionalidade é uma relação de visão: o eu noético. Num segundo momento, a relação de intencionalidade é uma relação de posição ou *thesis*: o eu tético.

Esta palavra de Vaz é capital: "Toda a atividade do conhecimento parte e retorna às oposições primeiras, em razão da sua universalidade intensiva — oposição sujeito-objeto, na ordem do pensamento, oposição ser-não ser, na ordem da existência, oposição uno-múltiplo, na ordem da essência." (*Antropologia filosófica*, p. 23.)

O logos da antropologia filosófica apresenta-se em três planos, que Vaz descreve fenomenologicamente e integra dialeticamente: plano das estruturas, plano das relações, plano da totalidade.

A reflexividade do objeto entende-se em sentido realista, como condição transcendental supõe a realidade do objeto em si, cuja inteligibilidade radical é atualizada no logos filosófico.

A ontologia tomista é uma síntese de Aristóteles e de Platão. Unidade categorial na linha da essência. E unidade metacategorial, dinâmica, analógica.

A transposição conjunta de eros e de logos é a superação da crise da reflexão humanista, para Vaz. No mesmo ano de 1948, em que morria o padre Franca, ouve-se esta voz, nova e tão vigorosa, de um filósofo católico — "Mas a condição cristã se orienta com toda a força de sua sinergia humano-divina que a constitui, intrinsecamente, para a liberdade terminal agostiniana, que Maritain propõe chamar liberdade de exultação, ou seja, na visão intelectual de uma plenitude possuída" (*O existencialismo*, 1948).

Vaz é sempre denso: "Nas estruturas fundamentais que determinam o nosso ser no mundo, eros e logos, a implicação concreta de uma realidade que está para além do homem, como transcendente, em que, entretanto, o homem encontra o caminho único da sua plena realização" (*Eros e logos*, 1952).

Seu estilo ganha originalidade e rara flexibilidade, quando nos fala de Ortega e sua razão vital: "Se a razão visando ao ser visa a uma essência consistente, visa, em suma, ao definitivo; se a vida, às voltas com o acontecer, não se pode deter em construir uma estância em que se entregue à fruição do já possuído, mas é peculiaridade, mudança, desenvolvimento e alimenta-se necessariamente do novo, será possível uma razão que tenha um ângulo aberto sobre a novidade da vida e uma vida que consista em repousar nas colunas da razão?" A razão vital é a superação da razão racionalista.

A filosofia floresce em sabedoria, se a inquirição se torna dom, se a inteligência se prolonga em amor. Eis a inteligência espiritual. Pesquisa intelectual e tensão espiritual coincidem. "*Tota claritate, quod intelligit, diligit.*" A síntese da inteligência e do amor, do agostinianismo como filosofia religiosa. (O *De Vera Religione*, de Agostinho, 1955.)

Deus para Santo Agostinho, antes de ser uma idéia, é uma presença.

Consciência tem para Vaz um sentido concreto. Sua estrutura define-se na conjunção de dois momentos dialéticos: a intenção e a expressão, a posição do objeto e a posição do sujeito.

História é síntese de tempo e significação. É o discurso inteligível a articular um sentido em meio ao contingente.

Eis como define a dimensão própria do existir histórico: "Ser no mundo, submetido aos seus determinismos e aos seus condicionamentos, o homem é sujeito em face do mundo, constitui o mundo como uma totalidade de sentido. Ora, o sentido pode desdobrar-se em significação objetiva do mundo, natureza, e em significação do mundo para o sujeito que nele se situa, liberdade; o homem existe historicamente na medida em que o seu discurso sobre o mundo não é recitação de uma lição de coisas, mas a palavra, que torna ambíguo e dramático o tempo do mundo, rompido em sua homogeneidade pela irrupção do evento, aberto em leque de possibilidades pela decisão livre, aceito como risco e significado como aventura." (*Consciência e história*, p. 624.)

A vida humana e o diálogo entre a natureza e a história.

O homem é ser histórico, não ser natural. O homem parte do outro. O trabalho humano é histórico, fundamentalmente. A dialética da história é a do trabalho e da palavra. O homem é abertura para o outro. O homem rompe a homogeneidade linear do tempo. Há os instantes dramáticos em que as consciências se comunicam. As palavras se dizem. As decisões se cruzam e defrontam. O tempo do mundo é assumido no tempo do homem, que é a história.

A aventura do homem no mundo consiste no apelo e no encontro do Outro.

A consciência histórica é instrumento, norma e manifestação.

Cultura é a forma concreta da consciência histórica.

A consciência histórica nasce da exaltação da subjetividade como matriz do projeto da humanização da natureza pela ciência e pela técnica. Vaz evita os esquemas cosmomórficos e antropomórficos, na sua procura de um Absoluto, que seja transcendente, que traga, na sua mesma estrutura, a superação dos esquemas imaginativos.

O Absoluto funda a consciência e o mundo e suprime dialeticamente a oposição entre consciência e mundo.

A tarefa histórica é a edificação de um mundo humanizado. Temos de romper o véu da imanência para chegar ao espaço luminoso e livre de um universo humano, aberto. A liberdade, núcleo de interioridade pessoal, é a forma mais completa da consciência de si. Só há um caminho para os homens — o da solidariedade.

Henrique Vaz ainda não deu o livro — meditado, pessoal — que temos o direito de esperar dele, da sua lucidez, da sua erudição filosófico-teológica, da sua aguda consciência histórica.

Tais são em linhas concisas os rumos de um pensamento que parte da consideração do homem como ser no mundo. Como criador de valores, como consciência de si.

A missão do filósofo no século XX é — para Vaz — refletir sobre a existência histórica e interpretá-la.

Não posso terminar sem uma referência ao padre Michel Schooyans, belga, de 1930, que se coloca na linha historicista de Vaz, doutor pela Universidade de Louvain e professor da PUC de São Paulo. Sua tese sobre distinção entre filosofia e teologia segundo comentários aristotélicos de Santo Alberto Magno foi parcialmente publicada em 1959, na revista da PUC-SP. A tarefa para ele é elaborar uma filosofia da história, existencial. Em *Tarefas e vocação da filosofia no Brasil*, 1961 (RBF, pp. 61-89), insiste na urgência de repensar o contexto histórico.

Em 1946, escrevendo em *A Ordem* sobre a filosofia sintética de Maritain, dizia Alceu Amoroso Lima que a filosofia moderna se desenvolvera sob o signo da superação e da separação.

Distinguir para unir. Laura Fraga de Almeida Sampaio dedicou a sua tese de doutorado na Universidade de Louvain em 1963 a *L'Intuition dans la Philosophie de Jacques Maritain*. Em página vigorosa, Henrique Vaz resume o sentido global da filosofia no Brasil de nosso tempo: "Filosofia como essência espiritual da cultura, reversão da vida cultural às fontes originárias do ser, numa exigência de fundamentação e descobrimento, *alétheia*. Mas precisamente por ser tal a exigência filosófica, é uma exigência de sabedoria, clareza de espírito, ou seja, desta *phrônesis*, em que Platão se apoiava na hora mesma do seu ímpeto mais audaz de transcendência. Por isto, se é a partir da tradição mediterrânea que entendemos deva prolongar-se entre nós a vida filosófica como *bios theoretikós*, exercício sapiencial da razão na tarefa da sistematização dos problemas mais radicais, não vemos como esvaziar a pergunta do seu conteúdo para aplicá-la ao tratamento exclusivo das formas semânticas e lógicas. E com isso definimos nossa posição diante do neopositivismo. E, admitindo embora, de uma parte, a dimensão social do conhecimento, como premissa necessária para discernir sob a relatividade das formas culturais a consistência das estruturas essenciais, de outra parte a inserção do homem na natureza sob a forma de uma relação dinâmica que carrega a condição humana com o peso das suas solidariedades e seus empenhos terrenos, a insuficiência do culturalismo historicista e do naturalismo reside para nós justamente na sua incapacidade de radicalização da pergunta filosófica à questão decisiva sobre o ser. E porque esta questão se impõe ineluctável, é sobre o horizonte metafísico que se projetam finalmente os temas últimos da reflexão filosófica."

Memento dos vivos

O professor Cândido Mendes de Almeida publicou dois livros alentados — *Nacionalismo e desenvolvimento, Memento dos vivos*. Um, em 1963. Outro, em 1966.

Sua bibliografia gira em torno do tema do desenvolvimento. Escreveu, em 1954, *Possibilidade da sociologia política; Perspectiva atual da América Latina*, em 1958, *Disarmament for Development*, em 1962.

Formado em direito e em filosofia pela PUC do Rio, em 1950, viveu intensamente a problemática do existencialismo, durante os anos de sua formação universitária. Editou uma revista de cultura, *Fonte*, em que se divulgava o pensamento existencialista.

Depois, publicou um ensaio sobre "O outro desenvolvimento", como prefácio a um livro coletivo, Editora Artenova. Substituiu o professor Alceu Amoroso Lima na Comissão Justiça e Paz, da Santa Sé. Dirige as Faculdades do grupo Cândido Mendes.

Cândido Mendes nos traz o balanço da esquerda católica brasileira, em *Memento dos vivos*, livro eminentemente polêmico. Critica não sem razão a doutrina da ordem. E o grupo vinculado ao Centro Dom Vital. Diz Cândido Mendes, p. 82: "Se escapou, assim, àquela geração o condicionamento histórico específico do fato colonial, não causaria espécie que o desenvolvimento também se oferecesse a sua consideração inteiramente à margem do seu caráter de processo global. As críticas se fariam a partir de uma pauta abstrata de valores e de uma relativa insensibilidade às relações entre a ordem e seu vir-a-ser, tomando-se como absoluta e hegemônica a vigência de condutas ou articulações sociais previstas e válidas tão-só para o momento, para uma etapa do projeto, que se pretende implantar. Não causaria surpresa que a crítica daqueles intelectuais ao desenvolvimento se selasse na estigmatização do hipereconomicismo deste programa. Mas ainda, em condenar-se a fixação obsessiva da industrialização como ilusão emancipatória."

Aí está a divergência fundamental. Cândido a exprime com perfeição, na sua linguagem um tanto complexa. Faz, no entanto, justiça aos intelectuais de outras gerações: "É preciso ao mesmo tempo que se saliente a condenação corajosa dos abusos do capitalismo, que empreenderam aqueles intelectuais. Permaneceram ainda, mesmo ao contraditá-lo, vinculados às crenças básicas desse regime econômico, quanto à perspectiva histórico-social e sua evolução." O grupo católico seria prisioneiro da sua cosmovisão progressista-liberal, que o incapacitaria para entender o tipo de tempo em que se deve cumprir o novo processo emancipatório.

Contra o imanentismo da visão liberal, haveria que adiantar a concepção de ritmo histórico, suscitada pelo desenvolvimento. O máximo a que chegam é o solidarismo, de Ávila. Os pensadores de formação ou tendência liberal estão afetos a um progresso de ritmo igual e não compreendem nem aceitam os saltos, bruscos até, capazes de romper os círculos viciosos da estagnação colonial.

Cândido Mendes critica o solidarismo. Seria ele uma série de apropriações às teses capitalistas e socialistas, num sincretismo ou hibridismo ou ecletismo social. A perspectiva da ordem persiste. Há um desligamento entre a atitude da elite e a realidade em que se deve inserir. Um dedutivismo geral, na fixação de seus esquemas. A formulação é ética. A *praxis* real do desenvolvimento escapa-lhe.

A idéia do desenvolvimento domina os livros e *papers* de Cândido Mendes, herdeiro de um nome tantas vezes ilustre. O desenvolvimento é o *leitmotiv* da sua meditação de sociólogo.

A carência de estudos de caráter científico rigoroso — eis uma crítica justa de Cândido Mendes aos intelectuais católicos brasileiros. Falta-lhes uma visão global da sociedade e da história, é certo.

A doutrina solidarista não o satisfaz. Mas o padre Ávila não se esquece de dizer que como ideologia o solidarismo comunitário deve induzir do processo histórico brasileiro idéias-força (*O solidarismo*, 1965.)

No mesmo ano, o padre Charbonneau falara também sobre o tema em *Cristianismo, sociedade e revolução*, tão criticado em *Convivium* pelo padre Domingos Crippa.

João Camilo fixou as posições políticas do catolicismo brasileiro contemporâneo: "Podemos fixar esquematicamente as posições ideológicas do catolicismo brasileiro, fixação extremamente difícil, não só pela imprecisão generalizada, como pela inconstância — quase como que traçar um mapa das nuvens. Esquerda: desenvolvimento econômico, vinculações com o Terceiro Mundo, desinteresse pelas questões de regime e forma de governo; Reformismo: sem compromisso com posições ideológicas definidas, aperfeiçoamento positivo de leis e instituições; Direitismo: recusa da renovação, anticomunismo."

Em linhas gerais, é o quadro. Será o fim do laicato oficial? O laicato como o concebia a Ação Católica, de Pio XI. Michel Carrouges escreveu todo um livro para expor o problema. Assistimos à agonia do laicato organizado. Veja-se *O laicato, mito e realidade*, 1967.

Novas formas e fórmulas surgirão, sem dúvida. O certo é que há um clima de vazia e extrema perplexidade, entre os católicos de categoria intelectual. Dois fatos novos marcaram a segunda metade do século XX para o catolicismo intelectual, como observou João Camilo: O Concílio Vaticano II, de 1962 a 1965, com as suas fortes perspectivas pastorais de renovação, e o impacto da obra filosófica de Teilhard de Chardin.

A visão otimista da realidade, eis a síntese. Ou a confluência. Teilhard de Chardin não será um escotista?, perguntava João Camilo, que sempre teve uma grande sedução pelo pensamento sutil de Escoto. E ele nos propõe uma série de pontos de contato entre o jesuíta Teilhard e Duns Escoto: o gosto pelo real concreto e o empirismo, ou o espírito científico; a tendência evolucionista; o cristocentrismo a gerar um radical otimismo; um nominalismo, por causa da preocupação com o singular.

Metafísica e física. Revelação e experiência. Os grandes temas de nossa geração se condensam em torno do problema filosófico central, que é o da história. Pedro Paulo Cristóvão dos Santos escreveu uma tese, *Ética e história*, Belo Horizonte, 1964, em que estuda a obra de Henrique de Lima Vaz, S. J. Vaz é um teilhardiano. Sua tentativa de uma visão cristã da história é aberta e dinâmica.

São os dois temas de nossa geração — que Vaz e Cândido Mendes perceberam de forma angustiada: o da história e o do ser na sua concretude, o da situação do ser singular, o ser *hic et nunc*. A Cristologia não é exatamente isto? A convergência de filosofia da história e Ser concreto. A visão cristocêntrica do universo, proposta por Teilhard de Chardin, está impregnada de valores patrísticos, de Santo Agostinho em *De Civitate Dei*. Os santos padres, Duns Escoto, Newman e Teilhard procuram uma visão dinâmica do ser e da história.

A teologia do desenvolvimento insere-se nesta linha. Uma cristologia positiva. Um otimismo fundamental. O humanismo de encarnação, de que falava Maritain no *Humanismo integral*, de 1936, integra-se na mesma tendência. Quem ler hoje a "Carta sobre o espírito burguês", publicada por Maritain em *Esprit*, 1932, a pedido de Emmanuel Mounier, verá que há uma continuidade no pensamento católico.

Há um nominalismo do pensamento brasileiro, dizia João Camilo. Não será o caso de aproveitar em profundidade essa tendência? A tendência para o concreto, o singular. Herança, já, do pensamento ibérico, todo voltado para a concretude e a história. João Camilo nos deu uma teoria geral da história, que devia chamar-se *A encarnação redentora*, de fundas raízes escotistas. Outras virão. Seria tarefa para um pensamento como o de Cândido Mendes, ou o de Luiz Filipe de Oliveira Pena. Herdeiros ambos da melhor tradição de uma historiografia filosófica brasileira, do *Direito civil eclesiástico*, de 1866, e das lutas democráticas de 1945.

Houve uma séria dificuldade das elites católicas tradicionais de compreenderem o desenvolvimento e suas exigências precisas, a mudança social profunda. A dedicatória dessa análise da esquerda católica no Brasil é expressiva: "Aos que, nos países subdesenvolvidos, foram já chamados ao testemunho pela Justiça Social."

Cândido Mendes é hoje o *homo universalis*, pelas constantes viagens que empreende, como membro de várias comissões internacionais, da Unesco à Pontifícia Comissão *Justitia et Pax*, do nível universitário ao nível econômico da Conferência de Santiago. Homem da Igreja, intensamente a serviço da Santa Sé e da Arquidiocese do Rio, tem ele hoje, mais do que nenhum outro intelectual católico brasileiro, a visão concreta e nítida, ao mesmo tempo universal, dos problemas que constituem a nossa contemporaneidade.

Comentando a *Pacem in Terris* de João XXIII, de feliz memória, especialmente o célebre parágrafo 159, de tanta repercussão, diz Cândido Mendes: "Pode-se verificar nesta admirável apreensão do problema da verdade diante da história um primeiro tratamento do tema da ideologia no pensamento pontifício. Indo mais longe, entretanto, aquele ensinamento importa na instauração da *praxis* como mediadora fundamental do comportamento político-social do homem."

Como não evocar aqui a tese de Eusébio Martinazzo, *Teilhard de Chardin: ensaio de leitura crítica?* Livro que a Vozes publicou em 1968 e é uma síntese magistral da doutrina de Teilhard. Os tomistas fixistas se insurgem contra o evolucionismo do jesuíta. Mas se esquecem de que a obra dele, como lembra Martinazzo, se insere no próprio núcleo da problemática do nosso tempo.

A dialética da ciência e da fé

Duas figuras exprimem luminosa e dramaticamente a dialética da ciência e da fé.

Quero referir-me a Conceição Veloso e a Francisco Xavier Roser. Um franciscano e um jesuíta.

Um botânico e um físico. Um frade do século XIX. E um *scholar* universitário do século XX. Ambos viveram longos anos aqui no Rio. Puramente entregues à pesquisa científica, numa síntese de ciência e religião. O diálogo da fé com a experiência.

Frei José Mariano da Conceição Veloso nasceu no Rio em 1742 e morre em 1811. Aos vinte e um anos, entra para o Convento de Santo Antônio. Considerado o Pai da botânica brasileira. Frei Tomás Borgmeier, que nobremente o estuda em ensaio para a revista *Vozes*, dezembro de 1943 (p. 9), diz com justiça que ele nos deu com a *Flora fluminense* "uma obra monumental que não tem apenas interesse histórico, mas também alto valor científico". Ao lado de Alexandre Rodrigues Ferreira, Freire Alemão e Barbosa Rodrigues, é um dos mestres da botânica brasileira em sua inauguração. Missionário entre os índios. Conheceu de perto o interior, que o fascinava como flora. A respeito da sua vida missionária, frei Odulfo escreveu um artigo em *Vozes*, março de 1946, p. 226, "Frei Veloso entre os índios".

Entregou-se notavelmente às pesquisas no domínio das ciências naturais, especialmente a botânica. Foi o criador de sessenta e seis gêneros e quatrocentas espécies de plantas pertencentes à flora brasileira. A *Flora fluminense* é obra monumental. Recolheram-lhe a nobre herança na especialidade frei Leandro do Sacramento, carmelita pernambucano, que visitou o Brasil inteiro, durante seis anos, deixou vinte e três obras e organizou cientificamente o Jardim Botânico, frei Alves Serrão, que realizou trabalhos relevantes na sua breve gestão no Jardim Botânico, conforme Artur Neiva e Fernando de Azevedo.

Os manuscritos da *Flora fluminense* tiveram um destino dramático. Frei Veloso terminou a *Flora* em 1790, depois de muitas pesquisas pelas matas cariocas. Trata-se, pois, de obra colonial setecentista. Descreveu nela mil e seiscentas espécies vegetais nativas, ilustradas com mil e seiscentos desenhos de diferentes artistas, como frei Solano da Cunha e Antônio Álvares, o fluminense que desenhou a bandeira pernambucana de 1817.

Custo tipográfico, distância imensa e censura não tiveram poder nenhum sobre o livro, ou os manuscritos dele. Frei Veloso transfere-se para Lisboa. Em 1792, o Príncipe Regente ordena que a obra *Flora fluminense* fosse impressa à custa da Real Fazenda, sob a sábia orientação da Academia de Ciências, para que não ficasse o público privado da sua utilidade, conforme notícia a respeito, da *Gazeta de Lisboa, in História geral do Brasil*, de Varnhagen, v. 8.

Mas eis que ocorrem os dramáticos acontecimentos de 1808. Lemos no *Dicionário* de Inocêncio esta lacônica notícia: "No dia 29 de agosto de 1808, depois do meio-dia, apresentou-se na Imprensa Régia M. Geoffroy de Saint-Hilaire com uma ordem de S. Ex.ª o duque de Abrantes, datada de 1º de agosto, ordenando que se lhe entregassem quinhentas e cinqüenta e quatro chapas pertencentes à Flora do Rio de Janeiro, de que era autor frei José Mariano da Conceição Veloso, as quais se entregaram e levou consigo, na mesma sege em que veio." (Do Ofício da Administração ao Governo, 31 de agosto de 1808.)

Veloso já estava no Brasil com a Corte desde janeiro. O naturalista Geoffroy de Saint-Hilaire pilhou as chapas, que se iam preparando em Veneza. O manuscrito do texto e os desenhos originais, que o frade botânico trouxera consigo para o Rio, foram, depois de sua morte, 1811, doados à Real Biblioteca e esquecidos por completo.

Em 1825, um franciscano erudito, frei Antônio de Arrábida — diretor então da Biblioteca — descobriu-os e obteve de Dom Pedro I que autorizasse a publicação. O texto se imprimiu na Tipografia Nacional e se litografaram os desenhos em Paris. Pediram-se três mil coleções ou cinco milhões e meio de cópias, a exigir oito anos de trabalho, o que pareceu muito ao editor Knecht, que confiou a tarefa à Oficina Senenfelder, de excelente categoria. O preço das estampas ficaria em um milhão de cruzados, ou seja, cento e cinqüenta milhões de cruzeiros. Considere-se que representa mais de 10% da receita geral do Império. (Informação do ministro Lino Coutinho citada por Rodolfo Garcia em nota às Cartas de Santos Marrocos — An. Bibl. Nac., LVI, 47.)

O trabalho terminou antes do tempo previsto. Coincidiu o fim com a abdicação de Pedro I. A Tipografia Nacional imprimira apenas um terço do texto. A *Flora fluminense* compunha-se, assim, de onze volumes de estampas in-fólio e um terço do texto in-quarto. Não chegou a circular.

A obra ficou num canto da Secretaria da Justiça. Perdeu-se. Só em 1881 apareceu o texto integral da *Flora fluminense*, sem estampas, nos *Arquivos do Museu Nacional*. Estranho destino... As coleções zoológicas e botânicas que o naturalista baiano Alexandre Rodrigues Ferreira reunira em longa viagem do Pará a Mato Grosso, também delas se apoderou o nosso Geoffroy de Saint-Hilaire, pois Alexandre as havia remetido para o Museu da Ajuda. O naturalista brasileiro redigira mais de cem monografias, mas a identificação do seu vasto espólio científico é problemática. Só quatro monografias vieram à luz, inclusive o *Diário de viagem filosófica*, na *Revista do Instituto Histórico*, em 1850.

Outra flora perdida foi a *Flora pernambucana*, de Arruda Câmara, de que apenas restam na Biblioteca Nacional os oitenta e dois desenhos.

Francisco Xavier Roser, o físico jesuíta, nasceu em 1904 e faleceu em 1967. Doutor em Filosofia por Innsbrück, Áustria. Professor de física na PUC do Rio. Autor de uma tese, *Irradiações cósmicas*. Foi, nem há dúvida, o mais ilustre físico tomista aqui no Brasil.

Escreveu um artigo "Física e filosofia natural", em *Verbum*, 1945, pp. 129-156.

Seu pensamento se concentra nessas quase trinta páginas, em que um físico de alto nível se une ao pensador tomista para uma reflexão profunda sobre as relações entre física e ordem filosófica.

A filosofia para ele deve assumir os dados que o progresso da ciência lhe fornece. Cumpre confrontar os dados científicos com os princípios filosóficos.

O tema é empolgante e já merecera um estudo de Jacques Maritain (sobre a filosofia da natureza) e uma conferência notável de Joaquim da Costa Ribeiro, em 1947, no ciclo de conferências sobre o humanismo, na PUC. Santiago Dantas falara sobre humanismo e direito. Paulo Sá, sobre humanismo e técnica. Costa Ribeiro, sobre humanismo e ciência. O padre Franca, sobre humanismo e humanidades.

Filosofia e física. A filosofia, para Roser, não está em estado final de posse ou acabamento. Para a inteligência limitada, está em formação contínua. Sob pena de trair-se a si própria, deve estar aberta. O filosófico deve abrir-se, segundo o seu método, aos dados científicos. As potencialidades filosóficas dos dados estão na proporção em que os dados são precisos, exatos, fiéis à natureza. Objetivos.

Para Roser, existe harmonia entre a física moderna e o tomismo. O desenvolvimento da física se processa na direção da ontologia e cosmologia escolásticas. E abre novas perspectivas à reflexão. A abstração filosófica pode encontrar maior número de notas positivas, mesmo uma definição para o conceito de substância. E, assim, iluminar dificuldades: espaço, individualidade, ubicação, distinção entre corpuscularidade e materialidade, ainda não suficientemente focalizada.

E a filosofia diante da física?

Unificar o que há de fragmentário e dilacerado no conhecimento físico quantístico. Os físicos o reconhecem. Indicar os vínculos ontológicos profundos. Mostrar por que os símbolos e conceitos de ordem física não se podem usar univocamente em domínios diferentes do saber. Estudar mais fundamente o problema da indeterminação. Explicar como o mistério da complementariedade não precisa de ser admitido como dado último, tanto mais que separadamente os dois dados podem ser determinados à vontade, pois a indeterminação passa para o dado complementar. Formular conceitos claros sobre as experiências, proferir a palavra libertadora que oriente a inteligência e lhe indique o sentido.

Tal a tarefa de iluminação e unificação que um grande físico atribui à filosofia, especificamente à filosofia tomista. Pena que o padre Roser, homem de tanto recolhimento e tanta simplicidade, não haja escrito uma obra mais longa e sistemática sobre as relações entre a moderna física e o saber filosófico. Confrontar filosofia e física é tarefa que constitui um desafio para a nossa geração.

Não concluo sem referir-me ao trabalho do padre jesuíta Proença Richtmann, formado em teologia por Weston College, nos Estados Unidos, doutor em sociologia pela Sorbonne, doutor em teologia pela Gregoriana. Professor da PUC do Rio. Especialista em doutrina social da Igreja, mas sobretudo preocupado, como Dawson, que tão bem estudou e conhece, em analisar as relações entre o cristianismo e a civilização.

Nascido em 1927, procura repensar o tomismo no contexto da filosofia moderna. Sua posição é historicista. Publicou um artigo em 1960, em *Vozes*, sobre "O que é o existencialismo?", outro sobre conceito de religião, em *Estudos*, 1965, um ensaio em *Verbum*, 1965, sobre "O problema crítico como ponto de partida da filosofia moderna", *Rumo a uma sociologia da história*, 1966, *Origens históricas da sociologia*, 1966, *Humanismo e ateísmo*, 1967.

Sociólogo, o padre Richtmann é um verdadeiro humanista, atento ao diálogo da ciência e da fé, fiel à lição de Dawson, que é a de Newman, em *The Idea of a University*, ou do nosso padre Roser, que transmitiu ao jovem Padre Amaral o fervor simultâneo do seu entusiasmo lúcido pela física e pela filosofia, integradas num saber total, numa síntese católica.

Porque só a verdade liberta.

Bibliografia

OBRAS GERAIS

Almeida, Antônio Figueira de. "Correntes filosóficas no Brasil". *In RBF*, v. VIII, fasc. 30, pp. 230-264.

Bastide, Paul, et al. *Comentários à introdução ao estudo do pensamento brasileiro*, S. Paulo, 1971.

Bezerra, Alcides. "A filosofia na fase colonial". *In Achegas à história da filosofia*, Rio, 1936.

Brasil, Etienne. "Filosofia no Brasil". *In Filosofia*, Rio, 1923.

Castagnola, Luís. "O pensamento filosófico no Brasil". *In* PADOVANI, Humberto e CASTAGNOLA, Luís, *História da filosofia*, S. Paulo, 1964.

Cruz Costa, João. *O pensamento brasileiro*, S. Paulo, 1946.

—— *A filosofia no Brasil*, Porto Alegre, 1945.

—— *Contribuição à história das idéias no Brasil*, Rio, 1956. 2ª ed., Rio, 1967.

—— *Panorama da história da filosofia no Brasil*, S. Paulo, 1960.

—— "História das idéias na América e filosofia no Brasil". *In Kriterion*, Belo Horizonte, 1957.

—— "A filosofia no Brasil e na América". *In Anais* do III Congresso Nacional de Filosofia, S. Paulo, 1959.

—— "O pensamento brasileiro na primeira fase do século XX". *In Revista Brasiliense*, S. Paulo, 1958.

—— *Introdução ao estudo do pensamento brasileiro*, S. Paulo, 1971.

Coutinho. Afrânio. "Some Considerations on the Problem of Philosophy in Brazil". *In Philosophy and Phenomenological Research*, 1943.

Czerna, Renato Cirel. "Panorama filosófico brasileiro". *In Anais* do I Congresso Nacional de Filosofia, S. Paulo, 1952.
Franca, Leonel. *Noções de história da filosofia*, 21ª ed., Rio, 1973.
Francovich, Guillermo. *Filósofos Brasileños*, Buenos Aires, 1943.
Isoldi, Francisco e SANTOS, Getúlio de Paulo. *História da filosofia*, S. Paulo, 1928.
Jaguaribe, Hélio. *A filosofia no Brasil*, Rio, 1957.
Jaspers, Ludgero. *História da filosofia*, São Paulo, 1930.
Leão, Laurindo. *História da filosofia*, Rio, 1932.
Mantero, Manuel. "Perfil de la filosofia brasileña en el siglo XX". *In Estudios Americanos*, Sevilha, 1961.
Menezes, Djacir. "A filosofia no Brasil no século XX". *In RBF*, vol. VI, fasc. 22, pp. 192-212.
—— *O Brasil no pensamento brasileiro*, 2ª ed., Rio, 1971.
Paim, Antônio. *História das idéias filosóficas no Brasil*, S. Paulo, 1967.
Pinheiro Machado, Geraldo. "A filosofia no Brasil". *In* HIRSCHBERGER, Johannes. *História da filosofia contemporânea*, S. Paulo, 1968.
Reale, Miguel. *A doutrina de Kant no Brasil*, S. Paulo, 1959.
—— *Feijó e o kantismo*, S. Paulo, 1950.
—— *A filosofia em São Paulo*, S. Paulo, 1962.
—— *Momentos decisivos e olvidados do pensamento brasileiro*, Porto Alegre, 1958.
—— "A filosofia no Brasil". *In Anais* do III Congresso Nacional de Filosofia, S. Paulo, 1959.
Ribeiro, João. "A filosofia no Brasil". *In Revista do Brasil*, set. de 1917.
Robledo, Antonio Gomes. *La filosofia en el Brasil*, México, 1946.
Romero, Sílvio. *A filosofia no Brasil*, Porto Alegre, 1878.
Santos, Theobaldo Miranda. *Manual de filosofia*, 132ª ed., S. Paulo, 1964.
Serrano, Jônatas. *História da filosofia*, Rio, 1944.
Schooyans, Miguel "Tarefa e vocação da filosofia no Brasil". *In RBF*, vol. XI, fasc. 41, pp. 61-89.
Teles, Antônio Xavier. *Introdução ao estudo da filosofia*, Rio, 1961.
Velenzuela, Victor. "La filosofía en el Brasil". *In La Nueva Democracia*, Nova York, 1956.
Vaz, Henrique. "A filosofia atual no Brasil". *In Revista Portuguesa de Filosofia*, t. XVII, fasc. 3, julho de 1961.

Vita, Luís Washington. *A filosofia no Brasil*, S. Paulo, 1950.
—— *O mito de Hefestos*, S. Paulo, 1959.
—— "A filosofia no Brasil". *In* SCIACCA, Michele Frederico, *História da filosofia*, S. Paulo, 1962.
—— *Monólogos e diálogos*, S. Paulo, 1964.
—— *Escorço da filosofia no Brasil*, Coimbra, 1964.
—— *Antologia do pensamento social e político no Brasil*, S. Paulo, 1968.
—— *Pequena história da filosofia*, S. Paulo, 1968.
—— *Panorama da filosofia no Brasil*, Porto Alegre, 1969.

FASE COLONIAL

Aires, Matias. *Reflexões sobre a vaidade dos homens*, S. Paulo, 1966.
—— Trechos Escolhidos, Rio, 1962.
Carrato, J. F. *Igreja, Iluminismo e escolas coloniais mineiras*, S. Paulo, 1968.
Carvalho, Joaquim de. *Oróbio de Castro e o Espinozismo*, Lisboa, 1940.
—— *Estudos sobre a cultura portuguesa do século XVI*, Coimbra, 1947.
—— *Estudos sobre a cultura portuguesa do século XV*, Coimbra, 1949.
—— *Subsídios para a história da filosofia e da ciência em Portugal*. Coimbra, 1950.
Holanda, Sérgio Buarque de. *Obras econômicas de J. J. da Cunha de Azeredo Coutinho*, S. Paulo, 1966.
—— *Raízes do Brasil*, Rio, 1936.
Cruz Costa, João. *Ensaio sobre a vida e a obra do filósofo Francisco*. SANCHES, S. Paulo, 1942.
Cabral, Luís Gonzaga. *Vieira Pregador*. Braga, 1936.
Franca, Leonel. *O método pedagógico dos jesuítas*, Rio, 1952.
Leite, Serafim. *História da Companhia de Jesus no Brasil*.
—— *Suma histórica da Companhia de Jesus no Brasil*. Lisboa, 1965.
—— *Monumenta Brasiliae*, 4 vols., Roma, 1956-1960.
—— *Breve itinerário para uma biografia do padre Manuel da Nóbrega*, Lisboa, 1955.
—— *Novas páginas de história do Brasil*, S. Paulo, 1965.
—— "Ensino da filosofia no Brasil". *In O curso de filosofia e tentativas para se criar a Universidade do Brasil no século XVII*, Verbum, t. V, 1948, pp. 107-143.

Madureira, J. M. de. *A liberdade dos índios, a Companhia de Jesus, sua pedagogia, seus resultados*, Rio, 1929.
Lins, Ivan. *Aspectos do padre Antônio Vieira*, Rio, 1962.
Leme Lopes, Francisco. "Assim falou Vieira sobre filosofia". *In Verbum*, set. de 1958.
Moncada, Cabral. *Um iluminista português do século XVIII, Verney*, S. Paulo, 1941.
Morais Filho, Evaristo. *Francisco Sanches na Renascença Portuguesa*, Rio, 1953.
Saraiva, Antônio José. "Iluminismo e neoclassicismo", *In História da literatura portuguesa*, Lisboa, 1965.
—— *Inquisição e cristãos-novos*, Porto, 1969.
Silva Dias, José Sebastião. *A política cultural de Dom João III*, Coimbra, 1969.
Tavares, Luís Henrique Dias. *Introdução ao estudo das idéias do movimento revolucionário de 1798*, Salvador, 1959.
Verney, Luís Antônio. *Verdadeiro método de estudar*, Lisboa, 1949.

FASE IMPERIAL

Bueno, José Antônio Pimenta. *Direito público brasileiro e análise da constituição do Império*, 2ª ed., Rio, 1958.
Egas, Eugênio. *Diogo Antônio Feijó*, S. Paulo, 1912.
Feijó, Diogo Antônio. *Cadernos de filosofia*, S. Paulo, 1967.
Lopes, Roberto. *Monte Alverne*, Petrópolis, 1958.
Mercadante, Paulo. *A consciência conservadora no Brasil*, Rio, 1972.
Monte Alverne. *Obras oratórias*, Rio, 2 vols., 1852.
—— *Compêndio de filosofia*, Rio, 1859.
Paim, Antônio. *Cairu e o liberalismo econômico*, Rio, 1968.
Santiago Dantas, Francisco Clementino. *Figuras do direito*, Rio, 1963.
Sousa, Otávio Tarqüínio de. *Diogo Feijó*, Rio, 1942.
Uruguai, Visconde do (Paulino José Soares de Sousa). *Ensaio sobre o direito Administrativo*, Rio, 1962.

BIBLIOGRAFIA

AINDA A FASE IMPERIAL

Almeida Júnior, João Mendes de. *Elementos de lógica e de psicologia*, S. Paulo, 1936.

Dornas, João. *O padroado e a igreja brasileira*, S. Paulo.

Lipparoni, Gregório. *A fconforme a mente de santo Tomás de Aquino, exposta por Antônio Rosmini, em harmonia com a religião*, Rio, 1880.

Macedo Costa, Antônio. *Direito contra direito*, Porto, 1875.

—— *O barão de Penedo e sua Missão a Roma*, Rio, 1888.

Maria, Júlio. *O catolicismo no Brasil*, Rio, 1950.

Mendes, Cândido. *Direito civil eclesiástico brasileiro*, Rio, 1866.

Nabuco, Joaquim. *Um estadista do Império*, Rio.

—— *Minha formação*, 1900.

—— *Pensamentos soltos*, 1949.

Ramos, Laerte Carvalho. *A lógica de Monte Alverne*, S. Paulo, 1946.

Reale, Miguel. *A posição de Rui Barbosa no mundo da filosofia*, S. Paulo, 1950.

Sabóia, Visconde de. *A vida psíquica do homem*, Rio, 1903.

Sousa, José Soriano de. *Compêndio de filosofia ordenado segundo os princípios e o método do doutor angélico santo Tomás de Aquino*, Recife, 1866.

—— *Elementos de filosofia do direito*, Recife, 1880.

Thornton, Mary Crescentia. *The Church and Freemasonry in Brazil, a Study in Regalism*, Washington, 1948.

Vilhena de Morais, Eugênio. *O patriotismo e o clero no Brasil*, Rio, 1929.

Warren Júnior, Donald. Comentário a "A Igreja no Segundo Reinado", de George Boehrer. In *Conflito e continuidade na sociedade brasileira*, Rio, 1970.

FASE REPUBLICANA

Acerboni, Lídia. *A filosofia contemporânea no Brasil*, S. Paulo, 1969.

Afonso Neto, Augusto. *O livre-arbítrio segundo santo Tomás*, S. Paulo, 1930.

Andrade Murici, J. C. *Suave convívio*, Rio, 1922.
Ataíde, Tristão de. *Afonso Arinos*, Rio, 1922.
—— *Estudos*, 1, Rio, 1927.
—— *Estudos*, 2, 3, 4, 5, Rio, 1930-1933.
—— *Tentativa de itinerário*, 1929.
—— *De Pio VI a Pio XI*, 1929.
—— *Freud*, 1929.
—— *Esboço de uma introdução à economia moderna*, 1930.
—— *Preparação à sociologia*, 1931.
—— *Debates pedagógicos*, 1931.
—— *Problema da burguesia*, 1932.
—— *Economia pré-política*, 1932.
—— *As repercussões do catolicismo*, 1932.
—— *Política*, 1932.
—— *Contra-Revolução espiritual*, 1932.
—— *Pela reforma social*, 1933.
—— *Introdução ao direito moderno*, 1933.
—— *Ensaios de biologia* (com Hamílton Nogueira), 1933.
—— *Da tribuna e da imprensa*, 1935.
—— *No limiar da idade nova*, 1935.
—— *Pela ação católica*, 1936.
—— *O espírito e o mundo*, 1936.
—— *Indicações políticas*, 1936.
—— *Elementos de ação católica*, 1938.
—— *Idade, sexo e tempo*, 1938.
—— *Pedagogia da escola nova* (em colaboração). 1938.
—— *Contribuição à história do modernismo*, 1939.
—— *Poesia brasileira contemporânea*, 1940.
—— *Três ensaios sobre Machado de Assis*, 1941.
—— *Meditação sobre o mundo moderno*, 1942
—— *Pela união nacional*, 1942.
—— *Mitos de nosso tempo*, 1943.
—— *O cardeal Leme*, 1943.
—— *A igreja e o novo mundo*, 1943.
—— *Humanismo pedagógico*. 1944.
—— *Voz de Minas*, 1945.

BIBLIOGRAFIA

—— *A estética literária*, 1945.
—— *O crítico literário*, 1945.
—— *Pela cristianização da idade nova*, 1946.
—— *O problema do trabalho*, 1947.
—— *Primeiros estudos*, 1948.
—— *Mensagem de Roma*, 1950.
—— *Manhãs de São Lourenço*, 1950.
—— *Europa de hoje*, 1951.
—— *O existencialismo*, 1951.
—— *A crise do adolescente*, 1951.
—— *Meditação sobre o mundo interior*, 1954.
—— *A realidade americana*, 1954.
—— *Pela América do Norte*, 1955.
—— *A vida sobrenatural e o mundo moderno*, 1956.
—— *Introdução à literatura brasileira*, 1956.
—— *Quadro sintético da literatura brasileira*, 1956.
—— *Bilac*, 1957.
—— *Adolescência, idade da aventura* (em colaboração), 1958.
—— *A família no mundo moderno*, 1960.
—— *A Segunda Revolução Industrial*, 1962.
—— *Da inteligência à palavra*, 1962.
—— *Problema de estética*, 1960.
—— *O teatro claudeliano*, 1960.
—— *Visão do Nordeste*, 1960.
—— *O trabalho no mundo moderno*, 1962.
—— *A Missão de São Paulo*, 1962.
—— *Evolução intelectual do Brasil*, 1971.
—— *Violência ou não*, 1969.
—— *João XXIII*, 1966.
—— *Manuel Bandeira*, 1969.
—— *Adeus à disponibilidade e outros adeuses*, 1969.
—— *Meio século de presença literária*, 1969.
—— *Companheiros de viagem*, 1972.
—— *Comentários à Populorum Progressio*, 1969.
—— *Revolução, reação ou reforma*, 1964.
—— *Pelo humanismo ameaçado*, 1965.

—— *A experiência reacionária*, 1966.
—— *Memórias improvisadas*, 1973.
Ávila, Fernando Bastos de. *Neocapitalismo, socialismo, solidarismo*, 1964.
—— *O pensamento social cristão antes de Marx*, 1972.
Barbosa, Florentino. *Metaphysica versus Phenomenismo*, 1920.
Barreto Bastos, Jenner. *O problema do conhecimento na filosofia grega e medieval*, Salvador, 1954.
Berge, Damião. *O logos heraclítico*, Rio, 1969.
Besselaar, José. *Introdução aos estudos históricos*, S. Paulo, 1968.
Campos, Arruda. *Tomismo e neotomismo no Brasil*, S. Paulo, 1968.
Castro Nery, *Filosofia*, S. Paulo, 1931.
—— *Evolução do pensamento antigo*, Porto Alegre, 1936.
Cerrutti, Pedro. *A caminho da verdade suprema*, Rio, 1956.
Ferreira, Pedro. "Inteligibilidade das ciências e do senso comum, o *insight* do padre Lonergan". *In Verbum*, Rio, 1964.
Figueiredo, Jackson de. *Trechos escolhidos*, Rio, 1958.
—— *Pascal e a inquietação moderna*, Rio, 1922.
—— *Correspondência*, Rio, 1946.
—— *Alguns aspectos da filosofia de Farias Brito*, Rio, 1916.
—— *A Questão social na filosofia de Farias Brito*, Rio, 1919.
Franca, Leonel. *Polêmicas*, Rio, 1953.
—— *O divórcio*, 1955.
—— *Alocuções e artigos*, 2 tomos, 1953.
—— *Catolicismo e protestantismo*, 1952.
—— *A crise do mundo moderno*, 1955.
—— *A igreja, a reforma e a civilização*, 1954.
—— *O protestantismo no Brasil*, 1952.
—— *A psicologia da Fé*, 1955.
—— *A formação da personalidade*, 1954.
—— *Liberdade e determinismo*, 1954.
—— *O problema de Deus*, 1954.
Lima Vaz, Henrique Cláudio. *Antropologia filosófica*, 1965.
—— *Cultura e universidade*, 1966.
—— *Ontologia e história*, 1968.
—— *Universo científico e visão cristã*, 1967.

Lacombe, Américo Jacobina. *Brasil, el catolicismo contemporáneo en Hispano-América*, Buenos Aires, 1951.
—— *Introdução ao estudo da história do Brasil*, Rio, 1973.
Medeiros, Roberto Sabóia de. *366 Meditações*, S. Paulo, 1955.
Mendes, Cândido. *Memento dos vivos*, Rio, 1966.
Mendonça, Eduardo Prado de. *O mundo precisa de filosofia*, Rio, 1968.
Mérou, Martim García. *El Brasil Intelectual*, Buenos Aires, 1900.
Penido M. T. L. *La méthode intuitive de Bergson*, Paris, 1918.
—— *Le rôle de l'analogie en théologie dogmatique*, Paris, 1931.
—— *La conscience religieuse*, Paris, 1934.
—— *Dieu dans le bergsonisme*, Paris, 1934.
—— *O corpo místico*, Rio, 1944.
—— *O cardeal Newman*, Rio, 1946.
—— *O itinerário místico de São João da Cruz*, 1949.
—— *O mistério da Igreja*, 1953.
—— *O mistério dos sacramentos*, 1954.
—— *O mistério de Cristo*, 1968.
Schooyans, Miguel. *O desafio da secularização*, S. Paulo, 1968.
Serrano, Jônatas. *Júlio Maria*, Rio, 1941.
Tobias, José Antônio. *História das idéias estéticas no Brasil*, S. Paulo, 1967.
—— *Conceito e fronteiras da filosofia da arte*, 1966.
Torres, João Camilo de Oliveira. *Teoria geral da história*, 1968.
—— *Interpretação da realidade brasileira*, Rio, 1973.
—— *História das idéias religiosas no Brasil*, S. Paulo, 1968.
Vilela, Orlando. *Realidade e símbolo*, Belo Horizonte, 1947.
—— *Atitude cristã em face da política*, 1951.
—— *Alma criadora de símbolos*, 1953.
—— *Iniciação filosófica*, Rio, 1961.
—— *A pessoa humana no mistério do mundo*, 1968.

*O texto deste livro foi composto em Sabon,
desenho tipográfico de Jan Tschichold de 1964
baseado nos estudos de Claude Garamond e
Jacques Sabon no século XVI, em corpo 11/15.
Para títulos e destaques, foi utilizada a tipografia
Frutiger, desenhada por Adrian Frutiger em 1975.*

*A impressão se deu sobre papel off-white 80g/m²
pelo Sistema Cameron da Divisão Gráfica
da Distribuidora Record.*